i

imaginist

想象另一种可能

理
想
国
imaginist

张呈忠 著

大宋理财

青苗法
与王安石的
金融帝国

上海三联书店

图书在版编目（CIP）数据

大宋理财: 青苗法与王安石的金融帝国/张呈忠著.
-- 上海: 上海三联书店, 2024.9. -- ISBN 978-7-5426
-8615-2

Ⅰ.K244.05

中国国家版本馆 CIP 数据核字第 2024WR4088 号

大宋理财

青苗法与王安石的金融帝国

张呈忠 著

篇章集字 / 苏东坡

封面原画 / 王希孟

责任编辑 / 宋寅悦

特约编辑 / 田南山

制作排版 / 陈基胜 马志方

责任校对 / 王凌霄

责任印制 / 姚 军

出版发行 / 上海三联书店

　　　　（200041）中国上海市静安区威海路755号30楼

邮　　箱 / sdxsanlian@sina.com

联系电话 / 编辑部：021-22895517

　　　　　发行部：021-22895559

印　　刷 / 山东韵杰文化科技有限公司

版　　次 / 2024年9月第1版

印　　次 / 2024年9月第1次印刷

开　　本 / 850mm×1168mm　1/32

字　　数 / 268千字

印　　张 / 14

书　　号 / ISBN 978-7-5426-8615-2/K·796

定　　价 / 98.00元

如发现印装质量问题，影响阅读，请与印刷厂联系：0539-2925659

为天下理财，不为征利。

——（北宋）王安石

理财与聚敛异，今之言理财者，聚敛而已矣。

——（南宋）叶适

大国之制用，如巨商之理财。

——（元）《宋史·食货志》

千古相臣，知财计为国之大命，而有意于理财养民者，荆公一人而已。

——（晚清）严复

夫中国人知金融机关为国民经济之命脉者，自古迄今，荆公一人而已。

——（晚清）梁启超

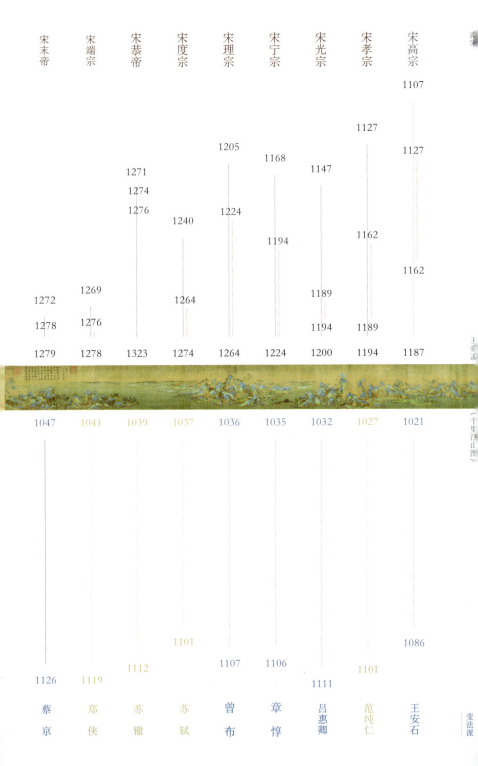

宋末帝　宋端宗　宋恭帝　宋度宗　宋理宗　宋宁宗　宋光宗　宋孝宗　宋高宗

宋末帝	宋端宗	宋恭帝	宋度宗	宋理宗	宋宁宗	宋光宗	宋孝宗	宋高宗
								1107
							1127	1127
		1271		1205	1168	1147		
		1274	1240	1224			1162	
		1276			1194			
								1162
	1269					1189		
1272			1264					
1278	1276					1194	1189	
1279	1278	1323	1274	1264	1224	1200	1194	1187

王希孟 （千里江山图）

1047	1041	1039	1037	1036	1035	1032	1027	1021
								1086
			1101					
		1112		1107	1106		1101	
1126	1119					1111		

| 蔡京 | 郑侠 | 苏辙 | 苏轼 | 曾布 | 章惇 | 吕惠卿 | 范纯仁 | 王安石 |

变法派

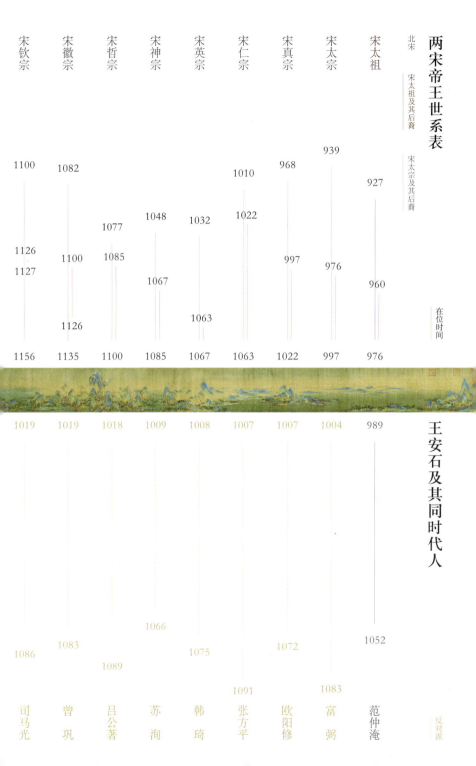

两宋帝王世系表

北宋　宋太祖及其后裔　宋太宗及其后裔

宋太祖　宋太宗　宋真宗　宋仁宗　宋英宗　宋神宗　宋哲宗　宋徽宗　宋钦宗

在位时间

939　　968　　　　　1010　　　　　　　　1082　1100
927
　　　　　　　　1022　　　　1048　1032
　　　　　1077
976　　997　　　　　　　　　1067　1085　1100
960　　　　　　　　　　　1063　　　　　　　1126
　　　　　　　　　　　　　　　　　　　　　1127
　　　　　　　　　　　　　　　　　　　　　　　1126
976　997　1022　1063　1067　1085　1100　1135　1156

王安石及其同时代人

989　1004　1007　1007　1008　1009　1018　1019　1019

范仲淹　富弼　欧阳修　张方平　韩琦　苏洵　吕公著　曾巩　司马光

1052　　　　　1072　　　1066　1075
　　　　　　　　　　　　　　　　　1089　1083
　　　1083　1091　　　　　　　　　　　　　　　1086

反对派

目 录

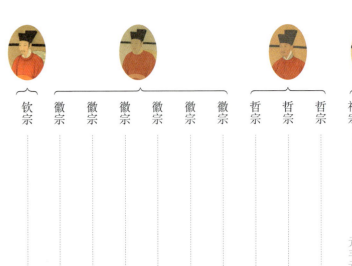

钦宗　　徽宗　　徽宗　　徽宗　　徽宗　　徽宗　　徽宗　　哲宗　　哲宗　　哲宗　　神宗　　神宗

熙宁元年

1068

元丰元年

1078

1077

熙宁十年

元祐元年

1086

1085

元丰八年

绍圣元年

1094

1094

元祐九年

元符元年

1098

1098

绍圣五年

建中靖国

1101

1100

元符三年

崇宁元年

1102

1101

建中靖国

大观元年

1107

1106

崇宁五年

政和元年

1111

1110

大观四年

重和元年

1118

1118

政和八年

宣和元年

1119

1119

重和二年

靖康元年

1126

1125

宣和七年

1127

靖康二年

青苗之谜

大宋因之而亡，美国因之而兴？

念往昔，繁华竞逐，叹门外楼头，悲恨相续。

千古凭高对此，谩嗟荣辱。

六朝旧事随流水，但寒烟衰草凝绿。

至今商女，时时犹唱，后庭遗曲。

——王安石《桂枝香·金陵怀古》

『拗相公』王安石竟被百姓骂死？

四野逃亡空白屋，

千年嗔恨说青苗。

这句诗出自小说《拗相公饮恨半山堂》。

"拗相公"意思是性格执拗的宰相，说的就是大宋名臣王安石。小说里说王安石"大权到手，任性胡为，做错了事，惹得万口唾骂，饮恨而终"。

这篇专门骂王安石的小说，收在《警世通言》之中。《警世通言》是明代著名话本小说总集"三言"中的一部，由大才子冯梦龙编写。三言者，《喻世明言》《警世通言》《醒世恒言》，是那个时代的大众读物，畅销之作。

今天人们津津乐道的大宋改革运动——王安石变法，小说中是这样写的：

安石既为首相，与神宗天子相知，言听计从，立起一套新法来。那几件新法？农田法、水利法、青苗法、均输法、保甲法、免役法、市易法、保马法、方田法、免行法。专听一个小人，姓吕名惠卿，及伊子王雱，朝夕商议，斥逐忠良，拒绝直谏。民间怨声载道，天变迭兴。荆公自以为是，复倡为三不足之说："天变不足畏，人言不足恤，祖宗之法不足守。"因他性子执拗，主意一定，佛菩萨也劝他不转，人皆呼为"拗相公"。文彦博、韩琦许多名臣，先夸佳说好的，到此也自悔失言。一个个上表争论，不听，辞官而去。自此持新法益坚。祖制纷更，万民失业。

这一段讲的是历史，后面的才进入小说正题，说的是因爱子王雱病死，王安石深受打击，于是辞去宰相职位，打算到江宁府（即金陵，今南京）安居。他一路微服私行，只见到茶坊、庙宇、驿舍、茅屋等场所各种题诗，都是痛骂王安石和他的新法，如"排尽旧臣居散地，尽为新法误苍生""最恨邪言三不足，千年流毒臭声遗""奸谋已遂生前志，执拗空遗死后名"之类，处处皆是。

老百姓对王安石的恨深入骨髓。甚至有一老妇人把家里的猪唤作"拗相公"，把鸡唤作"王安石"，把王安石当作畜生使唤，还有一老卒说有数百村农手持木棍，等待王安石经过，要把他打死，再把他的肉分了吃掉。

王安石惊骇万分，日夜兼程，直奔金陵。到金陵后，不敢住在城里，只住在钟山的半山腰，称"半山堂"。半山堂中王安石终日忧愤，痛悔前非，用手狠拍自己的脸，自骂了三天，最后呕血而死。

这虽然是小说，情节都是虚构的，但虚中也有实。话本小说本以民间讲史为本，其反映的社会舆论对王安石变法的评价多为负面，是颇有历史依据的。

特别是小说篇末有一句："后人论宋朝元气，都为熙宁变法所坏，所以有靖康之祸。"这其实是南宋以后学者们的主流看法。

譬如南宋大儒朱熹就曾说，王安石的学术文章、节操品行在一代人中堪称超一流，特别是有着重建道德、经世济民的担当精神（"以文章节行高一世，而尤以道德经济为己任"）。大家对受到神宗重用、当上了宰相的王安石报以极高的期待，以为可以重现三代盛世。没想到他在宰相的位子把敛财和强兵作为首要事务，用的都是邪恶凶狠之辈，排挤的都是忠诚正直之人，强横凶暴，让天下人都愁苦不安，丧失了活下去的动力（"使天下之人嚣然丧其乐生之心"）。最后的结果是"群奸嗣虐，流毒四海"，到了崇宁、宣和之际，祸乱已经到了极点。

朱熹的这一评价后来写入了官修正史《宋史》的《王安石传》中，成了正统观念。对比一下，朱熹对王安石变法的评价，与《拗相公饮恨半山堂》中的说法，在根本倾向上完全一致。稍微有差别的是，朱熹给王安石本人的道德文章点

王安石（1021—1086）

流传下来的王安石画像以这一幅最具神韵。邓广铭先生认为，这幅画像很有可能是王安石退休金陵期内，李公麟为他作的那幅"著帽束带"画像的一个摹本。

了个大大的赞。

王安石，字介甫，江西临川（今江西抚州）人，生于天禧五年十一月十三日（1021 年 12 月 19 日）。他在熙宁二年（1069）被宋神宗赵顼任命为参知政事，掀起了轰轰烈烈的变法运动。恰如前引小说中所描述的，王安石推行的新法内容非常广泛，而他的战斗风格又极为鲜明，在政坛上引发了激烈而持久的斗争，即所谓的新旧党争。赞成新法者为新党，亦即改革派；反对新法者为旧党，被称为保守派，司马光、韩琦、富弼、文彦博、欧阳修、吕公著、张方平、苏轼、苏辙等一代名臣，皆在其列。

神宗一开始对王安石言听计从，新法顺利推行，后来虽然将王安石两次罢相，但仍对他表示尊敬和礼遇，先后封他为舒国公、荆国公（因此后世多称王安石为王荆公）。王安石卜居金陵钟山之时，过的是悠然自得、闲适安逸的生活，诗歌唱和，潜心佛学。这和小说中所说的全然不同。王安石虽不在相位，神宗依然全力推行新法，而且坚决不允许朝野非议新法。

王安石卒于元祐元年四月六日（1086 年 5 月 21 日）。当时神宗已经去世，小皇帝哲宗赵煦初即位，神宗的母亲、哲宗的祖母太皇太后高氏垂帘听政，起用了保守派大臣司马光。司马光将推行了十几年的新法一一废罢，把新党的骨干力量赶出朝廷。眼见自己辛苦创立的新法大业崩塌，王安石在痛苦愤懑中死去。

明代兼善堂本《警世通言》插图

插图题诗为"强辩鹑刑非正道，误餐鱼饵岂真情"。前一句说的是"鹑刑"事件，有个少年得到一只用来斗的鹌鹑，他的伙伴向他要，他不给，伙伴自恃和他亲密，拿着鹌鹑就跑了，少年追上去把他杀了。开封府判少年死刑。王安石认为，按照法律，公取、私取都是盗，少年的伙伴没有得到同意就把鹌鹑拿走，就是盗，少年追杀他，就是捕盗，应判无罪，所以他弹劾开封府判案过重。开封府不服，案子上报到审刑院和大理寺，皆主张维持开封府的原判。但王安石始终坚持认为自己的主张是对的。"误餐鱼饵"是指王安石当知制诰的时候，参加宋仁宗的赏花钓鱼宴，把摆在面前的一盘鱼饵吃光了。仁宗由此认为王安石是"诈人"，倘若误食一粒鱼饵，还可以理解，把一整盘都吃了，完全不合人情常理。后世很多文人都把这些事视作王安石是"奸臣"的证据。

八年之后，哲宗亲政，很快就召回新党并恢复了新法。又过了七年，哲宗去世，他的弟弟徽宗赵佶，著名的艺术天子，声称要继承父兄的事业和遗志，任命了蔡京为宰相，继续推行新法，将司马光等人定为"奸党"。在此后的四分之一世纪里一直是新党掌权，新法的合法性不容置疑。这样算下来，新法在北宋神宗、哲宗、徽宗三朝前后推行的时间差不多有半个世纪，而不是人们常说的"司马光上台废除新法，王安石变法失败了"……

王安石是政治家，也是大学者，他主持编写的《三经新义》（包括《周礼新义》《尚书新义》《诗经新义》）成为科举考试的标准教材。他在哲宗亲政后获得了"文"的谥号，并得以配享神宗庙庭；徽宗朝的时候他又得以配享孔庙，几乎与亚圣孟子平起平坐，"优入圣域，百世之师"，受天下士子朝拜，并被追封为"舒王"，荣耀达到极点。

1127 年，金人入侵，开封陷落，太上皇徽宗和即位一年多的钦宗以及大批妃嫔宫人、宗室、高官贵族被金人俘虏掠到北方，史称"靖康之变"。徽宗第九子康王赵构作为漏网者登上了皇位，即宋高宗，建立了南宋王朝。南宋开国，便视王安石变法为北宋亡国的祸源，南宋史家在史书编纂中对王安石及其追随者进行了彻底的清算。

到南宋理宗淳祐元年（1241），朝廷下诏，将王安石从孔庙中踢了出去，并将他钦定为"万世罪人"——这是南宋时代官方给予他的最后评价。《拗相公饮恨半山堂》则反映了宋明之世的民间舆论，与官方评价并无二致。所谓"被钉在历史的耻辱柱上"莫过于此。

王安石新法的核心是理财，而青苗法是王安石理财新法中最重要两项中的一项。和青苗法地位相当的还有免役法，王安石的新法也常常被称作"苗役之法"或"苗役之政"，可见青苗法的重要性。

开篇引的两句诗，便代表了后世对青苗法的主流看法：青苗法使得百姓破产，流离失所，是王安石的恶政之一。

青苗法又叫作常平新法，始行于熙宁二年。常平法为故有的财经政策，起源甚早。政府为调节粮价、储粮备荒，在全国各地广设常平仓，在市场粮价低的时候，适当提高粮价进行大量收购，以避免"谷贱伤农"；在市场粮价高的时候，适当降低价格进行出售，以避免"谷贵伤民"。

到了王安石的时代，这种通过政府买卖来调节粮价的做法变成了常平旧法。常平新法的核心是借贷。王安石说常平新法的依据是儒家经典《周礼》（又称《周官》）中的"泉府"，泉即是钱的意思，泉府即是钱府——钱财汇聚之所，而在《周官》中"泉府"又是掌管国家税收、收购市上的滞销物资的官职。王安石认为"泉府"的主要职能就是借贷，他以"摧抑兼并、均济贫乏"为口号，在农村广泛施行官营借贷政策。

按照王安石的设想，在百姓青黄不接的时候，官府以常平仓所储为本钱，给予老百姓低利息（二分之息）贷款以渡过难关；因为青苗法利率低，可使老百姓免于高利贷剥削，所以对高利贷也有抑制作用。

后世之人一说起王安石的青苗法，莫不痛心疾首。在他们看来，青苗法实际上是一项掠夺政策，以借贷之名，行聚敛之实，强收利息，强取民财，所以对于青苗法，小说中有"千年嗔恨"之说。

自南宋至清末，700多年时间里，在主流的观念中，青苗法一直都被视作聚敛之法、亡国之政，北宋因之而亡。直到清代嘉道年间，著名学者钱仪吉在整理王安石的著作《周官新义》时还说"王荆文公以周官泉府一言祸宋"。

北宋灭亡700多年后，遭遇三千年未有之变局的中国社会，在内忧外患的背景下，在东西文明的激烈碰撞中，对王安石的评价，包括对青苗法的评价，发生了全面的彻底的大反转。

被誉为"近代西学第一人"的严复，1900年前后在翻译亚当·斯密的经济学名著《国富论》（严复当时翻译为《原富》）

时提出了颇具时代特色的看法。

严复发现苏格兰与英格兰这两个地方，本来贫富差异非常大，英格兰富，苏格兰穷，但到了当今时代二者已经差异不大，同样成了富裕文明的地方，18世纪苏格兰经济学（严复称之为"计学"）十分发达，像亚当·斯密、穆勒父子这样的大经济学家（严复称之为"计学家"）辈出。

苏格兰何以富强？严复写道：

> 康雍之间，苏格兰始设版克，造赊贷法，民大便之，国日以富。
>
> 苏格兰处荒寒绝外之地，土瘠而民悍，几于野蛮，一二百年之间，所进如是之无限者，学校、版克二者之制善，使之然也。

苏格兰本是"穷山恶水出刁民"的蛮荒之地，但在过去的一两百年里就变成了文明富强的先进区域，能够实现这种飞跃，主要就在于两项制度：一个是学校，另一个是版克。

版克者，即今天人人熟悉的bank——银行是也。在严复的时代，"银行"的译名虽然已经产生并开始使用，但尚未完全流行，所以他将bank音译为版克。

正是这个"版克"，让蒙尘数百年的青苗法获得了新生。

严复认为苏格兰的"版克"与"青苗钱无稍异"，北宋的青苗法跟康雍年间苏格兰开始设立的银行其实没啥差别。

他还批评说："目论之士，至今言青苗，无不疾首痛绝之者，而不知其行法非，而法之良，意之美，则无可议也。"青苗法的良法美意无可置疑，问题只在于执行得不佳。严复甚至感叹说：

> 千古相臣，知财计为国之大命，而有意于理财养民者，荆公一人而已。

青苗法的核心是借贷，银行的主要业务也是借贷。严复此论，虽然初听起来有些离奇，但也可以说是颇有理据的。试想，倘若将 bank 一词翻译成"泉府"，比起本意为银器制造行业的"银行"一词，似乎更符合中文原意，且显得更为典雅，不像"银行"一词那般俗套。

青苗法为银行一说由严复发其端，梁启超承其后。

梁启超是维新派的主将，他在少年的时候就十分崇拜王安石。1908 年，因百日维新而遭清廷通缉还在日本避难的梁启超写就了《王荆公》一书，称王安石是大政治家，是"国史之光"，是一个本来该被国民供奉起来享有崇高祭礼的人物，却不幸受诬最烈。

《王荆公》一书旨在为王安石辩诬，将王安石树立为政治家的模范。梁启超是大宣传家，笔锋带有魔力，《王荆公》很快成为畅销书，彻底改变了王安石在人们心目中的形象。自此之后，"千年嗔恨"荡然无存，留下的是对王安石的百年崇拜。

《王荆公》一书中写道："青苗法者，颇有类于官办之劝业银行，荆公惠民之政也。"并且说：

> 夫中国人知金融机关为国民经济之命脉者，自古迄今，荆公一人而已。
>
> 青苗与市易二法皆与今世银行所营之业相近，青苗则农业银行之性质也，市易则商业银行之性质也。
>
> 夫以荆公生八百年前，乃能知银行为国民经济最要之机关，其识固卓绝千古。

和严复一样，梁启超也认为王安石是懂经济、懂金融的政治家。在他看来，青苗法具有农业银行的性质。当时中国已经有了通商银行、户部银行（后改名为大清银行），银行业在中国逐步兴盛。今天的农业银行的前身，是不是可以追溯到北宋的青苗法呢？

王安石的新法通过人们对银行金融业的认知而获得了新评价。王安石的理财思想获得了前所未有的肯定，原来王安石竟是银行业的先驱，堪称"金融宰相"！及至今日，银行金融业更是火爆行业，银行金融在国民经济中的地位最受瞩目，800 年前王安石就有此远见，怎能不让人惊叹与崇拜！走出耻辱柱，登上光荣榜，这种大起大落的评价堪称传奇。

我们把视野进一步放眼到域外，会发现近代日本人对王安石的崇拜不亚于中国人，对青苗法的评价也非常高。

19 世纪晚期，思想家德富苏峰作诗称颂王安石："毕生心事在经纶，余技词章亦绝伦。时俗悉知济世略，扛将安石做文人。"法学家高桥作卫写下了研究王安石新法的长文，在文中说："予恨生当今日，不获安石知予为其知己；抑予亦幸生当今日，而获表扬安石，亦堪为安石知己也。"

1903 年，日本学者吉田宇之助就写了洋洋洒洒的《王安石》一书，这比梁启超为王安石作传还早了 5 年。《王安石》一书盛赞王安石政治经济思想的先进性，其中称青苗法为"劝行银行法"。

日本东洋史学奠基人、京都大学教授内藤湖南视王安石是近代文化的体现者，盛赞青苗法为"低利息金融通法"。他的弟子宫崎市定更是感叹："王安石之不得行其志，不只是他个人的不幸，也是宋朝一代的不幸，不只是宋朝一代的不幸，也是后世亿万中国人民的不幸。"

类似的盛赞王安石的言论也出现在同时代美国人、法国人、德国人、俄国人的笔下。在 20 世纪前中叶，肯定王安石是一种国际潮流。著名历史学家黄仁宇曾说："王安石与现代读者近，而反与他同时人物远。"王安石带给现代人的穿越感十分强烈。

王安石的青苗传奇不止于此。到了 20 世纪，王安石不仅获得了来自学术层面的高度评价，他的新法特别是青苗法还有来自实践层面的积极肯定。

　　一篇题为《王安石救了美国农民》（或者叫《王安石拯救了饥饿的美国农民》）的文章在网络上广为流传：

　　　　1944 年，美国副总统华莱士来到中国访问。令当时的中国媒体记者非常惊讶的是，这位美国官员居然与陪同他到处参观的学者和官员们大谈王安石，称之为中国历史上推行新政之第一人，对这位 1000 多年前的中国政治家颇为向往，甚至想要寻访王安石的后代，详细了解他的事迹。

　　　　美国副总统为什么对王安石这么感兴趣呢？原来在 20 世纪 30 年代的美国经济大萧条之时，美国政府为了挽救国家经济，借鉴过王安石当年的改革措施。

　　　　1907 年，曾经有一位名叫陈焕章的清朝翰林，被选派赴美国留学，入哥伦比亚大学经济学系学习，短短 4 年之内就拿到了博士学位，写出了一部洋洋 60 万字巨著《孔门经济学》。这本书是中国人在西方的第一本经济学著作，采用西方经济学框架对中国古代经济思想做出了精湛研究，获得了高度评价。

　　　　在书中，陈焕章详细谈到了北宋王安石变法的内容，指出王安石青苗法的实质就是农业贷款。不但把农民从沉重的乘人之危的高利贷负担中解放出来，而且使他们能够在偶遇资金短缺时，不必中断农作的同时还可以起到平抑谷价、保护城市消费者的作用。

20 世纪 30 年代，也就是美国大萧条爆发的时候，陈焕章的著作被再版。华莱士读过之后，对王安石变法的举措非常欣赏。华莱士认为：罗斯福时代的美国与王安石时代的中国经济形势非常相似。一方面出现农产品过剩，一方面由于美国农业信贷系统本身为垄断集团所把持，一般农民无法取得贷款，土地被地主收回，生计日窘，只有通过政府向人民提供贷款，使农民们能够尽快找到生计，才较好地解决这个问题。王安石的良好立法，在古代专制王朝时期不能实现。但是在当代可以成为现实。

1930 年，正值美国经济大萧条时期，时任农业部长的华莱士仿照王安石的青苗法，在美国建立常平仓（中国古代储粮备荒、平抑粮价的政府粮仓），一方面实施农业贷款，一方面收购多余物资和粮食食品，免费分发给城市人民。不但解决了救荒问题，还保证了粮食物资价格的稳定，为美国渡过经济大萧条起到了重要作用。某种程度上讲，是王安石拯救了饥饿的美国农民。

这个看起来很有点离奇的故事实际上并非空穴来风，而是有着较为坚实的学术研究作支撑。

上海财经大学李超民教授一直从事该问题的研究。他的《常平仓：美国制度中的中国思想》（上海远东出版社 2002 年版）一书就详细探讨了美国常平仓与王安石青苗法的关系。

该书后来改编为《大国崛起之谜：美国常平仓制度的中国渊源》（中央编译出版社 2014 年版），书中写道：

> 美国大萧条时期，农业部长亨利·华莱士，在长期研究中国古代经济思想过程中，把常平仓思想原理、"青苗法"和"市易法"实践加以复活，结合美国资本主义农业现实，通过立法形式，建立了美国永久的现代常平仓制度。其制度核心是《1938 年农业调整法》，体制建设上借鉴常平仓和"青苗法""市易法"，成立了农产品信贷公司（CCC）和联邦过剩农产品救济公司（FRSC），分别执行对于农业和城市的经济稳定工作，还成立了一系列机构执行农产品保险等惠农政策。常平仓制度为美国彻底战胜大萧条奠定了根本基础。

网络上流传的说法"王安石拯救了饥饿的美国农民"即源于此。李超民教授称"华莱士就是当代美国的王安石"。穿越似乎成了现实，而且还穿越到了美国。剧情反转之强烈让人称奇。"美国的王安石"不仅仅拯救了饥饿的美国农民，而且还为美国成为世界头号强国奠基。这种观点给为王安石辩诬提供了非常强大的支撑，也非常契合国家民族主义的思潮。

王安石是金融宰相还是聚敛权臣？

在 20 世纪中国，王安石变法始终是一个热门话题。自严、梁以后，对王安石的颂扬一潮高过一潮，形成了百年崇拜的历史巨浪。除了称赞王安石青苗法具有银行金融的现代特征外，王安石"摧抑兼并、均济贫乏"的主张吸引了更多人的关注，比如有人说王安石的改革具有社会主义性质；有人称赞王安石是人民改革家，代表着劳苦大众的利益；有的说王安石是小地主阶级解放运动的先锋战士，与代表大地主阶级的、保守顽固的司马光集团之间展开激烈斗争。

在 20 世纪 70 年代儒法斗争的浪潮之中，王安石与韩非子、秦始皇、汉武帝等一道被划作法家阵营，司马光、苏轼被划入儒家阵营。按照当时的标准，法家是进步的，儒家是反动的。800 年前王安石因异端之学而被踢出孔庙，800 年后王安石却以法家代表而享受至高的荣耀。

当然也有不一样的声音。比如著名的文人学者林语堂就很不喜欢王安石，他在英文的《苏东坡传》中讽刺了王安石及其新法。四川大学的历史学家蒙文通教授坚守传统儒学的立场，在中华人民共和国成立前后对王安石变法也提出了严厉的批评。但这些观点可以说是凤毛麟角，否定王安石变法的观点真正形成一种学术新潮是在改革开放以后。

1980 年，中国社会科学院王曾瑜先生在中国人文社科领域最权威的刊物《中国社会科学》上发表《王安石变法简论》一文。他提出要从实践的效果来评判王安石变法，认为王安石变法富国有术，强兵无方，而其理财新法无非加重了贫民下户的负担。文中以斩钉截铁的笔调写道：

> 王安石实行免役法和青苗法，说穿了，无非是新增两笔赋税，一笔叫役钱，另一笔叫青苗钱。

青苗法是新增赋税，这个简洁有力的论断刷新了人们的认知。"赋税"一说并不注重青苗法的借贷形式而强调其实质，将其国家强制性特征与赋税等量齐观。

这在当时热捧王安石的思想氛围中可以说是独树一帜的观点，对很多人的思想形成了巨大冲击，在学术界引起了强烈反响，同时也引发了激烈争议。

在 20 世纪八九十年代风云激荡的岁月里，"尊王抑马"还是"尊马抑王"，成为当时历史学领域最热门的话题之一，其激烈程度恰如 900 年前的王马之争。有人不禁感叹：历史正在重演！但实际上，人们所争论的问题指向了当下与未来——中国向何处去？正是因为这种与现实的密切联系，使得王安石变法成了中国史学头等重要的课题之一，而青苗法问题又成了王安石变法研究之头等重要的课题。

自严复以来，人们对青苗法的主流看法有了历史性的转变，但是论争并未终结，而是随着时代的变化在现实影响和学术研究的交错中延续着北宋变革时代的争议。围绕着青苗法的性质问题，形成了三种不同的观点：低利贷说、高利贷说和赋税说。低利贷是王安石自己的说法，高利贷或者赋税其实是王安石的反对者早已提出的说法。

持低利贷说者多采信倾向于王安石等北宋新法派的史料，更多地肯定青苗法的积极意义，特别是其社会意义：一是对贫民具有融资与救济之功，二是对豪强地主的高利贷有抑制或打击之效。

持高利贷说或者赋税说者多采信倾向于司马光等新法反对者的史料，强调青苗法的高利率和强制性特征。赋税和官方高利贷这两种界说都对青苗法持否定态度，批评新法的聚敛倾向。

20 世纪关于青苗法的看法，虽然研究方法非常多元，有进行阶级分析的，有进行市场分析的，但其最为根本的论述逻辑仍然没有脱离宋朝人关于青苗法争论的整体范围，一定程度上可以说 20 世纪的青苗法论争是北宋时代青苗法论争的新形式的再现。就此而言，今人的认识并不比古人高明。言说者似乎都有非常充分的理由，但除了道理之外，立场的选择似乎有着更大的影响。

当然古今之间也有非常明显的形式差别，那就是近代以来在青苗法的讨论中有了银行、金融这样的摩登表达。严、梁之后此说在民国时期甚为流行，20世纪八九十年代再度风行，乃至今日，承继此说者仍绵延不绝。

一些经济学家即便不采用"银行／金融"这种表达方式，也会按照金融学的方法来研究青苗法。有人称王安石为"古代金融第一人""金融大才"，说他是"农业发展银行之鼻祖"。在金融领域还有非常盛大的"金融科技·介甫奖"之类的评选活动。

但是，即便在王安石被戴上了"理财能臣""金融宰相"的桂冠之后，也始终面临着"聚敛民财"的质疑之声，这种声音尽管时而微弱，时而高亢，但一直执拗地存在着。新旧之争，或者说王马之争，跨越千年，不绝如缕。

金融行业"介甫奖"

　　王安石在为青苗法辩护时说："政事所以理财，理财乃所谓义也。"肯定国民经济在国家政治中的重要地位，被近代学人视作王安石思想千古卓绝之处；理财应当符合道义，这也是人类文明史上持之以恒的价值追求。"理财"与"敛财"之辨，恰恰是王安石变法历史评价中纠结千年的症结所在。

　　聚焦青苗法，纵览千年史，除了亡国与强国两种极端对立的评价之外，青苗法本身还有很多待解的问题。

　　比如，在北宋青苗法是怎样退出历史舞台的？很多人都只关注神宗朝的青苗法，只对王行马废这一段津津乐道，实际上青苗法自熙宁二年（1069）开始施行，到建炎元年（1127）被最终废止，其间除元祐元年至绍圣二年（1086—1095）被废止外，前后总共实行了将近五十年的时间。然而人们的关注点在王马相争的时代，历来的史书，无论是大名鼎鼎的马端临所修的史学巨著《文献通考》，还是元朝人的官修正史《宋史》，对青苗法的记载一直都是详于熙宁时期，而关于此后青苗法的记载只有寥寥数语，遂使得后期青苗法的面目极为模糊，最后废除青苗法的情形也不甚了了。青苗本钱及其利息最终去了哪里？这一问题几乎未有人提及。

再比如其青苗法的利率问题。基本上是各说各话，往往就利率本身而论其高低，未能结合当时宏观经济环境来综合分析，对物价、货币因素的变动注意甚少，而实际上利率的高低与这些因素密切相关，如果不对这个问题予以彻底的澄清，再多的争议也无济于讨论的深入。

当然，最根本的问题还是青苗法是否具有金融功能，在北宋富国强兵的变法运动中究竟发挥着怎样的作用？所谓"金融"，即是通货的融通，其本质是跨时空的价值交换。所谓"金融的逻辑"，即在价值交换基础上的通货融通。青苗法的实际运作，是否遵循金融的逻辑呢？

青苗法的历史，实际上也是北宋晚期历史的一个缩影。当时政坛上的权力斗争、士大夫之间的思想分歧均与之息息相关。我们不光要了解青苗法的实际情况，也要看看支持与反对青苗法的种种理由，无论是理性的还是非理性的，都是影响历史进程的重要因素。本书将详细解析宋朝历史上关于青苗法的四次大讨论，以及青苗法行、罢、复行、再罢的曲折历史，借青苗之眼，管窥一个风云激荡的大时代。

严复说，在中国史书之中，最宜为学者所深思审问，一定要得其真相进而求其所以然的事情，没有比得上王安石变法的。由此观之，王安石变法一事，是宋朝历史乃至全部中国古代历史中，最值得研究的大事之一。

今天我们需要平心静气地讨论王安石及其青苗法。一个国家，特别是大国的兴盛衰亡，其因素自然是复杂的。北宋之亡，不可能是全部因为青苗法；美国之兴，即便和华莱士农业新政有深刻联系，但是和王安石变法的实际关系不大（即便有也只是思路上的启发）。这并非要消解青苗法的传奇色彩，而是要更加理性地看待传奇背后的复杂因素。

时代为我们提供了新思路。南宋时朱熹的社仓法、近代银行的运作方式、华莱士农业新政，以及当下世界农村信贷实践，为我们从纵向（历史考察）和横向（国际比较）两个维度重新思考青苗法提供了极好的参照。对于"橘生淮南则为橘，生于淮北则为枳"的情况也要保持足够的警醒。对于政策来说，体制的土壤环境起着决定作用。要想让以义理财成为可能，体制变革是重要关口。

2021年是王安石诞辰1000周年。千年之下，重新梳理青苗法的利与害，认真反思大宋理财的得与失，不虚美，不隐恶，继承历史的遗产，总结历史的教训，是对这位有着重要影响力的历史人物最好的一种纪念方式。

严复译《原富》

梁启超著《王安石政治论》

熊公哲著《王安石政略》

姜豪编著《王安石新政纲要暨其政论文选》

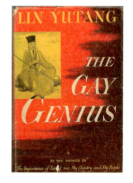

林语堂著《苏东坡传》

高桥作卫《王安石新法论》与吉田宇之助《王安石》

第一章

青苗落地

顶级朋友圈大分裂

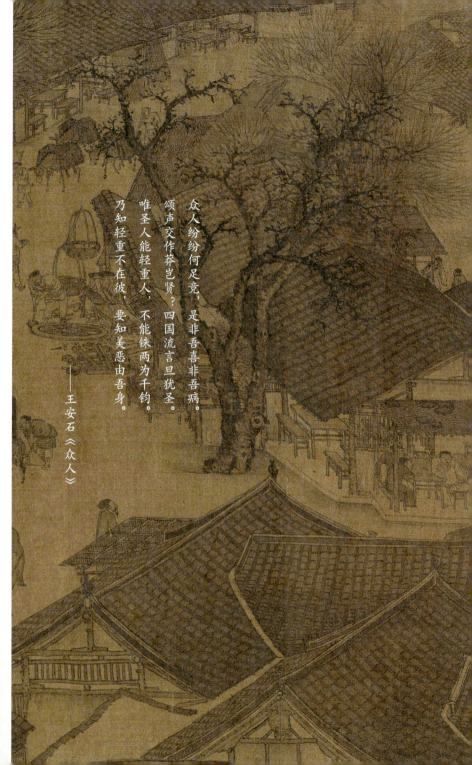

众人纷纷何足竞，是非吾喜非吾病。
颂声交作莽岂贤？四国流言旦犹圣。
唯圣人能轻重人，不能铢两为千钧。
乃知轻重不在彼，要知美恶由吾身。

——王安石《众人》

天下盛推王安石

王安石、司马光、欧阳修、曾巩、苏轼、苏辙、程颢、程颐……这些光耀千古的名字背后是一群风华绝代的人物，他们的文章、思想引领千年风骚，然而他们的现实人生最后都深陷于无休止的政坛纷争之中。

天才成群而来，他们的相逢相遇是文化史上的大幸；天才与天才之间却不能和平共处，他们的相斗相争是政治史上的大不幸——一切皆因王安石变法。

在王安石还没有位登宰执的时候，他早已是众望所归的宰执人选——"当时天下的议论，都认为王安石当不上执政就没天理""天下盛推王安石，以为必可致太平"……就连后来成为王安石死对头的司马光都说："我目睹王安石一人身负天下大名三十多年，才华高绝而且学识深博，自尊自爱，恬退淡泊，把官位看得很轻，认识他的、不认识他的，都说王安石不出山便罢，一旦出山那就可以马上实现太平之世，天下百姓都能得到他的惠泽。"

为什么王安石如此受推崇？因为当时是士大夫精神高扬的时代，而王安石就是士大夫理想人格的现实代表。

所谓士大夫，用今天的话说就是学者型官员，对应的英文词是 scholar-officer 或者 scholar-bureaucrat，他必定是有学问的人，同时也是在官之人。按照士大夫的理念，学问是用来治国平天下的，学而优则仕，学问越大的人就应该享有越高的权位，其极致就是可以得君行道、经世济民、燮理阴阳的宰执。

王安石才华横溢，卓尔不群，是当时的超一流人物。他二十多岁写就的学术论文集《淮南杂说》，一推出就震惊学坛，被当时人视作当代的孟子。他的思想学说有着无限魅力，引领着学术潮流，他的文章人们争相拜读，吸引了一大批追随者，四面八方登门求学的人络绎不绝。

王安石的诗文为时所重，同乡小伙伴曾巩十分倾慕他的才华，把他引荐给同乡前辈、当时的文坛盟主欧阳修。在当时的欧阳修看来，王安石是下一代文坛领袖的不二人选，写诗赠给他说，"翰林风月三千首，吏部文章二百年"——称赞王安石诗可比李白、文可比韩愈。不过王安石并不买账，还赠了一句，"他日若能窥孟子，终身安敢望韩公"——他的理想是追踪孟子，韩愈自然是不在话下了。就是这样自信满满，就是这样豪情万丈，王安石的追求是学以致用，经世济民，致君尧舜上，再使风俗淳。

如果今天有人说什么诗可比李白、文可比韩愈之类的，那一定是疯子胡话、药不能停的表现。但王安石的同代人并不觉得他在海吹，而是报以同样的甚至是更高的期待。那是一个理想主义高涨的时代。

王安石不是只会夸夸其谈的书生，而是能够治国理政的干吏能臣。早在鄞县为县官时，王安石就以治绩闻名，被誉为"江东四贤"之一，堪称地方吏治之典范。后来他历任舒州通判、群牧判官、常州知州、江东提刑、知制诰、三司度支判官等，无论在地方还是在中央，都一样官声卓著，履历表漂亮得让人惊叹。同时他并不汲汲于权力，不追求做官的捷径，在做大官与做大事之间他会毫不犹豫地选择做大事。

总之，王安石的理想抱负、精神境界、学术思想、诗文造诣、行政能力皆为时人所推崇。

人们常说，金无足赤，人无完人。可就像梁启超说的，如果要在中国历史上找一个完人，王安石是最为接近的。

王安石有什么缺陷呢？在后世的印象中，王安石是"拗相公"，性格固执得可怕。确实，王安石喜欢认死理，喜欢当仁不让，以道自居，坚守自己的理念。这固然会让他得罪不少人，但实际的情况是早年的王安石有着很不错的人缘，随着交游圈的扩大，他的朋友遍天下。

宋仁宗嘉祐年间，王安石到京城做官，与韩维、吕公著、司马光经常一起唱和，常常谈燕终日，其他人很难插进话，当时人把他们称作""嘉祐四友""。这意味着王安石跻身于当时顶级的士人交游圈。

韩氏家族、吕氏家族均为名门大族。韩维的父亲韩亿官至参知政事，韩维可以说是"相二代"；吕公著的父亲是在仁宗朝长期任宰相的吕夷简，吕夷简是太宗朝状元宰相吕蒙正的侄子，吕公著称得上是"相三代"。除了韩维和吕公著以外，韩家和吕家的子弟官居高位者不在少数。王安石和吕公著的哥哥吕公弼，韩维的兄弟韩绛、韩缜关系也非常要好。

"嘉祐四友"年纪相仿，韩维最为年长，比吕公著大一岁，吕公著比司马光大一岁，司马光比王安石大两岁。同龄人志趣相投，在一起可以互诉衷肠。

吕公著和王安石是同年进士，是一个典型的"人狠话不多"的人物。司马光说每次听吕公著讲话，便觉得自己话太多。王安石擅长论辩，讲话不仅滔滔不绝而且咄咄逼人，几乎没人敢跟他对谈，唯有吕公著在关键时刻吐出寥寥数语，顷刻之间将王安石折服。王安石甚至说："吕公著不当宰相，天下不太平。""如果吕公著做了宰相，我辈可以言仕矣！"吕公著对王安石也十分佩服，称赞王安石是"圣人"。

司马光与王安石相识较早，二人共事的时间也很长。他们曾经同为群牧判官，后来司马光当判勾院的时候，王安石任度支判官，都属于中央财政机构三司的官员。司马光做起居舍人、同知谏院的时候，王安石当了知制诰，都是皇帝的侍从官。司马光的叔父司马沂去世之后，司马光请王安石撰写墓志铭，可见二人关系亲密，相互敬重。

由于王安石心里想的总是高深的学问与经世的智慧，所以从来都不拘小节，也是出了名的不讲卫生。他一年难得洗回澡，衣服脏了也不洗。他当群牧判官的时候，好友韩维、吴充（后来成为王安石的亲家）对他的肮脏实在看不过去，和他相约，每两个月到佛寺定力院的公共浴室洗一回澡，新衣由韩、吴等人轮流供给，当时号称"拆洗王安石"——这段温情燃烧的画面，一直为后来人津津乐道。王安石总算是洗澡了，不过他对这些人的殷勤毫不在意，看到新衣服就穿上，从来不问新衣服是哪来的，就像他吃饭的时候总是把自己面前的那盘菜吃得精光，从来不管那盘菜究竟是什么。

苏洵有一篇很有名的文章叫《辨奸论》，其中说：

> 脸脏了要洗，衣服脏了就换，这是正常人最基本的情理。现在有个奇葩，穿得像个奴仆，吃着猪食狗粮，头发像囚犯，面色似居丧，张口却是诗书，这是正常人类吗？（"夫面垢不忘洗，衣垢不忘浣，此人之至情也。今也不然，衣臣虏之衣，食犬彘之食，囚首丧面而谈诗书，此岂其情也哉？"）

虽然苏洵没有指名道姓，但是明眼人一看就知道是在说王安石。

苏洵在《辨奸论》中讽刺王安石的衣着饮食，说这是奸

苏洵《辨奸论》

苏洵（1009—1066），字明允，眉州眉山（今四川眉山）人。与其子苏轼（1037—1101）、苏辙（1039—1112）并以文学著称于世，世称"三苏"，均被列入"唐宋八大家"。《辨奸论》一文收入苏洵的文集中，有人认为非苏洵所作，而是后人托苏洵之名的伪作。实际上后人伪作《辨奸论》的可能性并不大。张方平为苏洵所作的墓表中记载了苏洵写作此文的始末，苏轼看到之后还写信表示感谢，这封信收在苏轼的文集《东坡集》中。正如复旦大学中文系朱刚教授所说："三个材料可以相互印证，无懈可击。"

臣的表现。不过当时多数人似乎并不觉得这是什么大问题。尽管王安石的行为比较怪僻，也因此受到一些人的攻击，但总的来看，他的人缘是非常好的，对他抱有恶感的人寥寥可数。

有人说王安石变法后来招致众人反对，很重要的原因是王安石性格执拗偏激，作风不近人情。但从嘉祐时期与友人之间的亲密无间来看，这个时期的王安石并没有特别的执拗偏激。他不拘小节的个人风格也为朋友们所接受，大家更看重的是他才高而学富，真名士自风流，实在受不了他的味道，那就"拆洗王安石"吧。那场面，何等温馨！

神宗即位之后，正是在韩维的举荐之下，神宗下定决心召见王安石并委以重任。韩维是神宗在东宫时的旧僚，当神宗向韩维咨询政事的时候，发现韩维给出的见解非常高明，仔细一问，韩维就说这并非我的见解，而是我的朋友王安石的见解。

宋神宗先是任命王安石为江宁府知府，后来命为翰林学士。王安石随即进京，并在熙宁二年二月被任命为参知政事，时年49岁。朋友圈对他的期盼变成了现实，这一任命自然迎来了一片齐刷刷的点赞。

后来有人说，王安石是靠攀附吕、韩豪门贵胄才得以进位宰执。其实，以王安石的性情心气，他怎么会去有意攀附权贵？这种说法，又让以憨直著称的司马光情何以堪？"嘉祐四友"的交往，可谓是真正的道义之交。但是，当变法的巨浪掀起的时候，友谊的小船迅速沉到了河底。

宋神宗像

宋神宗赵顼（1048—1085）是北宋第六位皇帝，治平四年（1067）正月即位，有富国强兵、开疆拓土的强烈愿望。朱熹评价他说："神宗极聪明，于天下事无不通晓，真不世出之主。只是头头做得不中节拍。"这个评价很值得玩味。

王安石所处的时代，用朱熹的话来说，叫作"合变时节"——变法具有合理性和必然性的时代。

关于宋朝的特点，有一个非常经典的教科书观点："三冗"造"两积"——冗官、冗兵、冗费造成了积贫、积弱。这十个字有时候又被用来解释王安石变法的时代背景，特别是用来描述宋仁宗时代。

仁宗赵祯是典型的平庸之主，他在位的时候赶上了宋夏战争，西北崛起的西夏异常顽强，在多次战争中将宋朝军队击败。对外战争的一个直接结果就是造成财政压力加大，民间负担加重。仁宗一朝虽然名臣辈出，终不过是勉强维持局面。没有清平之乐，只有危机四伏。

有危机并不必然有改革，人们面对危机也有可能是麻木的。北宋变法局面的形成，有赖于当时士大夫的理想主义精神和责任感。

在当时的士大夫中本来没有什么新党、旧党。伴随着新法的出台，参与争论的人越来越多，越来越激烈，才形成了态度越来越鲜明的两派，新旧党争的局面也渐渐形成。所谓新党，即支持新法的官员；所谓旧党，即反对新法的官员。所以把新党称为改革派，把旧党称为保守派，并不完全合适。后来的新党、旧党，一开始都是力求革新。这为变法局面的形成提供了最重要的精神动力。

仁宗之后，英宗赵曙病夫治国，国家状况更加疲软。神宗少年天子，英气勃发，崇尚霸术，意欲富国强兵，充实府库，开疆拓土。这为变法提供了最直接的现实机遇。

不过，当时的士大夫有改革共识，却没有如何改革的共识。比如要解决财政危机，从逻辑上讲无非两个办法：一个是开源（增加财政收入），一个是节流（减少财政支出）。苏辙是最明确地提出"三冗"的人，他的核心主张是节流。王安石并不特别在乎"三冗"，他的主张是以开源为主。这为后来的争论埋下了伏笔。

宋朝群相制之下，参知政事只是群相之一。王安石担任参知政事后不久，神宗下诏设置了制置三司条例司，相当于财经改革领导小组，王安石正是这个小组的领导。这个机构的成立意味着变法的正式开始，也表明变法的着力点是财政，将理财放在了首位。王安石曾多次向宋神宗申述理财为治国先务的道理，二人达成了高度共识。变法的主导权也就掌握在了宋神宗和王安石的手中。这个机构起用了一批年轻的官员参与新法的制定，比如吕惠卿、苏辙，还派出了八名使者到地方上进行实地考察，为新法出谋划策。

熙宁二年七月均输法出台，这是王安石推出的第一项新法。王安石将他十分欣赏的财政官员——陕西转运使薛向调任江淮荆湖六路发运使，成为均输法的主要负责人。均输法主要针对东京的物资供应，按照"徙贵就贱，用近易远"的原则改革政府购买的方式，所涉及的地域是东南六路，其影响相对来说是比较有限的。

两个月后，朝廷正式颁布了青苗法。这是一项庞大的农业贷款计划，也是最能体现王安石变法精神的新政策。

王安石声称，农民常常面对的困境是在新陈不接的时候，急于用钱，那些兼并之徒趁着这个机会，以高达一倍的利息放贷，贷款的农民从此就背上了沉重的债务，即便是这样，农民往往还借不到，青苗法可以让农民获得政府的贷款，安心从事农业生产，兼并之徒失去了趁火打劫的机会，这样就可以打击兼并之徒对贫苦百姓的巧取豪夺。

青苗法的主要内容如下：

（1）将全国各地的常平仓、广惠仓现有的 1500 万贯粮食，兑换成为现钱，再把现钱借贷给农民。常平仓是各地用来平衡粮食市场的粮仓；广惠仓是用来赈济老弱病残的粮仓。这笔钱当时人称之为"青苗钱"，发放称之为"俵散"。

（2）这个贷款，一年进行两次，一次是在正月三十日之前放贷，另一次是在五月三十日前放贷。而还款是和缴纳夏税、秋税同时，也就是分别是在五月和十月之前，两次贷款也被分别称为"夏料"和"秋料"。

（3）贷款是针对农民的，那些游手好闲的"浮浪之人"没有借贷资格。每 5 户或者 10 户结成一保，其中财力较为雄厚的当"甲头"。

按户等的高低进行借贷，每等户都设置了最高限额：

户等	限额
一等户	15 贯
二等户	10 贯
三等户	6 贯
四等户	3 贯
五等户、客户	1.5 贯

可以看出，最穷的五等户、客户最多可以贷 1.5 贯。1.5 贯是什么概念呢？在北宋中叶，一个普通农民一个月的粮食消费大概是 1.5 升，每斗米 50 文，1 升 =10 斗，1 贯 =1000 文，即钱 0.75 贯。1.5 贯相当于一个普通农民两个月的口粮。对于普通的十口之家来说，一个月 15 贯可以过得温饱。对于穷困人家来说，如果一家五口，日子过得紧巴一点，1.5 贯大概还可以让一家人活下去。

（4）农民借贷的原则是自由自愿——"不愿请者，不得抑配"。抑配就是强行摊派的意思。按照规定，朝廷不允许地方上强行摊派青苗钱。

（5）农民借还款都采用粮食折价的方式。粮食价格是不断变动的，一般来说，丰年价格低，灾年价格高，以哪一年为准呢？根据规定，常平官员需要先核算好以前十年中丰收时的粮食价格，作为本年预借的折算标准。这样来说粮价的标准是较低的。农户来请贷的，按照预定价格将所请贷粮食折成现款贷付；归还的时候，既可以缴纳现钱，也可以按价折成粮食，怎么方便怎么来，但不得亏蚀官本。如果一个农户要贷3升米，还是按每斗50文来算，折算成钱就是1.5贯。农户从官府借贷的时候，拿到的是1.5贯钱。还的时候，他要还的本金既可以是1.5贯钱，也可以是3升米。

值得注意的是，在最初发布的青苗法条例中，完全没有提到利息的问题，只说是公家的惠民政策，不为赚钱（"公家无所利其入"），只要保证不亏损本钱就可以了。后来在青苗法的具体实施中，有了收取利息的条款，但相对于王安石说的民间借贷一倍利息来说，二、三分的利息绝对是低息。

这听起来是很美的。光从条文来看，对于老百姓来说，最大的好处就是获得了从官府借钱的机会，生活多了一层保障。不想借没人会逼着你去借，要借的话利息也不高。正如王安石所说，这是"散惠兴利"。

青苗法的设计主要出自吕惠卿。

吕惠卿是福建泉州晋江人，生于天圣十年（1032），并在风云际会的嘉祐二年（1057）中了进士，同在这一年登第的还有苏轼、苏辙、程颢、章惇、曾布、曾巩等。他的学识

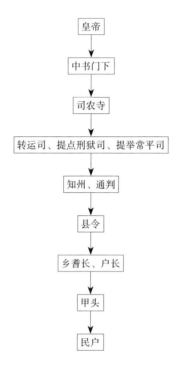

青苗法垂直管理示意图

青苗法的管理是在官僚体系内部实现的，因此不能将其简单地等同于一般意义上的国有银行（具有独立性质的企业）。青苗法的实际效果与各级官吏的态度与行为密切相关。

见解深受王安石赞赏。熙宁二年，38 岁的吕惠卿在王安石的举荐下担任条例司的检详文字官，可以说是机要秘书。他深受王安石倚重，重要文稿皆出自他的手笔，是一支大笔杆子，后来跃升为新党的二号人物。

为了推行青苗法，王安石在路（相当于后世的省）一级设置了新的机构——提举常平司（仓司）。常平仓本来是由提点刑狱司（宪司）管理。今天人们所熟悉的"大宋提刑官"，其主要职责可不是验尸查案，而是主管一路的司法刑狱事务，同时也有着相当重要的财政管理职责。

提举常平司设立以后，与转运使司（漕司）、提点刑狱司鼎足而三，再加上安抚使司（帅司），形成路一级的四大机构（安抚使司地位相对特殊）。包括开封府界在内，全国一共有 19 路提举常平司，朝廷选派了 40 余名官员，正官是提举常平官，副官是常平管勾官。这批官员被称为"常平使者"或者"青苗使者"，他们从九月到十一月获得任命后陆续分赴各地，负责管理一路青苗法的实施。

在青苗使者之下，州有通判，县有县令，乡里有耆长、户长，最下面有甲头，甲头之下便是 5 至 10 个民户。一个从上到下的垂直管理体系建立起来。

有了法令和政策，有了机构和人员，青苗法就这样在拥有 200 多万平方公里的土地和 7000 万至 8000 万人口之众的大宋王朝，自上而下地运作起来了。

青苗之争
让朋友纷纷变成了敌人

反对王安石的言行，并不是从青苗法开始的。

担任参知政事特别是设置条例司之后，王安石的敌人明显多了起来。第一个起而反对王安石的人是御史中丞吕诲。御史中丞是御史台的台长，是台谏官（言官）的首领，所以吕诲的来头很大。他直言王安石是奸臣，列举了王安石奸诈的十个事例。吕诲和司马光非常要好，一开始司马光对吕诲弹劾王安石非常不以为然。这个时刻，包括皇帝在内的大多数人都对王安石充满了期待，于是吕诲这个御史中丞很快就被罢了。

均输法的出台激起了第一波反对浪潮。均输法推出以后，以范仲淹之子范纯仁（苏州人）为首的台谏官群体起而反对，反对者还包括陈襄（福州侯官人）、刘琦（宣城人）、钱颛（常州人）、刘述（湖州人）。

这里可以澄清一个流传甚广的错误说法。有人说新党是南方士大夫群体，旧党是北方士大夫群体，新旧党争本质是南北之争。史学大家钱穆先生的巨著《国史大纲》就是这样讲的。王安石是南方人，司马光是北方人，看似有理，实际上似是而非。薛向是河中府万泉县（今山西万荣）人，司马光是陕州夏县（今山西夏县）人。如果按宋代的行政区划算，河中府和陕州都属于陕西路，他和司马光是陕西老乡；按照今天的行政区划算，他和司马光是山西运城老乡。薛向长期在陕西、河北做官，是典型的北方士大夫。五位台谏官则是清一色的南方士大夫。仅此一例就知道新旧党争不能说成是南北之争。

因均输法而产生的反对声音集中在台谏系统，宋神宗遂按照王安石的意愿更换了这一群体。这也是后来王安石面对批评者时惯常使用的办法——换人。新任命的御史中丞是吕公著，这是王安石在神宗面前大赞吕公著的结果。吕公著举荐了一批言官，如孙觉、李常、程颢、张戬（张载的弟弟）等，都是倾向于改革，与王安石的关系也很不错。如此一来，按照一般的理解，言官群体都是王安石的人，变法的阻力被清除了。然而，事态的发展超出了想象。

因青苗法产生的争论使得当时士大夫群体形成了彻底的大分裂。

在酝酿阶段，苏辙明确表示不赞成青苗法，很快他就离开条例司，到地方上去了。青苗法公布以后，司马光与吕惠

二程画像

程颢（1032—1085），字伯淳，号明道，世称明道先生，又称"大程子"。程颐（1033—1107），字正叔，世称伊川先生，又称"小程子"。程颢与程颐兄弟二人并称"二程"，二程与周敦颐、张载并称"北宋四子"，为宋代理学家的祖师爷。图为清殿藏本程颢、程颐画像，台北故宫博物院藏。

卿借经筵讲书的机会唇枪舌剑地斗争了一番。吕惠卿的名声在王安石阵营中是最差的，司马光说他"险巧"，吕公著说他"奸邪"，连王安石的同胞弟弟王安国也说他是"佞人"。而王安石对吕惠卿信任有加，十分倚重。

使青苗法陷入论争旋涡的是王广廉入朝奏报河北路青苗法推行情况。

王广廉是大名成安（今河北成安）人，河北路首任提举官，也是青苗法得以推行的一个关键人物。他在熙宁二年时任河北转运司勾当公事，曾为条例司派出的"八使"之一。当王安石领导的条例司正在酝酿常平新法的时候，王广廉向朝廷建言：以1000道度牒作为本钱，按照陕西漕司之前青苗钱的办法进行放贷。

度牒本来是僧尼的身份证，因为僧尼享有很多赋役上优免的特权，所以度牒很金贵，在当时已经变成了一种市场上交易的商品，每道度牒的官价为130贯，1000道度牒则价值13万贯。陕西青苗钱是仁宗朝陕西转运使李参在陕西为解决军粮问题采取的放贷办法。王广廉的"度牒＋陕西青苗钱"办法已经接近于王安石所构想的常平新法，于是王安石便将河北作为常平新法最早的试验基地之一。

除了王广廉以外，河北的提举常平官还有皮公弼。皮公弼是河南（今河南洛阳）人，此时兼任着提举河北便籴这样一个重要的财政职务。王广廉和皮公弼都是积极的地方财政官员，以善于奔进知名，有着灵活的经济头脑，出政绩的愿望颇为强烈。王安石以皮公弼和王广廉担任河北首任提举官，正是希望树立推行青苗法的典范。宋神宗对河北路的青苗法予以了特别的重视，还专门从皇帝的金库——内藏库中拿出百万贯钱分赐给河北各州，增加常平仓本钱。

熙宁三年春节刚过，王广廉进京报告河北路青苗法的推行情况。他说青苗新法大获成功，河北地区的贷款取得了三分之利，老百姓都是欢呼鼓舞，歌颂圣德。王广廉总结河北经验，报告河北成果，本来应当是给了王安石和条例司很大的支持，其结果是引发了关于青苗法和提举常平官的存废之争。王广廉点燃了最大火药包的导火索，青苗法的推行遭遇到了最大一次危机。

大家发现，原来，青苗法竟然是要收利息的，而且是要三分利。不仅如此，河北还采用了联保的方式，不同户等皆有对应的借贷额度：一等户贷15贯，二等户10贯，三等户5贯，四等户1.5贯，五等户1贯。虽然没有高出朝廷设置的限额，但是这个所谓的额度成了农民的任务量，本来不许超出这个额度变成了必须借贷这个数目。

谏官孙觉和李常本来都是王安石好友，此时率先开火。在他们看来，河北青苗法的实施与其所宣称的宗旨完全相悖，于是集中火力，对王广廉进行了激烈的弹劾，指责王广廉在俵散青苗法时强行摊派、获取利息。差不多同时，翰林学士范镇也上书请求罢去青苗法。此后，众大臣对青苗法群起而攻之。

在反对者的舆论压力之下，正月二十二日朝廷下诏：

> 诸路常平、广惠仓进行青苗钱放贷，本来的目的是救济穷人，百姓自愿请贷。今考虑到部分官吏不能体会朝廷本意，摊派百姓，造成骚扰，现在命令各路提点刑狱官进行走访调查，禁止违法情况，一旦发现，立即报告。有胆敢阻挠自愿请贷的人，同样受到惩罚。

这份诏书看起来采取了不偏不倚的立场，重申了自愿原则，反对抑配，同时也强调如果有人阻止自愿借贷青苗钱，也要受到同样的处罚。这也意味着青苗法要继续推行下去，而且收息的问题并没有被否定。

一波未平一波又起。正月底，开封府里正在为青苗法的事情争论不休。开封府界提举常平官叫侯叔献，他屡次督促提点开封府界诸县镇公事（相当于开封府界的提刑官）吕景俛散青苗钱，但吕景不买账。

开封府界的常平仓本来是归吕景管，但吕景声称京畿诸县各有屯兵，没有盈余可以作为青苗钱本钱。制置三司条例司提出另以买陕西盐钞钱作为本钱。吕景又上奏说，府界的老百姓还欠着20多万石的税粮呢，现在又要贷出去青苗钱15万贯，老百姓怎么承受得了！

开封是京城，天子脚下，青苗法的推行尚且遭到官员推三阻四，其他地方更是可想而知。

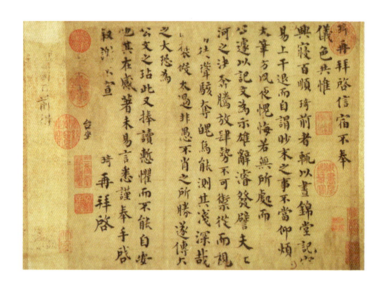

韩琦《信宿帖》

韩琦（1008—1075），相州（今河南安阳）人。天圣五年（1027）年仅二十的韩琦中进士，名列第二。此后历任淄州通判、开封府推官、度支判官、右司谏、知制诰、陕西安抚使、枢密副使、知扬州、知真定府、知定州、知并州、知相州、枢密使、同中书门下平章事等。韩琦在相州建昼锦堂，欧阳修作《昼锦堂记》，韩琦写信表示感谢，即《信宿帖》，又称《谢欧阳公帖》。该帖现藏于贵州省博物馆，为韩琦仅存的少数墨迹之一，从中可以看出韩琦书法"端严谨重"的特点。

二月一日，韩琦上书请求罢去青苗法以及诸路提举官，将关于青苗法的争议推向了高潮。

韩琦是谁？他乃三朝宰相，是当时名望地位最高的重臣。他在庆历宋夏战争中和范仲淹一起防御西夏，二人并称"韩范"，又和范仲淹一起主持"庆历新政"，嘉祐三年（1058）任宰相，并在仁宗立储问题上态度坚决，为英宗继位立下定策之功。英宗即位后，继续担任宰相，调和帝后矛盾，促使太后撤帘还政。英宗病重，韩琦又力劝英宗早日立储，最终英宗立赵顼为皇太子，即后来的神宗。

神宗即位后不久韩琦被罢相，以使相判相州，兼领淮南节度使，不久之后又判大名府，兼河北四路安抚使。韩琦主持中枢十余载，相三朝，立二帝，神宗也称他是"定策元勋之臣"。欧阳修赞其"临大事，决大议，垂绅正笏，不动声色，措天下于泰山之安，可谓社稷之臣"。使相是荣誉头衔，没有宰相的实权，但可享受宰相的礼遇。

韩琦时年 63 岁，比王安石年长 13 岁。王安石中进士后做的第一任官淮南签判就是在韩琦幕下，所以他们是老相识，但是二人之间一直都不太对付。这一次韩琦发难，似乎是必然的。

韩琦让自己的幕僚强至写了一篇长文，针对河北提举常平司俵散青苗钱的具体做法，结合熙宁二年九月关于青苗法的诏书，层层批驳，认为河北所实施的青苗法违背了最初宣称的"公家无所利其入"的精神，青苗法是官府放贷收息，

（清）李墅《四相簪花图》

"四相簪花"是北宋有名的典故，说的是庆历年间韩琦任扬州知州，有一天后花园中的芍药花一枝四岔，每岔都花开一朵，上下呈红色，一条金黄蕊在中间。韩琦便把当时任通判的王珪、任签判的王安石和大理寺丞陈升之聚在一起举办宴会，宴会上剪下四朵花，四人各簪一枝。此后三十年间，四人都当了宰相。"四相簪花"的故事成为后世画家非常喜爱的题材，明代画家仇英、清代画家李墅都有《四相簪花图》传世。

与当初所说的抑兼并、济困乏的精神全然相悖，请求罢去诸路提举官，只委任提点刑狱官依照常平旧法施行。

第二天，宋神宗看了韩琦的奏章后，深表赞赏："韩琦真是忠臣，虽在外，不忘王室。朕一开始以为青苗法有利于百姓，没想到如此祸害百姓。"虽然神宗在即位之初就罢了韩琦的宰相之位，但对于这位三朝老臣他一直保持着极高的敬重。

王安石一听，怒火中烧，他严词驳斥韩琦的奏章，随后即称病居家了。青苗法推行不下去，他这个参知政事也就不干了。

青苗法面临被废罢的极大可能性。

二月八日，宰相曾公亮、陈升之修改了正月降下的戒谕提举官诏书，删去了"阻挠自愿请贷"之类的话，另行颁下。如此一来，诏书所体现出的态度就发生了极大的变化，核心意思是禁止抑配，实际上是对河北经验的否定。青苗法还要不要推行下去就成问题了。

开封府祥符县自二月十二日就停止散发青苗钱，并且说根据提点司（长官即前述吕景）的指示，已得到中央的旨令停止青苗法。

开封府陈留县知县姜潜就任才几个月，正好赶上青苗法令颁布，姜潜就在县门上张榜宣布青苗法令，又把榜文移到各乡村三天，没有人来贷款，于是收好榜文，对下属说："你看老百姓都不愿意贷款嘛！"陈留县的青苗钱就都没有贷

（明）仇英《四相簪花图》

下去。

　　陕西提点刑狱韩铎一开始对青苗法还算积极，后来听说王安石将被罢官，于是对青苗法的态度发生了逆转。

　　观望，是当时大多数地方官对青苗法的态度。既然上面还争着呢，那就先看看再说吧！

　　二月十一日，神宗任命反对青苗法的司马光为枢密副使。

　　枢密副使是枢密院的副长官，也是宰执之一，是多少官员梦寐以求的职位。但是，司马光果断拒绝了。如果不罢去青苗法，他绝不会就任枢密副使。他成了反对青苗法态度最坚决的人。

　　王安石和司马光，一个请罢参知政事，一个坚辞枢密副使。本来王安石此次进京的时候，还说过一定要和司马光做邻居，对二人的友谊怀着无比美好的憧憬。短短一年时间，二人已经成了"冰炭不可同器"的敌手。在司马光看来，王安石已经尽弃旧学，再也不是自己所熟识的那个王安石了。在王安石看来，司马光就是个流俗之辈。

　　他们都表明了自己的态度，他们都坚信自己是对的，他们都认为自己已经把道理讲得明明白白，他们也都在等待。

　　最终的意见只能由一个人来定，那就是宋神宗。真理也许掌握在多数人手里，也许掌握在少数人手里，也许各自都有各自的道理，也许根本就没有真理，但决策必须有一个。

王安石告病在家的日子里，寒食节到了。在宋代寒食节是非常重要的节日，法定节假日有七天。经过了吵吵嚷嚷之后，神宗难得清静了几天，他可以安静地思考一下。

到二月二十一日，"病"了十八天的王安石复出工作。宋神宗的思考也有了结果，他对王安石说：

> 青苗法，朕确实被闹纷纷的议论搞得昏了头，寒食假中静静地思考了一下这个事，一无所害，最坏的结果不过是损失少许钱物，有什么可担心的？

注意，群臣说得最多的抑配问题，神宗完全不 care，能不能赚到钱，会不会有损失，才是他最关心的问题。

王安石说：

只要全力推行，不让小人故意破坏，肯定不会失陷钱物。现在最要紧的就是旗帜鲜明地表示此法不可变，如果推行不善，就要依法进行惩罚。这样就没有人搞破坏，新法就可以顺利推行了。

王安石坚信，赏罚是有用的，他的话更加坚定了神宗推行青苗法的决心。

神宗态度一变，整个形势都变了。

很快，神宗的两项人事决定表明了他对王安石的支持：先是批准了韩琦乞罢河北安抚使只任大名府安抚使的请求，随后决定收回司马光枢密副使的任命。这是按照王安石的意思办的，因为王安石说如果不这样，司马光就是反对新法的人心中的红旗（"赤帜"），反对者就会聚在这面旗帜之下。

在这期间王安石掌握了主动权，条例司否定了渭州（今甘肃平凉，当时为宋夏边境地带）知州蔡挺沿边不散青苗钱的请求，针对开封府祥符县停贷青苗钱一事，申明没有停止青苗法的命令，要求开封府进行调查。

三月一日，曾公亮、陈升之两位宰相因为争不过王安石，都告病居家。

胜败只在数日间，而其关键只在皇帝的一念之间。

王安石亲自写了一篇长文章，针对韩琦的意见一条一条反驳，以条例司的名义并以官方文件的形式刻版印刷后下发。

韩琦又针对条例司下发的文件一条一条地进行反驳，但是神宗未予理睬。

皇帝的态度明确以后，最大的问题就是地方上除了提举常平官很积极地推行青苗法以外，其他地方官都在想办法拖延。没有提举常平官，青苗法就不可能在地方上推行下去。所以三月御史中丞吕公著再次上奏请求罢去提举常平司官吏时，王安石对神宗说：

> 陛下试想一下，如果开封府界只有吕景而没有提举常平官，那么青苗法就无法推行下去。京西路也是一样，没有提举官，提点刑狱就说老百姓都不愿意借贷青苗钱。看看这两个地方就知道，如果不设提举常平司，而让其他机构负责，青苗法一定是推行不下去的。

神宗担心下面的官员不奉行法令。

王安石说：

> 提举常平官虽然级别不高，但他们是奉朝廷的命令出使。他们还没有按察检举州县官员的不法行为，这些言官就纷纷说提举常平官欺凌州县官。言官本来是应该为朝廷守法的，却和那些流俗之人朋比为奸，这样岂是正理？

最终神宗对王安石的说法表示高度认同。

熙宁三年的春天，是朝堂论争最激烈的时段，大大小小的官员都为之争论不休。王安石说"陛下做法，宰相摇之于上，御史中丞摇之于下，方镇摇之于外"，正显示出当时提举官与青苗法所面临的巨大阻力。宰相是指曾公亮和陈升之，御史中丞是指吕公著，方镇指的是韩琦等地方大员。

其实，反对青苗法的又岂止是这些人。王安石这样说，其实是要把青苗法与神宗的权威捆绑在一起，反对青苗法就是挑战神宗的权威。当然，这样说也是将他自己的政治命运与青苗法捆绑在一起。

王安石认为真理掌握在自己手中，他不断鼓励宋神宗要坚定意志，不要为那些流俗的言论所动摇。他不断向宋神宗宣扬帝王之学的精髓——驭臣之术，不断鼓励宋神宗独断，像尧帝"流共工、放驩兜"（共工、驩兜都是尧帝时代的大凶大恶之人，最后被尧帝流放）那样将台谏等都赶出朝廷。在他的描述中，吕公著就是当代共工，陈襄、程颢这些人就是今日驩兜。

法尧舜，学的就是尧舜的这股杀伐之气。王安石建议宋神宗直接发诏书，指明这些人不分好歹的言行是荒谬的，让他们明白自己的罪责，如果继续阻挠国政，就要把他们罢黜，朝廷内外自然就服服帖帖的了。

王安石要在人主心术上做文章，抓住了皇帝的心，就抓住了一切。他最不怀疑威权的力量，他认为皇帝应当"任理而无情""为天之所为"。

神宗此时已经决心坚定，在他的心目中，王安石不仅仅是一位臣僚，更是一位导师。神宗对权术的运用也越来越得心应手。他和司马光对谈时称当时纷纷的局面为"国家的正确路线，众人的心头所恨"（"国之有是，众之所恶"）。司马光说："确实。陛下应当审察其中的是非，然后坚守正确的方向。现今条例司所为，独有王安石、韩绛、吕惠卿认为是对的，天下人都认为是错的，陛下难道独自与三人共同治理天下吗？"

在朝堂之上，明确支持青苗法的，最主要的就是王安石、韩绛和吕惠卿。这是一场多数人反对少数人的斗争，和地域无关，和阶级阶层无关，和官职高低无关。

司马光说王安石是"以一人力战天下之人"，他多次写信劝说王安石放弃变法，还说："那些谄媚阿谀的人，在您今天得势的时候，确实会让您感受到顺从的快感，将来一旦失势，一定会为了自己的前途而出卖您。"（"谄谀之士，于公今日诚有顺适之快，一旦失势，将必卖公自售矣。"）事实证明，这句话是非常有远见的。

王安石予以坚决回绝，即著名的《答司马谏议书》，其中写道：

> 现在您用来指教我的，是认为我侵官（侵夺官职）、生事（无事生非）、征利（与民争利）、拒谏（拒绝劝谏），因而招致天下人的怨恨和诽谤。我却认为受命于皇帝，

议定法令制度，又在朝廷上修正形成决议，再把它交给相应机构的官吏去执行，这不能算是侵官；实行三代圣王之政，用它来兴利除弊，这不能算是生事；为天下理财，这不能算是征利；打击邪说，驳斥巧辩的奸人，这不能算是拒谏。至于天下那么多怨恨和诽谤，本来就在意料之中。

人们习惯于苟且偷安、得过且过已不是一天两天的事了。士大夫们多数把不顾国家大事、附和世俗的见解、向众人献媚当作好事，因而皇上才要改变这种不良风气，那么我不考虑敌人的多寡，尽自己的力量去辅助皇上来抵制这股邪恶势力，这样一来那些人又怎么会不对我来势汹汹地大吵大闹呢？盘庚迁都的时候，连老百姓都抱怨，并不只是朝廷上的士大夫反对；盘庚不因为有人怨恨就改变自己的计划；这是他考虑到迁都合理，然后坚决行动，坚持真理就看不出有什么可以后悔的。

王安石承认自己是少数，但他是站在真理这一边，而士大夫中的大多数是不恤国事的媚俗之辈，而这正是皇帝所要改变的状况。他强调自己是辅佐皇帝，帮助皇帝对抗流俗，抱怨他的人很多是意料之中的事，没有什么可后悔的。

话不投机半句多，最后二人彻底断交。

四月是人事大变动的一个月。参知政事赵抃被罢知杭州。御史中丞吕公著以及言官程颢、李常、张戬、陈襄等皆被罢。

既然新换上来的台谏官不听话，那就再换一批。吕公著被罢免之后，曾公亮举荐任用知真定府吴中复为御史中丞。王安石表示反对，他说吴中复一味向韩琦献媚，不行正道。最后神宗认可了王安石的意见。

王安石举荐的人物，就是韩维。但是，韩维本人却拒绝了这一任命。此后宋神宗又先后任命了冯京、杨绘为御史中丞，但都不甚满意。最后王安石的亲信邓绾任御史中丞，同时兼任新法主管机构司农寺的长官，这样才把御史台这个监察机构控制在自己之手。

当年的"嘉祐四友"，三个都成了王安石的反对者。

吕氏家族的吕公弼劝说王安石不要折腾，最后被罢枢密使，贬到太原去了。韩维对王安石越来越不满。只有他的哥哥韩绛是少有的支持王安石的人。王安石的亲家吴充，也多次对神宗说新法问题很大。

王安石的师友欧阳修、曾巩也不赞同青苗法。欧阳修当时是青州知州，接连上书指出青苗法中的弊病，并在青州停止了青苗法的放贷，朝廷对他的行为予以责备。曾巩则是默默地离开朝廷，到地方上去了。

王安石的弟弟王安国、弟子陆佃也表示对新法的不认同，努力劝谏王安石，但并不起作用。

山阴县知县陈舜俞上书自己弹劾自己，说青苗法是"别为一赋"，坚持不散青苗钱，很快就被王安石贬为偏远小吏。

司马光也离开朝廷，几经辗转，到西京洛阳之后便一心一意地去编纂《资治通鉴》去了。

就是那些王安石寄予厚望的新任提举常平官，也有七八位不认同青苗法，未曾就任。被任命为江西提举常平官的张次山上书猛烈地批判青苗法；被任命为湖北提举常平官的范世京到京师后，和王安石话不投机，立刻就辞职不干；被任命为梓州路提举常平官的吴师孟上疏直言新法扰民……这些年轻的基层官员很坚决地放弃了这次升官的机会。

对于王安石来说，这并不是什么难题。青苗法是一块试金石，检验出是否为符合变法需要的人才。他再举荐了几名年轻官员出任提举常平官，巩固了青苗法推行的组织队伍。同时，将提举常平官的地位、待遇进一步提高，这对于下级官员的诱惑力就更大了。

事情正在起变化。反对新法的声音越来越弱，歌颂新法的声音越来越强。熙宁三年十二月，王安石正式拜为宰相，大局遂定。

第二章

青苗大案

少壮与元老的对决

飞来山上千寻塔，闻说鸡鸣见日升。

不畏浮云遮望眼，自缘身在最高层。

——王安石《登飞来峰》

王安石有一首题作《商鞅》的诗，表达了他对商鞅的敬仰之情。全诗如下：

> 自古驱民在信诚，
> 一言为重百金轻。
> 今人未可非商鞅，
> 商鞅能令政必行。

商鞅，这位让多少儒士闻之摇头的人物，却是王安石父子的精神偶像。商鞅立木以建信，刑太子之师以立威，此种精神让王安石非常感佩。王安石的儿子王雱也经常称赞商鞅是"豪杰之士"。

在《大秦帝国》《大秦赋》之类的文艺作品流行的今天，

崇拜商鞅是稀松平常的事情。但在传统观念里，大秦不过是暴秦，始皇不过是暴君，商鞅的形象是刻薄寡恩，最后作茧自缚，身败名裂，为天下笑。在儒学复兴的宋朝，崇拜商鞅的人，毫无疑问是另类。

变法，是商鞅的政治口号。《商君书》的第一篇就是《更法》（更法就是变法），为秦孝公时变法派与保守派大辩论的记录。

秦孝公说："现今我想变法，但又担心天下人非议我。"

商鞅说："我听说做大事犹豫不定，就无法成功（疑行无成，疑事无功）。国君应当尽快下定变法的决心，不要顾虑天下人怎么议论（无顾天下之议）。俗话说不可以跟老百姓一起讨论如何开始，却能够同他们一起开欢乐的庆功会（民不可与虑始，而可与乐成）。郭偃的法书上说：讲求至高道德的人，不去附和那些世俗的偏见；成就大事业的人，不去和众人商量（论至德者，不和于俗；成大功者，不谋于众）。只要能够强国，能够利民，就不必去沿袭旧法度，不用遵守旧礼制。"

保守派的甘龙表示不是这样，他听说"圣人不易民而教，知者不变法而治"。

商鞅说，你说的都是世俗之言，"三代不同礼而王，五霸不同法而霸"。

保守派的杜挚说，他听说"利不百，不变法"，所以应该"法古"。

商鞅说，前世的治理办法都不一样，你要法哪个古？伏羲神农教而不诛，黄帝尧舜诛而不怒，到了文王、武王，都是根据当时的时代状况立法制礼，所以说治理天下不是只有一条道，只要有利于国家就不需要拘泥于古法旧制（"治世不一道，便国不必法古"）。

最后，秦孝公接受了商鞅的建议。

王安石一定是熟读《商君书》，尤其是《更法》这一篇。他很喜欢"民不可与虑始而可与乐成"这句话，宋神宗也常引用。"无顾天下之议"，这不就是王安石所宣扬的"人言不足恤"么？商鞅说别人的话都是世俗之言，王安石也说反对他的人都是"流俗之人"，反对他的言论都是"流俗之言"。正因为有商鞅精神护体，王安石才会显得战斗力爆棚。

年轻时候的王安石，被人称为当世孟子；大权在握的王安石，当时人觉得他就是商鞅再生。

王安石特别喜欢说"法先王"，他所说的先王更接近于《商君书》《管子》《韩非子》中所说的先王，即法家的先王。并不是只有儒家才喜欢说"法先王"，商鞅也喜欢引经据典，喜欢把自己的主张说成是先王的智慧。

神宗还是王爷的时候，就喜欢读法家著作，曾经把《韩非子》抄了一本，让手下人校对。他的一位儒学老师说，韩非子的思想阴险浅薄，没什么可看的。赵顼说："只是抄上一本作为藏书，我不喜好韩非的学说。"

儒家的学说，可说不可做；法家的学说，可做不可说。神宗对此清楚得很。

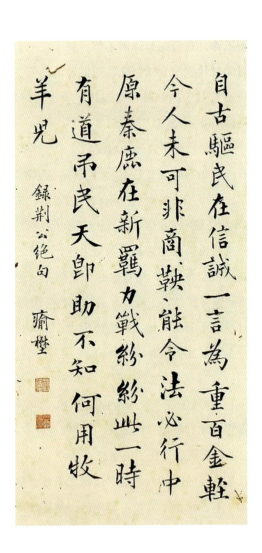

自古驅民在信誠 一言為重百金輕
今人未可非商鞅 能令法必行中
原秦庶在新羈 力戰紛紛此一時
有道吊民天卽助 不知何用牧
羊兒

錄荊公絶句

瘉㙫

严复（晚年号瘉㙫老人）书王安石诗

王安石的《商鞅》一诗在宋代颇受非议，近代以来被奉为伟作。严复酷爱王安石的诗，对《商鞅》一诗更是情有独钟，他将原诗中"商鞅能令政必行"中的"政"写作"法"，曾称颂此诗是"不朽语"。

　　神宗能够信任王安石，看中的恐怕不是王安石当代孟子的声名，而是王安石思想中闪烁的法家之光。王安石喜欢引用《诗经》，引用《尚书》，最后的解释都和商鞅、韩非所说契合。

　　王安石拜相之后，神宗称他为"师儒"。私下里二人倒是经常切磋法家学说。有一次王安石曾对宋神宗说：

　　　　陛下看商鞅所以精通耕战之法，只看司马迁所记的几行字就足够了。如果法令简而要，那么下面的人容易遵行；烦而不要，那么下面的人既难以遵行，上面的人也难以考察。

苏轼读到《史记》里商鞅和桑弘羊的记载，评论说：

　　　　自汉以来，学者以讨论商鞅、桑弘羊为耻，而国君对他们情有独钟且甘之如饴，都是阳讳其名而阴用其实，甚至有的君主连名与实都以他们为宗（"甚者则名实皆宗之"）。

　　显然他说的就是神宗和王安石。神宗大多数时候是"阳讳其名而阴用其实"，阳儒阴法的分寸把握得很好，有时候一不小心就暴露了，变成了名实皆宗法家。

　　和商鞅变法一样，王安石变法一开始阻力重重。青苗法是在少数人赞成多数人反对的背景下，依靠皇帝的威权强行推出的。要让政令贯彻下去，王安石就要成为商鞅那样的人。

王安石一直坚定地主张皇帝要运用帝王之术来改变士大夫的风气。他的主张是否可以奏效？我们不妨以青苗法实施中的两场诏狱来一窥究竟。

所谓诏狱，即皇帝下诏差官审理的重大案件。这两场诏狱，发生在熙宁四年前后，都和青苗法有关联，牵连众多，震动一时。其一为亳州青苗案，是因新法推行而直接引发的第一场诏狱；另一为成都府路燕饮案，案件内容与青苗法并不相干，但案件的起因和青苗法关系甚大。

两场诏狱的结果证明，王安石的主张在现实中真的是非常有效的。商鞅确实可以"能令政必行"。

　　亳州青苗案中的"主犯"是三朝元老富弼，他的资历和声望都与韩琦旗鼓相当。

　　富弼是北宋历史上的风云人物。少年时代的他勤学苦读，才华出众，气度不凡，范仲淹见到他，认为他有王佐之才，把他的文章给宰相王曾、晏殊看。后来富弼成了晏殊的乘龙快婿。

　　庆历初，富弼出使辽国。当时宋夏战争宋军打败，辽人趁人之危，意欲谋夺宋朝国土，富弼临危受命，凭借过人的胆识与智慧，严词拒绝了辽国割地要求，与辽国达成了和议，成为名震天下的外交功臣。庆历三年（1043），富弼官拜枢密副使，和范仲淹、韩琦一起推动庆历新政，堪称改革先驱。至和二年（1055），仁宗拜为宰相，比韩琦拜相还早三年。

　　富弼长王安石17岁，本来十分赏识王安石。他曾举荐王安石为翰林学士，不过韩琦不认同，富弼反问道："以王安石的学术、文章和才干，哪里不行呢？"王安石在给富弼的信中说："惟不肖常得出入门下，蒙眷遇为不浅矣。"敬重之意溢于言表。

熙宁二年（1069）二月，在王安石拜为参知政事（副相）的前一天，66岁的富弼被怀着雄心壮志的宋神宗拜为首相。神宗的目的很明显，他希望这位威震八方的老臣能出来为王安石站台，为变法铺路，但事与愿违。

神宗任用王安石，就是希望通过变法实现富国强兵，进而开疆拓土。神宗向富弼问询国政，富弼说："希望皇帝二十年不要言兵。"

王安石是"唯物主义者"，认为"天变不足畏"，灾异皆是天数而非人事得失所导致的。富弼听了之后说："人君所畏惟天，若不畏天，何事不可为者。"这可以说是对"天变不足畏"最直白、最深刻的批评：君主是天之子，九五之尊，如果连天都不敬畏了，还有什么可畏惧的？还是什么事情做不出来？他觉得这种言论就是奸臣想要进邪说，先劝导皇帝无所畏惧，让那些谏诤之臣无法发挥作用。

面对纷纷扰扰的局面，富弼很不喜欢。他说自己脚疼得厉害，经常请假不上班，而且在下班之后谢客杜门，"宅"在家中不出来。

范纯仁心直口快，他批评富弼说"恤己深于恤物，忧疾过于忧邦"，对这位父亲的至交毫不留情面。实际上，他视富弼如父兄，这样说其实是用激将法。

对于长期"宅"着的富弼，苏轼也写了一首《起伏龙行》的诗，诗中写道：

> 当年负图传帝命，左右羲轩诏神禹。
>
> 尔来怀宝但贪眠，满腹雷霆瘖不吐。
>
> 赤龙白虎战明日，倒卷黄河作飞雨。
>
> 嗟我岂乐斗两雄，有事径须烦一怒。

他把富弼比作"伏龙"，虽然有满腹雷霆，但是不吐露出来，而是一直贪眠。苏轼希望他改变"贪眠"的状态，起来与王安石展开斗争。

富弼不上班，神宗很失望。这年十月，富弼被罢为武宁军节度使、同平章事、判亳州，即以使相的身份担任亳州的地方长官。

富弼前后与王安石共事九个月，这九个月对于富弼来说，应当是颇为煎熬的一段时光，他真正去上班的日子加起来不超过一个月。

罢相之时，富弼与宋神宗有意味深长的一幕：神宗问富弼说："卿去，谁可代卿？"富弼举荐文彦博。神宗默然良久，说："王安石怎么样？"富弼默然。

富弼之所以"默然"，是因为他对王安石的变法举措深不以为然。对于这位他曾经十分看好的后辈，他的默然中包含着复杂的情绪。

据说富弼有《论王安石并求退疏》,把王安石痛骂了一顿:

> 安石平居之间,则口笔丘、旦;有为之际,则身心管、商。至乃忽故事于祖宗,肆巧讦于中外,喜怒惟我,进退其人。待圣主为可欺,视同僚为不物。

丘、旦是指孔子、周公,管、商是指管子、商鞅。这是说王安石嘴上说的、笔下写的是儒家,心里想的和实际做的却是法家。富弼还说王安石不遵守祖宗之法,让中外之人议论纷纷,完全按照个人的喜怒来任用官员,把皇帝视作可欺瞒的对象,把同僚当作空气。

在富弼看来,王安石刚愎自用,骄横跋扈,欺瞒皇帝,玩弄同僚,是个肆无忌惮而又居心叵测的强人、狠人、奸人。

王安石眼中的富弼是什么样呢? 他对宋神宗说:

> 陛下以为富弼是什么样的人? 臣只见他所有的事情都迎合流俗,追求声名而已。天下太平无事的时候,富弼就能够收买人心;倘若天下有事,凭着他这样的智商谋略,还想要挽狂澜于既倒、扶危厦于将倾,是绝对不可能的,必然误了天下大事。

评价富弼,王安石丝毫不留情面。在他的口中,富弼就是一个只知道爱惜自己羽毛的庸人、俗人、烂人。

王安石与富弼，越看对方越觉得不顺眼。

有意思的是，虽然立场不一样，但是范纯仁、苏轼和王安石对富弼的评价近乎一致：富弼缺乏担当精神。此刻他们对富弼都很失望。宰相的位子不好坐，富弼自然是乐意离开是非之地。

亳州离开封不太远，下设七个县，分别是谯县、城父、蒙城、酂县、鹿邑、永城、卫真。富弼到了亳州以后，也是深居养疾，大部分时候宅在家里，和禅师一起研习佛学心法，偶尔处理一下政务。

亳州青苗案发生在熙宁四年年初。此时距青苗法的全面推行已经一年有余。当时提举淮南路常平司的同管勾官赵济巡历州县，经过永城县（今属河南商丘）时，有百姓拦住他借贷青苗钱。原来，亳州下辖诸县因富弼的命令，一直不敢俵散青苗钱。

赵济是开封封丘（今河南封丘）人，祖父为名臣赵贺，父亲赵宗道与韩琦都是工部侍郎崔立的女婿，这样算来韩琦是赵济的姨父。

按照当时人的说法，赵济是典型的"新进少年"（与今天的"少年"含义不同，宋人讲的"少年"是相对老年、老成而言，大致相当于今天人们说的中青年）。他是因变法而新提拔的年轻官员，不久前以选人身份提拔到提举常平司任职。宋代文官可分为选人、京官、朝官三等，选人最低，属于官场上的"苦逼"（苦逼，佛经用语，为苦所逼迫的意思）阶层。

此时赵济的本官阶是著作佐郎（京官，从六品上），已经改官，可见他对于推行新法非常积极而获得升迁。尽管提举常平官资历很浅，但正如王安石所说，是以朝廷命令出使，享有监察州县的权力。

赵济得知这一情况之后，感觉事态严重，立即快马加鞭，奔到开封，入朝向神宗面陈富弼废格诏命之事。

他对神宗说："富弼是朝廷大臣，竟然废格新法，法行当自贵近始，如果置而不问，朝廷还怎么号令天下！"

有意思的是，神宗听闻赵济的奏报之后，他的反应是"喜"。

谏官张琥也上疏说："大臣不奉法，罪不可赦，行法宜自大臣始。"

二月五日，神宗诏令江淮发运司派遣官吏，设置推勘院（相当于特别法庭），调查亳州属县官吏阻止自愿请贷青苗钱人户的情况，启动了对此案的审讯程序。

据查，富弼曾追责散青苗钱的蒙城县官员，将县吏进行笞罚，还让人拿着小札到各县，命令他们不准按照提举司的文书执行，签判徐公衮也给各县写信，让他们不得奉行诏令。

富弼的对抗性是最为明显的。韩琦虽然提出过质疑，后来定下来之后继续奉行；欧阳修停止俵散青苗，还曾上书朝廷说明情况；富弼则是直接置朝廷命令于不顾。

神宗向大臣表示对富弼行为的强烈不满："朝廷诏令，近来州郡大多数都不能严格执行。亳州属县不散青苗钱，提举官诘问，竟然说：'虽有朝廷有旨意，但相公不让我们放贷，我们也没有办法。'真是岂有此理！"

枢密使文彦博说："大臣如果见到朝廷法令对百姓不便，自然应该上书论奏，怎么能够直接搁置而不执行呢？"文彦博虽是富弼认为可以代他为相之人，但此时也谴责富弼的行为有违纲纪。

按照宋朝的政治规矩，即便是富弼这样的元老重臣，此时是亳州的地方长官，在政策上只能执行中央的命令。即便有意见，也应该上奏说明，而不能直接违抗命令。

此案涉及富弼这样的元老重臣，审讯过程显得异乎寻常，被胁迫的从犯亳州各级官吏都被拘禁审讯，而唯独主犯不被讯问。

富弼的态度非常明确：供认不讳。他先后三次上奏，表示自己招认一切指控，如果朝廷要借此事达到威震天下的目的，惩罚他一个人就足够了。

四月，言官邓绾又弹劾富弼及亳州签判徐公衮，宋神宗下诏将邓绾的奏疏送到亳州推勘院，但对于富弼只令案后收坐。于是富弼第四次上奏，申明徐公衮、石夷庚等人都只是执行自己的命令，他自己一力承担所有罪责，而且他说徐公衮、石夷庚还曾表示异议，他当场就把二人叱骂了出去。

当然富弼也为自己做了辩护，他说如果自己公开下命令让州县不执行（明行指挥），则是废格朝廷新法；如果依照朝廷法令俵散青苗钱，将来必然导致贫民逃窜，青苗钱收不回来，县司公人也得跟着一起赔钱，这是两难。所以他先是接受朝廷法令，说到俵散夏料的时候再执行，以显示对朝廷命令的尊重，然后又秘密地让属县不得立即俵散青苗钱，以免将来贫户逃窜、县司公人赔钱，这是两得其便。

"青苗这件事，天下之人，不管是聪明人还是傻子，都知道时间越长为害越深，只是朝廷不知道。这真是让人无可奈何！"富弼愤懑地说。他声称自己情愿受到严厉的处罚，虽死无悔，希望其他人能够被宽恕。

在这一案件的处理过程中，极少官员敢去求情。仅有新任命的监察御史里行刘挚上书称"听说亳州当地官员和相关人员，都被关押了起来，成为一场大狱，弄得人心惶惶"，请求尽快结案。但刘挚并不敢为富弼开脱罪责，他只是说："亳州的地方官员比如主簿、县尉等都因不散青苗钱被指控有罪，这实际上是前宰相所为，难道这些人能够控制吗？"

这个时候的刘挚被认为是台谏中最敢说话的人，但也只能说到这个层次。此案的案情是很清楚的，关键在于皇帝对处置前宰相究竟有多大决心。

神宗将亳州青苗案视作改变政坛风气的一次契机，他对王安石说："比如富弼这件事，以前哪里有调查指控，现在进行立案审查，这样的事情办多了，官员的态度慢慢就变过来了。"

王安石认为，神宗的态度还不够强硬。他说："以臣所见，似乎小人还是不肯洗心革面。臣愚以为陛下如果真的能够洞见群臣情伪，操利害以驭之，那么谁敢为非作歹？只要朝廷之人不敢为非作歹，那么士大夫的风气立即发生变化，哪里用担心纪纲不立呢？"他对赏罚之道、驭臣之术有着极高的自信。

经过四个多月的审判，最终的判决结果是：富弼落使相，以左仆射判汝州（今河南汝州）；通判亳州唐谊，签判萧傅、徐公衮，支使石夷庚，永城等七县令佐等，18人皆冲替。冲替，即是罢免，必须马上离任。

据说富弼到汝州去的路上，经过南京应天府（今商丘），当时张方平判南京御史台，富弼对张方平说："人啊，实在是难知！"张方平说："是说王安石吗？哪有什么难知的！皇祐年间我知贡举的时候，有人称赞他的文学，征辟他为考校官。入院之后，凡院中之事，都想着更改一番。我很厌恶这个人，就把他赶出去了，自此以后再也不跟他说一句话。"富弼听闻，面露愧色。

被罢使相之后，富弼依然很强硬，将赴汝州时上奏说："我现在年纪大了，老眼昏花，既因为不称职被朝廷怪罪过，现在又当知州，必然会再次废格诏令。希望所有新法文书，臣一律不再签字，直接交付通判去执行就可以了。"他依然表示出不合作的态度，不久之后即告致仕。

到后来推行免役法的时候，河南府知府李中师非常积极，

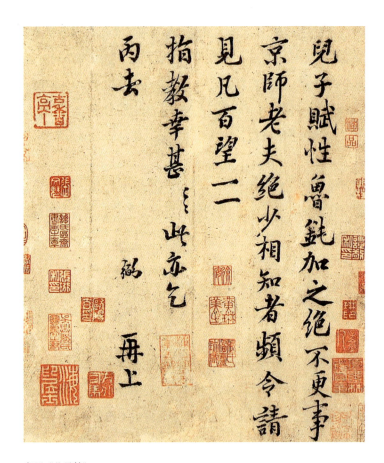

富弼《儿子帖》

富弼（1004—1083），字彦国，河南（今河南洛阳）人。苏轼曾说："韩、范、富、欧阳，此四人者，人杰也。"他在政治上的声名可以和韩琦、范仲淹、欧阳修并称，在文化史的地位却难以和范仲淹、欧阳修比肩。尽管如此，他也有不少佳作。比如他不经意间留下来的书法作品《儿子帖》便是典型。

《儿子帖》的内容是："儿子赋性鲁钝，加之绝不更事。京师老夫绝少相知者，频令请见，凡百望——指教，幸甚幸甚。此亦乞丙去。弼再上。""丙去"是烧掉的意思，但收信者并没遵从富弼的要求而将此信保留下来。今此信作为收藏品价格已达数百万元。

率先诸州推行。富弼告老家居，李中师就按照富弼的户等，让他和富民一样出钱。富弼不仅不能再阻挠新法，还成了新法直接的法办对象。

亳州青苗诏狱是神宗首次置狱处理地方上止散青苗的问题，此前虽有类似的情况，但朝廷往往不予深究。这一次不仅富弼遭贬，一州七县的官员全遭处分，这也是此前未曾有过的。此举彰显了朝廷力推青苗法的坚定决心。

亳州青苗法是一起纯粹的因为大臣阻挠青苗法实施而引发的大案。另一场发生的成都府路的大案也和青苗法有关，但与亳州情形又不太一样。

在各地反对新法的士大夫中，除了从普遍性的理由（如不与民争利）出发外，还会从地方特殊性的角度来说明本地不应当推行青苗法，比如开封府界的吕景认为京师驻兵太多而仓储不够，知渭州蔡挺说泾源路累年灾伤故不应俵散青苗钱，其中表现最为特殊的地域是四川。

宋代的四川常被称作川峡四路：成都府路、利州路、梓州路、夔州路。四川地区的经济发展程度可以说是天差地别。成都府是天府之国，是当时西南经济中心，农工商之业在全国都有着重要地位，是当时全国最发达的地方之一，但是成都府路下辖的有些州也非常落后。利州路包括大巴山区和汉中盆地；梓州路位于今四川南部地区；夔州路在今重庆地区，还包括今天鄂西北地区。这三路都是欠发达地区，其中夔州路农业处于刀耕火种的原始状态，是宋朝最为贫穷的地方。

熙宁三年三月，成都府知府陆诜上疏称川峡四路都不应该设置提举常平官，他的理由归结为一个字就是"穷"。他说川峡四路与内地很不一样，刀耕火种，老百姓经常吃不饱，以至于种芋头充饥，现今本路交给中央的税收已经很重了，蜀地的百姓轻靡奢侈，不爱存钱，万一这一年收成不好，还不上借贷的官钱，那就是把百姓逼上了让人悲哀的死地。

朝廷一看，就算你说得有理，利州路、梓州路、夔州路穷，可成府府路不穷啊，于是朝廷罢了三路之使，只在成都府路设置了提举官一员。

其实，早在陆诜提出反对意见之前，韩琦就对四川两广一带都设置提举常平官的情况提出批评。河东路的首任提举官梁端也认为川峡二广六路不该推行青苗法。御史程颢曾提出成都府路不可设置提举常平官，那里百姓多粮食少（民多米少）——老百姓自己吃的都不够，哪还有钱还青苗利息？但王安石认为既然民多米少，那肯定是不够吃的，不够吃难度不是正需要借贷吗？

这反映出他们对青苗法认识上的截然对立。在程颢等人看来青苗法是聚敛之法，越是贫穷的地方越不应该推行，而王安石认为青苗法是济贫之法，越贫穷的地方越是需要推行。

在此之前，朝廷否决了其他地方停止俵散青苗钱的提议，为何唯独在四川罢三路提举官呢？这恐怕不仅仅是陆诜上奏的作用。夔州路、利州路、梓州路是当时经济最为贫困的地方，虽然贫困本身不能阻止朝廷推行青苗法，但是贫困所造成的一些因素，比如常平仓的储蓄不足，可能使得朝廷不得不作出暂缓推行的决定。

成都府路的青苗法推行得并不顺利。成都府路下有一府十三州，一府即成都府，十三州分别是眉州、蜀州、彭州、绵州、汉州、嘉州、邛州、简州、黎州、茂州、威州、雅州、陵州。

熙宁三年八月，嘉州（今四川乐山市）、蜀州（今四川崇州市）出现拖延提举常平司文书的情况。朝廷下令让陆诜调查此事，但不久之后陆诜卒于成都，此事也就不了了之。而更严重的问题则在于提举常平司和转运司、提点刑狱司之间的尖锐矛盾。

当时任成都府路转运使的是范纯仁。范纯仁在任知谏院时严厉抨击了均输法，跟王安石之间的矛盾非常尖锐，被罢为成都府路转运使。当时谢景初为成都府路提点刑狱，李杲卿是转运判官。

李元瑜是成都府路首任提举常平官，熙宁二年闰十一月时由彭州永昌县知县升上来的，过了一年又被提拔为权发遣同提点刑狱兼常平等事。

权发遣，是因为李元瑜的资序还不够担任提点刑狱，没有担任过通判、知州，所以加上这三个字，如果资序提升一级，可以去掉"发遣"，再升一级，可以去掉"权"，就变成完完全全的提刑官了。但即便加上这三个字，和提刑的权力是一样的。这样做的目的就是把那些年轻的、资序尚浅的官员提拔起来，放在重要位置上进行历练。这种做法，在王安石变法时期流行起来，对青年官员有很大的激励作用。

李元瑜突然从县里被提拔为提举官和提刑官，不仅以前和他平级的县官受他管理，就是州的官员也在他的监察之下。一朝权在手，便把令来行，李元瑜得以傲上凌下，好不威风。

程颢的父亲程珦当时是汉州（今四川广汉市）知州，其他州县的官员怕得罪上级，都争先恐后地执行命令，只有程珦提出抗议，说新法扰民，不便于百姓。李元瑜勃然大怒，严厉斥责程珦。程珦干脆称病，辞了官回老家去了。

就在李元瑜升任提刑之时，御史弹劾成都府路监司燕饮逾违之事。宋神宗下诏让成都路的薛鏻、李元瑜两位提刑官进行秘密调查。其后李元瑜上奏说："范纯仁等人聚在一起举行宴会，还招来歌妓一直玩到深夜，谢景初、李杲卿尤其没有德行，时常做出违规的事情。"神宗随即更换了成都府路高层，并命人暗中调查此事。

表面上看，这主要是个官员生活作风问题，几位官员在宴会的时候找了妓女陪酒作乐，特别是谢景初和李杲卿，和妓女有不检点的行为。如果按照李元瑜的说法，范纯仁也参与其中。但从后来的情况来看，这场燕饮案最主要涉案者是谢景初和李杲卿。

范纯仁随即被降为和州知州，理由和燕饮案无关，而是成都府路处理陵州（今四川仁寿县）青苗法事宜失当。当时陵州的常平仓资金短缺，故当地官员用盐税做本钱，转运司认为此举是擅自挪用税钱而治陵州官员的罪，但是司农寺认为陵州官员无罪。于是范纯仁就被罢转运使了。

谢景初和李杲卿是在一年多以后才受审。

谢景初是富阳（今杭州富阳）人，本来与王安石友善，他的父亲谢绛与王安石的父亲王益为同年进士，王安石曾为谢绛作行状、为其弟谢景回撰写墓志，两家是世交，关系之亲密可见一斑，他的妹妹嫁给了王安石的弟弟王安礼。时人将王氏和谢氏并称为"王谢"。

王安石在鄞县当县官的时候，他是余姚知县，吴越称"江东四贤"（还有两位是会稽知县谢景温和钱塘知县韩缜）。他曾托王安石写《海塘记》，王安石在文中记载了他们一起指点江山、纵论天下的往事，还称赞谢景初的政绩。谢景初博学能文，尤长于诗，创制了十色笺，即有名的"谢公笺"。他的女婿是著名的诗人黄庭坚，黄庭坚跟随他学习作诗。他的弟弟谢景温在变法之初颇受王安石赏识，拔擢为侍御史知杂事。

和当时很多士大夫一样，因为对新法的态度问题，谢景初走向了王安石的对立面。谢景初作为成都府路提点刑狱，曾经上奏说："偏远地方的人喜欢安静，希望能罢青苗使者。"后来李元瑜到任，谢景初熟知此人的为人，对李元瑜过于积极的行为进行裁制，因此李元瑜对谢景初十分嫉恨。

李杲卿是深州饶阳（今河北衡水市饶阳县）人，饶阳李氏是当时有名的望族。李杲卿的曾祖是太宗朝名相李昉，祖父李宗谔是真宗朝的翰林学士，父亲李昭遘是进士第三名，李杲卿本人也是探花郎。

熙宁五年六月，谢景初、李杲卿因为任成都府路监司时燕饮一事于诏狱受审。李杲卿先服罪，而谢景初不服罪，朝廷下诏利州路选派官员到成都置狱审理。

参知政事冯京为谢景初求情，他说："谢景初当提点刑狱，在一路吏民之上，现在让他不远万里地到自己过去的治所里面蹲大狱，恐怕说不过去，就近审理就可以了。"

神宗说："谢景初自己没有廉耻，现在这样让他多受一点困辱，又有何不可？谢景初在本路桀骜不驯，不遵奉朝廷法令，又做出如此不堪的事情，有什么值得同情的！"

王安石也说："如果全心全意为公家效力，奉行诏令，即便私行有缺，还有可通融的地方。现今既犯法违令，自己的所作所为又毫无羞耻，让他到狱中辩对虚实，对于他来说没什么可耻的。"

神宗和王安石都认为谢景初不奉诏令，这是他最不可饶恕的地方，无法通融，必须严惩。

最后谢景初追两官，李杲卿夺一官，都被勒令停职。

由此可见，出于青苗法的缘故，在成都府路提举司和转运司、提刑司之间有着激烈的斗争。范纯仁虽然对青苗法态度消极，但陵州青苗钱问题不同于富弼在亳州的强硬对抗。

（南宋）歌乐图

《歌乐图》描绘了南宋歌乐女伎演奏、排练的场景，现藏于上海博物馆。

而本来是官员生活作风问题的燕饮案演变为诏狱，根本上还是在于朝廷借此惩办对新法不积极的监司。

　　熙宁四年年初，成都府路的高层更换以后，朝廷加大了青苗法的推行力度，赐交子十万缗为梓州路常平籴本。不久之后，四川诸路都推行了青苗法。由此青苗法的推行实现了全国一盘棋的局面。

让官场变成战场

进击的少年

　　青苗法推行之初所遭遇的反对是异常激烈的，但是反对者的力量在宋神宗和王安石的措置之下很快被击碎。

　　王安石劝谕神宗说："朝廷上驱逐奸臣，和战场上斩杀贼寇，没有什么差别。贼寇众多而强悍，盘踞的时间越长，那么就越需要勇猛强劲、坚持不懈。讨伐的多了自然就服帖了，这是本来的道理。"在他看来，朝廷铲除对新法持异议者，就要和战场上杀敌一样，要打一场持久战，才能实现"变风俗、立法度"的目标。

　　大兴狱事正是王安石所仰仗的除奸手段。马端临《文献通考》中说："诏狱盛于熙、丰之间，盖柄国之权臣，藉此以威缙绅。"一个"威"字点出了诏狱屡兴的要害所在。从提举常平官派遣、存废之争再到引发诏狱，在这短短两三年时间内的一系列冲突中，青苗法所遭遇的阻力和提举官制度的威力都得到了充分的展现，其结果是皇帝、朝廷和新法的权威大大加强，诏狱正是权威加强的手段。

熙宁诏狱是在"行法当自贵近始"的政治观念下展开的。嘉祐年间王安石在"万言书"中阐述自己的变法主张时就曾说过要"加小罪以大刑"，"凡在左右通贵之人，皆顺上之欲而服行之，有一不帅者（'不帅者'即不服从的人，和相貌无关），法之加必自此始"。

这正是商鞅精神的体现。

有记载说王雱甚至曾放言："在闹市之中砍掉韩琦、富弼的头，新法就推行下去了！"有人认为这是黑王雱的段子，王安石的儿子也是饱读诗书的儒雅之士，不至于放出这样的狠话。但倘若看一下王安石对富弼罚得太轻的强烈不满，就知道王雱说出这样的话并不奇怪。

王安石对神宗说："富弼虽然被责降，但还是过着富贵生活，这样怎么能够威慑奸臣？"又说："处理富弼这件事，实在是没有将法治落到实处。鲧因为违命而被杀头，共工因为奸恶而遭流放，富弼兼此二罪，却只被罢去了使相的名头。"在他看来，富弼实在是罪大恶极，只是让他丢了个荣誉头衔，毫发无损，这惩罚实在是太轻了。

放在当时的历史环境之下，富弼被罢使相，亳州一州七县官员均被罢官，这已经是非常严厉的惩罚了。

老臣富弼失势了，年轻官员赵济志得意满。他先是被神宗赐绯章服，即红色官服与银鱼袋，本来按其品级只能穿绿色官服，这是皇帝的特别赏赐。没过多久，他又被拔擢为太子中允（朝官，正五品下）、权发遣同提点刑狱，成为威风八面的大宋提刑官。变法不到两年，他就实现了从"苦逼"到"酷毙"的华丽转身。

李元瑜也很快获得提拔，不过熙宁四年六月他就去世了。对于他的死，王安石非常惋惜，对神宗说："李元瑜在成都，以一身对抗范纯仁、谢景初、李杲卿等人，范纯仁等都没能让他屈服，而他们的党羽大多被李元瑜检举揭发，因阻挠新法罪受到处理。"当时李元瑜为权发遣提点刑狱，按制度不应当推恩，神宗特令与一子推恩，又命令宦官护送其丧归乡安葬，还赏赐了绢300匹。

同类事件还有陕西首任青苗使者苏涓弹劾永兴军安抚使司马光，也是典型的新进官僚试图倾摇老臣。苏涓出自四川名门盐泉苏氏，父亲苏舜元、伯父苏舜钦均为有名的文臣。

熙宁三年就有一位名叫唐坰的监当官上书说："青苗法推行不下去，应该斩一两个不赞成新法的大臣。"还说："秦二世被赵高所制，原因就在于二世在大臣面前太弱，而不是过于强硬。"

唐坰由此深受神宗赏识，获赐进士出身，先后被任命为秘书省正字、崇文院校书。王安石非常赏识他，把他提拔为御史。放出这样狠话的人能够迅速升官，由此可见当时的政治气氛。

刘挚后来弹劾赵济，他说赏罚是皇帝驾驭臣僚的手段，赵济窃取了皇帝的权柄，"舞公事以倾勋旧，起大狱以逐官吏"。这不过是他一厢情愿的想法。其实，赵济不过是皇帝的一枚棋子而已。所以刘挚的弹劾没能激起任何波澜。

新法，是年轻官员的机会，能当棋子的机会。

正因为如此，那些刚刚被提拔上来的"新进少年"，比如赵济、李元瑜，他们敢于攻击那些比自己资历高得多的元老重臣、地方大员，其结果也往往是一击而中，仕途荣显，如此一来也加剧了官场上的权力斗争。

官场，变成了战场，为权力和理想而猎杀。少年进击，老臣让位，新进的大门敞开，勋旧的威权落地。王安石变法运动，首先是一场官场的更新运动，是官僚系统的大换血，少壮派的野心与荣耀让大宋帝国血脉偾张，亢奋不已。

这可能容易产生一种误解，那就是新旧党争被简单地理解为元老派大臣和少年派新进之间的斗争，特别是将其进一步引申为大地主阶级和小地主阶级之间的阶层斗争。赵济、苏涓也是出身于官宦世家，在出身上和谢景初、李杲卿并无本质差别。反对新法的也有不少是年轻官员，比如苏轼、苏辙、刘挚等。就是那些积极参与新法的新党官员们，也会为邀功争宠而斗得不可开交。

对于所有官僚来说，新法是一场考验，有的人选择抓住机遇，有的人选择坚守理念。而他们的个人选择背后的原因千差万别，并没有一个统一的终极的原因，说到底就是个人选择而已。而变法是一场运动，是一种浪潮，被潮流所挟裹者必然是多数。

富弼墓志盖

2008年洛阳市考古工作者在史家屯村发掘了富弼墓。富弼墓志盖系司马光用篆文书写，内容是"宋开府仪同三司守司徒致仕韩国公赠太尉谥文忠富公墓铭"。富弼的墓志则是由韩维撰文。由此可见富弼、司马光、韩维之间的亲密关系。

　　威权与赏罚尽管很管用，但是总有坚守理念、死不悔改的人。若干年后，富弼去世，享年八十岁，死前上遗表，不改初心，希望神宗慎重对待边事和新法。神宗说他是"强项"——脖子很硬的人。范纯仁和苏轼也纷纷感念富弼顶天立地的豪情，程颢称赞他"年弥高而志愈厉，身久退而诚益坚"。

　　成都燕饮案的真相究竟如何？王安石二次罢相之后，知枢密院事冯京称他在成都调查发现谢景初等以在蜀燕饮事被劾得罪乃是仇人制造的冤案，朝廷诏复二人官职。到元祐初置诉理所，专门平反神宗朝的冤假错案，在孙永等人主持下谢景初得以彻底平反，此时谢景初已逝世。不过到元符年间，新党掌权，设置看详诉理文字所重审旧案，认为元祐时为谢景初平反不当，其子谢愭特勒停。如此反复，皆因政局变化而定。所谓真相，也很难确知了。

　　变法的时代，也是斗争的时代。正是通过激烈的斗争，皇帝的威权提升，朝廷的政令畅通，新法的政策落地。从贵近下手，以刑罚立威，王安石效法商鞅，确实实现了"能令政必行"的目标。

　　"行法当自贵近始"的改革思路，到近代依然不乏效仿者。戊戌变法的时候，康有为受光绪帝召见，与荣禄相遇，荣禄问道："固知法当变矣，但一二百年之成法，一旦能遽变乎？"康有为愤然回答说："杀几个一二品的大员，法即变矣。"

第三章

贫富之间

抑兼并还是保富民？

家家养子学耕织，输与官家事夷狄。

今年大旱千里赤，州县仍催给河役。

老小相依来就南，南人丰年自无食。

悲愁天地白日昏，路旁过者无颜色。

汝生不及贞观中，斗粟数钱无兵戎！

——王安石《河北民》

王安石多次提及的寡妇清是谁？

由王安石变法所引发的新旧之争是观念的激烈碰撞，是中国经济思想史上的精彩一页。王安石与司马光的思想分歧，集中体现为"抑兼并"与"保富民"之争。

在现代经济学中有"国家干预"与"自由放任"的持久争论，也有"市场失灵"和"国家失灵"的深刻反思。王安石与司马光的经济主张，似乎也可以放在现代经济学的框架中去理解。有人说王安石是社会主义者，司马光是自由主义者。如此一来，古之新旧近似于今之左右。但实际上，他们的分歧恐怕并不能那样简单解读。

王安石在阐述"抑兼并"思想的时候，频繁提及一个历史人物，就是寡妇清。寡妇清的故事出自《史记·货殖列传》，是司马迁所记载的众多大富商中唯一的女性。

寡妇清是巴人。巴是指巴地，秦朝设有巴郡，在今重庆涪陵一带。"清"是这位寡妇的名字，她没有姓，因为当时贵族才有姓。清的先辈因为得到了"丹穴"（指产朱砂的矿穴），成为家中有矿一族，数代人都靠矿致富。到了清这一代，能够很好地守护这份产业，依靠财富保护自己的生活，没有人敢侵犯她。秦始皇认为清是贞妇，对她很关照，还为她筑台。（"巴寡妇清，其先得丹穴，而专其利数世。清，寡妇也，能守其业，用财自卫，人不敢犯。始皇以为贞妇而客之，筑女怀清台。"）

寡妇清被誉为"中国历史上第一位女企业家"。她本是一介平民，没有高官显爵，依靠财富的力量跻身社会名流。

王安石对秦始皇筑怀清台这件事情印象深刻，在他的诗作中不止一次提到。

仁宗皇祐五年（1053），33岁的王安石正在舒州（今安徽潜山）当通判，他作了一首题为《发廪》的诗，其中写道：

> 先王有经制，颁赉上所行。
> 后世不复古，贫穷主兼并。
> 非民独如此，为国赖以成。
> 筑台尊寡妇，入粟至公卿。
> 我尝不忍此，愿见井地平。

王安石认为先王治理天下，制度完备，颁发赏赐都是自上而下。到了后世，这种制度荡然无存，贫民的命运为兼并之徒所主导，甚至国家也要依靠这一类兼并之徒，比如秦始皇就为寡妇清筑台，有钱人纳粟买官成为公卿。他对这种状况是不忍直视的，希望能够见到井田制复兴。

　　大概没过多久，他又写了《兼并》一诗，把他的抑兼并思想表述得更为明白：

　　　　三代子百姓，公私无异财。

　　　　人主擅操柄，如天持斗魁。

　　　　赋予皆自我，兼并乃奸回。

　　　　奸回法有诛，势亦无自来。

　　　　后世始倒持，黔首遂难裁。

　　　　秦王不知此，更筑怀清台。

　　　　礼义日已偷，圣经久埋埃。

　　　　法尚有存者，欲言时所咍。

　　　　俗吏不知方，掊克乃为材。

　　　　俗儒不知变，兼并可无摧。

　　　　利孔至百出，小人私阖开。

　　　　有司与之争，民愈可怜哉！

　　王安石在这首诗中描述了两个不同的世界。

　　一个是理想的三代，那时候先王就像爱自己的子女一样爱着百姓，公私一体，没有分外的财产。君主独揽权柄，像天一样公正，征收和给予都完全出自君主。兼并者被视为奸诈邪恶之徒，受到法律的严惩，从来都没有成为一种能兴风作浪的势力。

另一个是让人悲哀的现实世界。和三代相比，这个世界的一切都颠倒过来，兼并横行，于是黔首（就是老百姓）难以管制，秦始皇不能理解治理不力的根源在于兼并者不受控制，甚至筑台尊崇寡妇清这样的兼并之徒，世风日下，经典湮没，讲求法律的人沦为笑柄，聚敛狠毒的人被看作人才，庸俗的儒生不思改革，兼并势力膨胀得无法无天，最终的结果是利孔百出，财利为小人所操控，官吏渔夺，百姓困苦，让人哀怜。

王安石的诗中充满了对穷人的同情和对"兼并"的痛恨。他的理想世界就是一个没有"兼并"的世界，也是一个君主操控一切的世界。

梁启超就《兼并》评论说："其青苗、市易、均输诸法，皆本此意也。"

熙宁八年（1075），在一次与宋神宗的对话中，55岁的宰相王安石提到了秦始皇给寡妇清筑台的事情。他说："秦能吞并六国，但不能抑制兼并，反而给寡妇清筑台。大概自秦朝以来，没有能够摧制兼并之术，以至今日。"这句话的意思和《兼并》这首诗完全一致。王安石主张抑兼并，而不要像秦始皇那样，虽然可以吞并六国，但不能制兼并，反而给寡妇清这样的兼并者筑台。

嘉祐五年（1060），王安石作了名文《度支副使厅壁题名记》。当时王安石任三司度支判官，是朝廷重要的财政官员。他在题名记中阐明理财的核心是抑兼并。在王安石看来，取予之势本应为人主所独揽，万物之利当为人主所独擅，如果人主不能独揽独擅，则"阡陌闾巷之贱人"都能夺去本该属于人主的"黔首"，如果不能抑兼并，而天子不过是徒有其名。（"有财而莫理，则阡陌闾巷之贱人，皆能私取予之势，擅万物之利，以与人主争黔首，而放其无穷之欲，非必贵强桀大而后能。如是而天子犹为不失其民者，盖特号而已耳。"）

这篇文章是代表王安石理财思想成熟的作品。王安石的抑兼并，针对的包括"阡陌闾巷之贱人"在内，而不仅仅是位高势重的权贵。他的思想中充满了对财富力量的敌视，他所要维护的正是统治的权力。

从司马迁的记载来看，秦始皇为其筑台似乎并不是因为不懂摧制兼并，而是因为清是一位"贞妇"，筑台的目的是表彰她的贞洁。这和后世立贞节牌坊的做法很相近。能够兼并六国的秦始皇并不是不能制兼并。王安石将秦始皇此举解读为鼓励兼并，这完全是误读历史。不过，由此也可知，王安石抑兼并的对象就是寡妇清这样的富人。

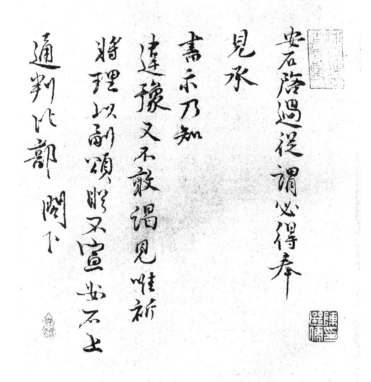

王安石《过从帖》

王安石行书尺牍墨迹《过从帖》亦称《奉见帖》,台北故宫博物院藏。内容是:"安石启,过从谓必得奉见,承书示,乃知违豫,又不敢谒见,唯祈将理,以副颂盼,不宣。安石上,通判比部阁下。"

《宣和书谱》评价王安石书法说:"凡作字,率多淡墨疾书,初未尝略经意,惟达其辞而已。然而使积学者尽力莫能到,岂其胸次有大过人者,故笔端造次便见不凡。而评其书者,谓得晋宋人用笔法,美而不夭饶,秀而不枯瘁,自是一世翰墨之英雄。"《过从帖》很能体现王安石"疾书"的特点。

王安石的理财方略是利出一孔

王安石的历史观无疑是颠倒的，他把三代看作是君主权力垄断一切的时代，而把帝制时代看成是君主权力萎缩的时代。就历史而言，尧舜禹汤文武的权力怎能跟秦始皇相比呢！无论是部落酋长还是分封时代的天子，他们都无法做到像秦始皇那样真正实现"六合之内，皇帝之土""人迹所至，无不臣者"。"利出一孔"的时代，恐怕秦始皇时代是最为接近的。

从皇祐五年的《发廪》，到《兼并》以及《度支副使厅壁题名记》，再到熙宁八年王安石与神宗的对话，可以看出王安石理财思想中，摧抑兼并的主张一以贯之，在这二十多年中没有改变过。而这种摧抑兼并的思想正是以君主完全掌握取予之势实现"利出一孔"来实现的。所谓利出一孔，就是皇帝、朝廷垄断一切。

"利出一孔"是管商之术的精髓。《国蓄》为《管子轻重篇》

中最为核心的一篇，其中说道：

> 利出于一孔者，其国无敌。出二孔者，其兵不诎。
> 出三孔者，不可以举兵。出四孔者，其国必亡。先王知
> 其然，故塞民之养，隘其利途。故予之在君，夺之在君，
> 贫之在君，富之在君。故民之戴上如日月，亲君若父母。

这个意思就是说，利出一孔，国家无敌；利出多孔，国家灭亡。先王深知其中的道理，所以就把其他的利益渠道全部堵死。如果君主掌控了国家的全部经济命脉，想给就给，想夺就夺，能让人富，能让人穷，那么在老百姓的眼里，君主就像太阳一样红，像爹妈一样亲。

予、夺、贫、富这样的权力应当掌控于君主之手的这样一种主张，乃是法家诸子共通的思想。《商君书》中说："治国之举，贵令贫者富，富者贫。贫者富，富者贫，国强。"

王安石论理财的时候总是管商附体，所以无论是写诗还是议论，这样的典故总是脱口而出。

"兼并"或者"兼并之家"本身是带有强烈贬义色彩的语汇，王安石的诗中说"兼并乃奸回"，与"兼并"含义相近但色彩较为中性的是"富民"，苏辙评王安石此诗说"王介甫不忍贫民而深嫉富民"，可见"富民"与"兼并"所指一致，唯有语言色彩之别。

什么样的人才算是"兼并"呢？韩琦曾说过一句话："以

乡村上三等及城郭有物业之户，非臣独知是从来兼并之家，此天下之人共知也。""兼并"落实到北宋时代的现实中，那就是乡村中的上三等户和城市中的有物业户。这批人正是王安石利用新法抑制的对象。

熙宁二年二月，制置三司条例司刚刚设置的时候，王安石就拿起了《周礼》翻到"泉府"这一段，向宋神宗全面阐述了"泉府"的重要性。王安石说：

> 先王就是靠"泉府"来摧制兼并，均济贫弱，变通天下之财，实现利出一孔。"泉府"的财用与常赋是有区别的，是供国家有事时所用。后世只有桑弘羊和刘晏的理财之术有这么点意思。自秦汉以来，学者们都不能搞明白先王之法，甚至说君主不应该与百姓争利。现在要想理财，就应该制定泉府之法，将利权收归于君主之手。（"泉府一官，先王所以摧制兼并，均济贫弱，变通天下之财，而使利出于一孔者，以有此也。其言曰：'国事之财用取具焉。'盖经费则有常赋以待之。至国有事，则财用取具于泉府。后世桑弘羊、刘晏粗合此意。然自秦汉以来，学者不能推明先王之法，更以为人主不当与百姓争利。今欲理财，则当修泉府之法，以收利权。"）

王安石搬出"泉府"，为开辟新的财源提供了经学解释。在此之后，他曾多次提及"泉府"，将其作为均输、青苗、市易这些新法的依据。

翰林学士范镇批评青苗法时说道："自古以来，没有天子还开课场的。"课场，就是经营的市场。

王安石对神宗说："范镇所说的'天子开课场'，若非陛下看到《周礼》有这样的记载，那不就得感到羞愧可耻吗？前代君主有几个能按《周礼》处理政务？这就是流俗之言经常获胜的原因。"不过王安石认为，按照《周礼》处理政务，还是较低层次的学周公，真正学周公的，就要"仰观天，俯察地，中考人事"，只要符合"理"的事情，哪怕周公没有干过，也一定要这样去干。

理是最高的标准。但是公说公有理、婆说婆有理，到底谁有理？在所有人都以理自居，认为自己才是理的掌握者的时候，权力就成了最后的赢家。

所谓"天子开课场"，就是皇帝要成为最大的财富操盘者。按照王安石的主张，只有这样才能真正做到抑兼并。

王安石为何如此痛恨"兼并之徒"呢？或者说王安石为何如此"仇富"呢？有一种观点认为，宋朝自赵匡胤开国以来，奉行的是"不抑兼并"的国策。正是因为这种国策的存在，导致大地主大商人势力膨胀，造成了严重的贫富分化，甚至造成了诸如农民起义之类的社会危机。王安石变法就是要拯救社会危机，改变贫富分化的状况。

这种流行的解释，王安石本人应当是不认可的。他似乎并不觉得本朝的政策有何特殊之处，而是认为自秦汉以来，一直都缺乏有效的抑兼并政策，兼并之徒一直被放纵，桑弘羊之流只是"粗合此意"。

虽然王安石的主张激起了很多人的反对，但是他的经济思想实际上是主流。王安石推行青苗法，打出了"抑兼并"的旗号，可以说是名正言顺。

秦晖先生指出：

> 历来"抑兼并"者都有两大理由，一是道义方面的，即削富益贫为的是"百姓均平"；一是财政方面的，即"利出一孔"为的是"富国足用"。在传统上前一理由源出早期儒家，后一理由源出早期法家，这也是在这一问题上儒法能合流而构成"法儒"的主要原因。但正如汉以后的传统文化在许多方面都是"儒表法里"的一样，在"抑兼并"方面通常也是说的道义理由，实际动机则多出自财政理由，即通过经济垄断充实国库。

这用来概括王安石的经济思想再合适不过了。

宋刻本《管子》

现存《管子》最早的刻本是国家图书馆收藏的宋浙刻本，前有杨忱《管子序》。
杨忱系王安石好友。王安石对《管子》的内容十分熟悉，经常引用《管子》。

宋朝农民贫困的根源是什么？

自古至今，中国人皆有均平之梦。孔子说"不患寡而患不均"，孟子则把井田制视作仁政之基。直至近代，孙中山、梁启超那一代人都提出过井田制就是社会主义的看法，孙中山说："考诸历史，我国固素主张社会主义者。井田之制，即均产主义之滥觞！"梁启超说："中国古代井田制度，正与近世之社会主义同一立脚点。"

为什么有的人富裕，有的人贫穷？贫富不均的根源何在？古人给出的答案，我们今天听来也很熟悉：根源就在于土地私有制。"兼并"之所以会出现是因为商鞅变法废井田开阡陌，土地私有，可以买卖，出现了田多得望不到边的大地主，同时也有了无立锥之地的穷人，穷人租佃地主的土地，地主收取近一半产量的地租，富人越来越富，穷人就越来越穷，富人买更多的地，获取更多的地租，循环往复，没有尽头……

将土地占有不均归结于土地买卖这样一种思路在中国历史上根深蒂固，限制土地买卖也就成了实现社会均平的主流思想。

宋代的士大夫言必称三代，复古的热情高涨，对于井田制的兴趣极其浓厚。在北宋时代至少有两次关于井田制的大讨论。

一次是在宋太宗朝。太宗皇帝本人对于井田制十分热衷，曾经说过"不为井田则贫富不均"。赵安易（开国宰相赵普之弟）在回答太宗关于农政问题时，给出的答案就是恢复井田制。

太平兴国二年（977）的科举考试曾以"井田之利可以复于古否？"为题。当时著名士大夫如王禹偁称"汉废古井田，用秦阡陌，是本已去矣"，张咏称"秦易井田，民始知弊"。

也有人对复井田表示明确反对，如田锡就认为"井田不可复"，在现实中不具备可操作性。但田锡也主张适时从宜地执行"同实异名于井田"的方案。

至道二年（996），太常博士陈靖提出"量人授田，度地均税"的建议，这是仿效井田制的改良办法。太宗大为赞赏，说朕一直想恢复井田，但是没能实现，陈靖的建议合乎朕心。第二年，太宗去世，此事也就没了下文。

在太宗一朝，上自皇帝，下至群僚，对于井田制进行了热议，但实际上也都认为井田难复，他们试图寻找接近井田制的田制方案。

第二次关于井田制的议论集中在北宋中叶。当时很多著名士人都对此发表议论。

石介在《原乱》中称"井田之制废而经界不正,井地不均,谷禄不平矣。吁,乱是以作",认为"不反其始,其乱不止",以井田制的废除为乱的根源。

欧阳修在《原弊》中以"井田十一之法不可复用"为弊之根源,并在问进士策中以"井田之法是否可以施于今"设问。

蒲宗孟认为"地者政之本","沟洫井田之法立,则凡在乎地者,长短小大之实尽正矣"。

理学家程颐称"井地不可不均,此为政之大本"。

这些说法都是将"田制"(土地制度)问题看作是解决社会问题的根本所在。

关中大儒张载还提出了具体的方案,认为"治天下不由井田,终无由得平",主张采用田官的方法来替代租佃制度。他自己还在老家买田进行井田制试验,有点类似于空想社会主义者。

苏洵说当时的情况是"天下之士争言复井田"。

王安石对程颐等人的田制主张不以为然,但早年的《发廪》一诗中仍写道:"愿见井地平。"

此种井田议论虽然在实践上并没有得到落实,但是并非毫无意义,通过这种议论提出改革方案是宋代诸儒的普遍思路。特别是北宋中叶的井田议论实际是当时改革思潮的一部分,而不能仅仅看作是一种"空想",这种议论与现实政策紧密相关。

江西人李觏,被称为王安石的先导,是一个不曾得君行

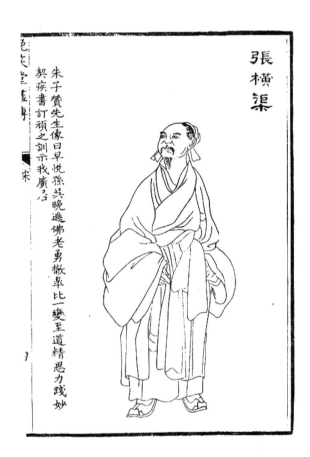

張橫渠

朱子贊先生像曰早悦孫吳晚逃佛老勇撤皋比一變至道精思力踐妙契疾書訂頑之訓示我廣居

宋

张载画像

张载（1020—1077），字子厚，世称"横渠先生"，为"关学"创始人。"为天地立心，为生民立命，为往圣继绝学，为万世开太平"的千古名言，被称作"横渠四句"。张载画像出自清代上官周《晚笑堂画传》。

道的王安石。他曾经非常细致地探讨田制问题："法制不立，土田不均，富者日长，贫者日削。"在李觏看来，贫富分化的根源在于土地不均。他写道："老百姓吃不饱，是因为不努力耕耘吗？天下没有废弃的田地……耕作但是仍然不能避免饥饿，是因为土地不归耕作的农民所有。"（"吾民之饥，不耕乎？曰：天下无废田。……耕不免饥，土非其有也。"）四海无闲田，农夫犹饿死，根本原因在于农民没有土地。

苏洵的《田制》一文对租佃制的分析更具有"现代"色彩。他首先分析周代井田制废除以后，出现了"田非耕者之所有，而有田者不耕"的状况。这种状况之下，耕种者的田属于富民所有。富人之家地大业广，阡陌连接，招募打工人（"浮客"），分别耕种他们的田地。田主把打工人视作奴仆，坐在那里四处张望，鞭打驱赶，指挥劳动。被役使的打工人，炎热夏日还在除草，秋天的时候还要收割，没有一人敢不听指挥嬉闹偷闲。（"耕者之田资于富民，富民之家地大业广，阡陌连接，募召浮客，分耕其中，鞭笞驱役，视以奴仆，安坐四顾，指麾于其间。而役属之民，夏为之耨，秋为之获，无有一人违其节度以嬉。"）可是最终的结果呢？田地里的收入，富人拿走一半，耕种的打工人拿走另一半。有田的富人只有一个，耕作的打工人有十个。因此田主每天在这一半收入中不断积累财富，越来越富足；打工人每天都是在这一半收入中消耗，最后陷入穷困饥饿但又无处诉说的境地。（"而田之所入，已得其半，耕者得其半。有田者一人而耕者十人，是以田主日累其半以至于富强，耕者日食其半以至于穷饿而无告。")

关于阶级，有个众所周知的定义，出自革命导师列宁："所谓阶级，就是这样一些集团，这些集团在历史上一定社会生产体系中所处的地位不同，对生产资料的关系（这种关系大部分是在法律上明文规定了的）不同，在社会劳动组织中所起的作用不同，因而领得自己所支配的那份社会财富的方式和多寡也不同。所谓阶级，就是这样一些集团，由于它们在一定社会经济结构中所处的地位不同，其中一个集团能够占有另一个集团的劳动。"

如果将苏洵这段文字与列宁的阶级定义作一比较，会发现他们其实表达的意思非常相近。列宁的定义涉及三个方面：（1）生产资料关系不同；（2）劳动作用不同；（3）财富分配方式多寡不同。苏洵所论对这三个方面都有涉及：（1）田非耕者所有，而有田者不耕；（2）田主坐在那里指挥，打工人整日劳作；（3）田主日累其半以至于富强，耕者日食其半以至于穷饿。苏轼的《田制》，简直称得上是"阶级分析法"的先驱之作了，完全可以改写成现代学术论文《宋朝土地所有制与地主农民贫富分化的根本原因》。

李觏、苏洵的田制议论揭示了"阶级剥削"问题，而且是租佃制中的剥削问题，是经济关系中的剥削问题。从认识的层面讲，经济关系中"剥削"问题的提出就不是现代学者的新发明。从学理的层面讲，到底是当代学者在阶级分析学说指引下发现了 11 世纪思想家李觏、苏洵的"阶级剥削"说，还是说当代学者在阶级分析学说的名义下继承了李觏、苏洵的"阶级剥削"说？这是值得深思的问题。

今天人们所熟悉的阶级剥削学说，在宋代士大夫中是比较普遍的。而且据说在万恶的旧社会，地主剥削农民，不仅仅是收取地租来榨干佃户的血，还发放高利贷来敲骨吸髓。这种说法在宋代士大夫那里也比比皆是，他们对民间高利贷的"倍称之息"大加谴责。

如宋太宗朝的诏书中说："富人因手上掌握奇缺货物而谋取高额利润，穷人要输送高达一倍的利息。即便是小有丰收的年景，依然和歉收的年份一样挨饿，专横放肆的富人，急吼吼地催着还贷付息。"（"富者操奇赢之资，贫者输倍称之息。岁或小稔，复犹歉然，而横恣之家，责偿甚急。"）

北宋的官箴书《作邑自箴》是县政指导专用书，其中写道：那些"豪横"的兼并之家放高利贷，收取一倍的利息，丝毫不感到满足，还在称量的时候大斗进、小斗出，残酷地剥削穷人，榨取他们的膏血。（"豪横兼并之家，放债倍取利息，略无厌足，又于斗秤之间，大收小出，刻剥贫民，取其膏血。"）这里的"豪横"可不是好词儿，意思是嚣张霸道、横行无忌。这可以说是站在同情贫民立场上对兼并之家的血泪控诉。

对地租的批判与对利息的谴责往往联系在一起。欧阳修在《原弊》一文中对租佃关系基础上的借贷进行了非常详尽的描述。他说："井田制崩坏以后，兼并的势力就膨胀起来了。现今一户有一百顷田地的，会养佃客数十家。这几十家既不富裕，也没有储蓄。假如不幸遇上严重的饥荒和官府的徭役，缺粮乏食，饥饿难耐，便只好向主人借债。在以后偿还的时候，利息不是两倍就是三倍。终于收获了，留出种子以及上交赋税的剩余，偿还三倍的利息，他们的全部所得都用来还债还不一定够。早上干完了农活，晚上又没了吃的，只好再去借债。所以冬天、春天借债，指望着夏天的麦子收获后能够还债。麦子还完了之后，夏秋季就指望着用稻子在冬天还债。这几十家佃客，常常吃的是要付出三倍价值的食物，而这一户田主可以尽享百顷土地的利润。"

在欧阳修的描述中，对于穷人来说，高利贷是无法摆脱、没有止境的，穷人将因此而永远贫穷下去。他的这段文字，可以改写成一篇现代学术论文：《高利贷——宋代农民贫困的根源》。

年轻时候的苏辙也有类似的看法，他对豪民放债取息也是持强烈的批判态度。

王安石说："现今一州一县就一定会有兼并之家，一年下来坐着收利息就达到数万贯。这些人除了侵牟编户齐民、过着奢侈生活以外，对于国家有什么贡献？凭什么享受如此丰厚的待遇？"由朝廷推行的借贷——青苗法正是这种思想的实践。前面讲过青苗法推行的理由是高利贷的不合理。王安石认为："富民假贷贫民，坐收倍称之息。是以富者日富，贫者日贫。""人之困乏，常在新陈不接之际，兼并之家乘其急以邀倍息。"

"侵牟"一词语出《汉书》："渔夺百姓，侵牟万民。""牟"，同"蛑"，是指食禾苗根的害虫。与之类似的说法还有"蚕食"，王安石说："兼并积蓄富厚，皆蚕食细民所得。"侵牟、蚕食在构词上有着异曲同工之妙，动感地折射出财富集中于一方而另一方利益不断受损的过程。细民，就是小民。"侵牟"一词与"剥削"最为相近，"侵牟"并不专指主佃关系，也可以用来指称官吏侵夺百姓，剥削也经常有此用法，阶级分析论下的"剥削"实际是指经济行为中的利害关系，这和"兼并侵牟"中的"侵牟"是一致的。

在对民间借贷的认识层面上，王安石和宋太宗、苏辙、欧阳修等人并无根本不同，也可以说与当时的主流经济思想是一致的。王安石是这种主流经济思想的典型代表。

在对贫富不均的解释上，王安石曾说："现今的税敛并不重，但是兼并侵牟很严重，这就是荀悦所说的'公家之惠优于三代，豪强之暴酷于亡秦'。"公家对百姓是很好的，坏的是豪强。他对"兼并侵牟"提出了强烈的谴责，从而提出"摧抑兼并、均济贫乏"的政策主张。

穷人之所以穷，是因为被富人剥削。这是一种根深蒂固的意识形态。意识形态的英文 ideology，有人将其翻译为"意底牢结"，是在人意识的底部牢牢地打住的一个结，不是可以轻易解开的。世世代代，大家都是这样说，形成了一种普遍而持久的观念。但真的是这样吗？

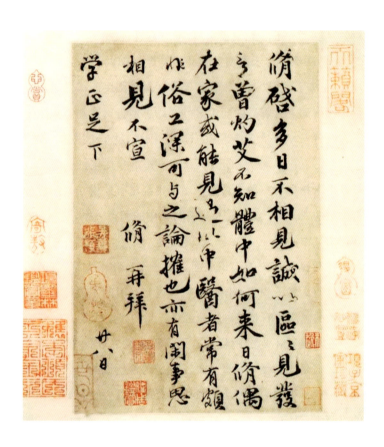

欧阳修《灼艾帖》

欧阳修（1007—1072），字永叔，号醉翁，晚号六一居士，庐陵吉水（今属江西）人。他是北宋古文运动的倡导者，是当时的文坛盟主，散文说理畅达，抒情委婉，是唐宋八大家之一。

《灼艾帖》内容是："修启，多日不相见，诚以区区。见发言，曾灼艾，不知体中如何？来日修偶在家，或能见过。此中医者常有，颇非俗工，深可与之论摧也。亦有闲事，思相见。不宣。修再拜，学正足下。廿八日。"

帖中"见发言"的"发"即欧阳修长子欧阳发。"灼艾"即针灸。

司马光如何为富人辩护？

在王安石推行"摧抑兼并"的新法过程中，一种"贫富相资"的主张在反对王安石新法的议论中逐渐展开。

司马光在反对青苗法时，对贫富分化作了新的解释，他提出民之贫富其原因在于"材性愚智不同"，富者之所以富是因为头脑聪明且勤劳苦干，有远见，宁愿省吃俭用也不肯去借债，所以家中常常有余粮而不至于狼狈不堪；穷人之所以穷是因为愚蠢和懒惰，没有长远考虑，有点钱就去喝一顿酒，醉得一塌糊涂，穷得一无所有，急了就去借贷，长此以往还不上债，最后卖儿卖女、冻死饿死还不知道后悔。

司马光还对富者与贫民之间的关系进行了全新的界定，认为富者借贷贫民能够"自饶"，而贫民从富民那里借贷得以"自存"，穷人靠富人的贷款活了下来，富人靠收息富了起来，二者之间是"相资"的关系，即在借贷行为中二者都获得了好处。("是以富者常借贷贫民以自饶,而贫者常假贷富民以自存,虽苦乐不均,然犹彼此相资以保其生也。")

当代经济学家茅于轼曾经提出一个著名的说法:"替富人说话,为穷人办事"。司马光就是典型的"替富人说话"。

值得注意的是,司马光也不否认富民通过借贷"蚕食细民"。熙宁二年,宋神宗问:"朝廷每改革一件事,满朝士大夫的反对声音汹汹而来,但是又不能说明到底哪里有问题,究竟是什么原因呢?"("朝廷每更一事,举朝士大夫汹汹,皆以为不可,又不能指明其不便者,果何事也?")

司马光回答说:"朝廷俵散青苗钱,这件事情坏处很大。现今乡里的富人,乘着穷人短缺的时候,把钱贷给他们,等到收获的时候就让他们还粮食。穷人一年四季,顶着酷热、冒着严寒地辛勤耕耘,收了点粮食,还没有离开打谷场,就已经都被富人夺走了。富人和穷人,都是编户齐民,富人对穷人没有上下之势,刑罚之威,仅仅只是出于富有的缘故,就可以蚕食小民,让他们困顿劳苦。青苗钱放贷,有官府严格的督责制度,又会是什么样的后果呢?"("朝廷散青苗,兹事不便。今闾里富民,乘贫者乏无之际,出息钱以贷之,俟其收获,责以谷麦。贫者寒耕热耘,仅得斗斛之收,未离场圃,已尽为富室夺去。彼皆编户齐民,非有上下之势,刑罚之威,徒以富有之故,尚能蚕食细民,使之困瘁,况县官督责之严乎?")

在司马光看来,既然富民都可以通过借贷来蚕食细民,官府搞的放贷依靠的是官府的高高在上的势力，刑罚的威权，严格的督责制度，那就更会是一种剥削。

宋史专家漆侠先生认为司马光的这段议论"可说荒谬，自己食禄于政府，而如此不信任政府的官吏，甘愿这种情形下去，那么，还要政府做什么？由此，我们不得不怀疑他在为兼并之家巧辩"。然而，司马光"如此不信任政府的官吏"，可能正好是他反对青苗法的关键所在。

"贫富相资"实际上肯定了富民的作用，也肯定了民间借贷的合理性，强调了富民在灾荒救济中的作用，正是与"兼并侵牟"的观念和"摧抑兼并"的政策针锋相对，因此带有为富民辩护的色彩。

正如当下关于贫富问题的争论中人们常说的：没有富人的资本，穷人给谁打工？没有穷人打工，富人怎么赚钱？这是一种阶级合作论。

这些"贫富相资"的说法是在反对王安石新法的论争中产生的。仅就北宋时代而言，在熙宁以前这种议论并不明显。在北宋后期这种观念得到一些士大夫的肯定和强调，比如在熙宁七年献《流民图》的郑侠就很赞成"贫富相资"的观念。又如苏轼认为"客户（即佃户）乃主户之本，如果客户缺吃少穿就会流散到别的地方，主户就一定会荒废田地"。他强调了客户对于主户的重要意义。如果打工人都跑了，主家的活儿就没人干，离破产也就不远了。

比较典型的是苏辙，早年他盛赞井田制以求均平，对富

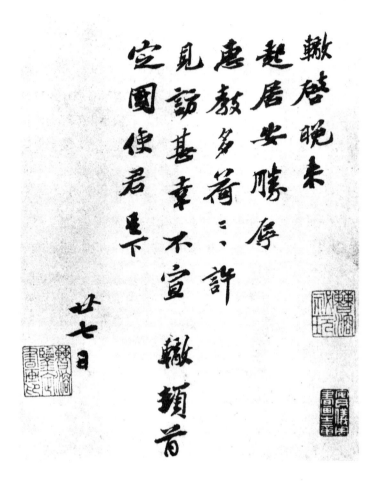

苏辙《晚来帖》

小苏在文艺上的名气不如大苏，官做得比大苏要高，元祐年间官至门下侍郎（副相），而且他活得比较久，是唐宋八大家中最晚去世的。他在为人上较之于苏轼显得比较内敛，在政治上却更加激烈。朱熹说："东坡虽然疏阔，却无毒，子由（苏辙）不做声，却险。"这种外柔内刚的风格在苏辙的书法中体现得较为明显，这幅《晚来帖》即是代表。

民借贷提出了严厉批评，但经过熙宁时代以后他认为贫富不均是合理的，民间借贷也是合理的："富民之家，取有余以贷不足。虽有倍称之息，而子本之债，官不为理。……而民自相养，盖亦足矣。"

到晚年，苏辙在评论王安石《兼并》诗时痛斥王安石是"小丈夫"。"小丈夫"不是今天人们所说的个子矮小或者年龄较小的丈夫，而是指思想庸俗、见识短浅的人。《孟子·公孙丑下》中说："予岂若是小丈夫然哉？谏于其君而不受，则怒悻悻然见于其面。"

苏辙认为王安石"不忍贫民而深嫉富民，志欲破富民以惠贫民，不知其不可也"。他的理由是："州县之间，随其大小，皆有富民。此理势之必至，所谓'物之不齐，物之情也'。""富民安其富而不横，贫民安其贫而不匮，贫富相恃以为长久，而天下定矣。"苏辙完全认可了贫富不均的社会现实，认为贫富之间可以相互依靠、和平共处，最终实现社会安定。这种思想观念上的大逆转显示出熙宁变法对他刺激之深。

历朝历代的抑兼并口号落实到政策上，无非就是两个方面：平均地权和节制资本——在土地上做文章和在商业垄断上下功夫。过去有一种观点认为，王安石的"抑兼并"思想是不彻底的，因为他没有从根本上触及"封建地主土地所有制"，这是由于王安石的阶级局限性所决定的。王安石确实没有这样的大手笔，他不像王莽那样把天下所有的田地都变成"王田"，但是王安石的抑兼并政策自有他的逻辑。

漆侠先生指出了最关键的问题，司马光不相信政府能做得更好，那么还要政府干什么呢？正是在这个问题上，王安石显示出他对政府能力的自信。

司马光说的"贫富相资"，王安石并非全然不认同。王安石对主客利益关系与官民利益关系的认识更为复杂："细民必资于大姓。大姓取利厚，故细民收利薄。今官收利薄而细民自得利，岂得害民之理？"对于阶级关系上的剥削与合作他都承认，但在官民利益关系上他否认矛盾。王安石否认官民矛盾存在，强调穷人与富人之间矛盾的尖锐，赋予官家是穷人保护者的身份。

同时王安石也说过这样一段话："现今朝廷治理农事未有法度，不像古代农业管理制度健全、大规模兴修堤坝水利设施。贫民没有土地，离开了那些兼并有力之家就无法生存，大多数人还是靠着这些兼并有力之家生存下来，怎么可以直接把他们的田地夺过来分给贫民（遽夺其田以赋贫民）呢？此其势必定不可行，纵然可行也没有利。"一是"势"，二是"利"，决定了王安石不去轻易触及土地制度，没有实行"打土豪、分田地"的政策。所以在王安石的新法中，除了有方田均税的内容外，对于土地所有制并未触动。从这一点讲，王安石不是乌托邦主义者，而是一个现实主义者。

王安石固然肯定了富民（兼并有力之人）对贫民是有帮助的，但他仅仅反对"遽夺其田以赋贫民"，主张积极发挥朝廷的作用以替代"兼并有力之人"的社会功能从而达到抑兼并的效果。王安石认为在未推行青苗法之前"细民必资于大姓","大姓取利厚，故细民收利薄"，现在推行青苗法则"今官收利薄，即细民自得利"。因此他虽然承认"贫富相资"这一现象，但认为这一现象并不合理可以并且应该进行改变。在他看来，官府有能力做到这一点。

如何看待贫富问题上的王马之争呢？穷人与富人，究竟是剥削的关系，还是"相资"的关系呢？抽象地讨论这个问题，似乎是无法获得合理解答的。王马之争给人最深刻的印象是，他们在讨论贫富问题时，特别像纯粹而偏执的市场经济学家。贫富分化似乎只和穷人、富人有关，不是富人剥削了穷人，就是富人比穷人更聪明、更勤劳，他们只在"编户齐民"的范围之内讨论贫富分化问题，因此政府的角色要么是扮演消极的守夜人，要么就是扮演积极的保护者。而且，他们将穷人与富人的关系看作是一种凝固化的关系，没有探讨市场状况的变动。一般而言，在资金荒的背景下，穷人更容易受到高利贷盘剥；在用工荒的背景下，打工人的议价空间更大。无论是王安石还是司马光，都是对贫富关系的单一描述，只是侧重点有所不同。

的确，物之不齐，物之情也，人类社会贫富不均的状态不知其几千年也。但倘若仅仅只因为是否有田地产生的分化（经济因素产生的贫富分化），以及因为智力、勤劳程度产生的差距，甚至仅仅是因为运气之类的偶然因素产生的不同命运，这样贫富不均的状况自然在可以接受的范围之内。最根本的问题是，那些真正的豪横兼并之家，真的就只是"阡陌间巷之贱人"吗，真的就只是像寡妇清这样的"企业家"吗？那些庙堂之上的皇室贵胄、达官显宦不正是最大的豪横兼并之家吗？权力因素在贫富分化中发挥着怎样的作用呢？

王马之争，落到实处，究竟意味着什么？从积极的角度来看，司马光力图限制政府的行为，而王安石希望政府承担更多的责任。从消极的角度来看，司马光的理念等于放弃了政府的责任，而王安石的主张则扩大了政府的权力。不幸的是，后者更容易变成现实。

第四章

二分之息

高利率还是低利率？

一民之生重天下，君子忍与争秋毫？

——王安石《收盐》

放贷收息，这似乎是天经地义的事情。

青苗法是完全意义上的官办农业放贷，无论是本金的持有、发放还是利息的征纳、运送均由官府机构来执行。

前面提过近代以来很多人都说青苗法是"银行"，如果硬要这样归类，也未尝不可。但如果将青苗法看成是"银行"，那它就称得上是"史上最牛银行"。

这家"银行"的大老板是皇帝宋神宗，总经理是宰相王安石，提举常平司相当于省级分行，下面还有各州县分行、支行的管理机构。路、州、县的各级行政官员都是这家"银行"的管理者和经营者。

这样来看，青苗法的出台就不仅仅是朝廷开设了一家国有银行，而是国家（朝廷）本身就变成了一家银行。放眼人类历史，没有哪家银行能够有如此之大的权力。通过青苗法的运作，王安石建立起了一个庞大的金融帝国。

朝廷放贷收息是合理的吗？朝廷可不可以赚老百姓的钱？在北宋时代，这是一个既极度真实又极其虚假的问题。

说它真实，是因为这个问题是当时士大夫连篇累牍试图辩明的问题。按照儒家经典，孔孟之道，仁政学说，天下本是一家，皇帝和百姓就是父母与子女的关系，做父母的怎么可以赚钱取利呢？"义利之辨"中，必然要舍利而取义，关于"利"的讨论都要绕着走。推行市易法的时候，文彦博就说了一段理直气壮而又痛心疾首的话："岂有堂堂大国，皇皇求利，而不为物论所非者乎？斯乃垄断之事，孟轲耻之，臣亦耻之。"

说它虚假，是因为现实中朝廷的财政收入都是取之于民，无偿性的税收都是天经地义，苦心经营赚点钱又有何不可呢？"大国之制用，如巨商之理财"，茶、盐、酒以及铜、铁等矿产品，都是在朝廷的专卖体制之下，低价买进，高价卖出，通过这一巨大的剪刀差，朝廷赚了大笔的钱，构成了大宋王朝国家财政的重要支撑。对于大宋王朝来说，做生意本来就是立国之基。

在关于青苗法的讨论中，对利息的争辩是一个焦点。一开始王安石宣称"公家无所利其入"，不是为了赚钱。可是各地的实际做法都是收了利息，河北还收了三分之息。

于是王安石出来辩解说：泉府借贷以国服为息，证明青苗收息完全正常，合乎古法，经有明文。《周官》中的记载是民之贷者，利息达到二十而五，京西、陕西等地为二分之息，唯河北以三分之息封顶，相比泉府的利息并不为高，而且还根据物价变化进行适当调整，比起周公之法还要完美，符合"公家无所利其入"的精神。

虽然《周官》是一本来历不明的书，到王莽的时候才获得重视，列入学官，其后很快又被废掉，批评者甚至称其为"末世渎乱不验之说""六国阴谋之书"。但到了东汉后期，大学者郑玄将其列为三礼（《周礼》《仪礼》《礼记》）之首，大大提高了其地位。《周官》乃"周公致太平之迹"的主张为汉末至唐代的主流思想，到了宋代《周官》依然有着崇高的地位，成为"借其名高以服众口"的最佳选择之一。

《周礼》主要讲的是设官分职，先是分六官：天官大宰、地官司徒、春官宗伯、夏官司马、秋官司寇、冬官司空。每个官对应 60 个机构，一共是 360 个机构。每个机构都有固定的编制和明确的职守。整齐划一，滴水不漏。

"泉府"属于地官司徒。《周礼》之中关于"泉府"的职能共有五句话：

（1）泉府掌以市之征布，敛布之不售，货之滞于民用者，以其贾买之物揭而书之，以待不时而买者。

（2）买者各从其抵，都鄙从其主，国人郊人从其有司，然后予之。

（3）凡赊者，祭祀无过旬日，丧纪无过三月。

（4）凡民之货者，与其有司辨而授之，以国服为之息。

（5）凡国事之财用，取具焉，岁终，则会其出入，而纳其余。

杨天宇先生的《周礼译注》对应翻译如下：

（1）泉府掌管用所征收的市场税款，收购市场上卖不动、滞销而又切于民用的货物，按原价收购，一件一件地加上标签标明价钱，以待急需的人购买。

（2）购买者各从他们的主管官那里开出证明；采邑的人从他们的邑宰那里，国都的人和四邻的人从他们的有关官吏那里开出证明，然后卖给他。

（3）凡赊取钱物的，为祭祀而赊取不超过十天归还，为丧事而赊取不超过三个月归还。

（4）凡民有贷取钱物的，就同他的主管官一起辨别钱物而授给他，按照国家规定的税率来收取利息。

（5）凡国家所需钱物都从泉府支取，年终，就总计钱物的收支，而缴纳盈余。

泉府中有买、赊和贷三种情况。贷是其中之一，"以国服为息"中的"国服"是什么，颇为复杂，其实也不必细究。韩琦认为王安石把经念歪了，他说这种政府放贷取息行为不符合《周官》的整体精神，《周礼》中那么多利民的事情不去做，专挑放贷取息这一件事放大来说是不合适的，他强调《周礼》中"赊与民不取利"的含义，遇缓急之事以赊借的方式赈济百姓，官府不应该取息。

韩琦认为如果说泉府的职能现在可以施行，那么用官钱去买市场上滞销的货物，等到百姓有迫切需要的时候，就按照原价卖给老百姓，老百姓在祭祀或者丧葬的时候，到官府里去借东西，以十天或三个月为限还给官府而不收利息。制置司为何不去推行周公这些已经试行过的太平之法？怎么可以单单拿贷款取息这一件事，来诋毁天下之公言呢？

韩琦强调的是泉府的职能不只是放贷。王安石说泉府的职能有放贷收息。若到底谁有理？要说经学上的争论，单从《周礼》中有没有放贷收息的依据来讲，自然是王安石有理，确确实实是经有名文，白纸黑字。韩琦所说近乎强词夺理。

其实经不经的都是其次，王安石和韩琦都无非借词说话，大家都不是教条主义者。韩琦也说："古今异制，贵于便时。《周礼》所载有不可施于今者，其事非一。"

欧阳修也主张无息贷款，他说青苗法取利于民，大家都认为不对，朝廷也申明说青苗不是为了取利，但始终搞得不清不楚，士大夫议论纷纷。（"臣窃见议者言青苗钱取利于民为非，而朝廷深恶其说，至烦圣慈命有司具述本末委曲，申谕中外，以朝廷本为惠民之意。然告谕之后，缙绅之士论益多。"）老百姓也不知道《周官》"泉府"是个什么东西，只看见官府在放债，每 100 文钱要收 20 文利息。（"至于田野之民蠢然，固不知《周官》泉府为何物，但见官中放债，每钱一百文要二十文利尔。")虽然解释了一遍又一遍，大家还是不明白。("是以申告虽烦，而莫能谕也。")如果说超过三分利不可以，二分利可以，那不过是五十步笑百步，有什么差别呢？("臣亦以谓等是取利，不许取三分，而许取二分，此孟子所谓以五十步笑百步者。")还不如不收利息，这样大家都知道朝廷不是要取利于民，自然就没有争议了。("以臣愚见，必欲使天下晓然知取利非朝廷本意，则乞除去二分之息，但令只纳元数本钱，如此，始是不取利矣。")利息太高收不得，利息太少不必收。("盖二分之息，以为所得多邪，固不可多取于民；所得不多邪，则小利又何足顾，何必以此上累圣政？")这道理也是说得透透的。

范镇的说法更有意思。他说皇帝觉得富民贷款的利息高，所以推行低利息的贷款，不过是五十步和一百步的区别，假如有两个做生意的人，其中有一个故意压低价格，这种不正当的竞争行为就会招致众人的厌恶，现在朝廷干的事不就是市场上所鄙视的行为么？

王安石的一封书信《答曾公立书》详细说明了为什么要收利息，以及为什么要收二分之息。曾公立，即曾伉，公立是他的字，皇祐五年（1053）进士，福建侯官人，熙宁二年四月条例司派遣八位使者察访天下，曾伉就是八位察访使之一。

《答曾公立书》是了解王安石青苗法主张最重要的一篇文章，全文如下：

　　某启：示及青苗事。治道之兴，邪人不利，一兴异论，群聋和之，意不在于法也。孟子所言利者，为利吾国，如曲防遏籴，利吾身耳。至狗彘食人食则检之，野有饿莩则发之，是所谓政事。政事所以理财，理财乃所谓义也。一部《周礼》，理财居其半，周公岂为利哉？奸人者，因名实之近，而欲乱之，以眩上下，其如民心之愿何？始以为不请，而请者不可遏，终以为不纳，而纳者不可却。盖因民之所利而利之，不得不然也。

　　然二分不及一分，一分不及不利而贷之，贷之不若与之。然不与之而必至于二分者，何也？为其来日之不可继也。不可继，则是惠而不知为政，非惠而不费之道也，故必贷。然而有官吏之俸，辇运之费，水旱之逋，鼠雀之耗，而必欲广之，以待其饥不足而直与之也，则无二分之息可乎？则二分者，亦常平之中正也，岂可易哉？公立更与深于道者论之，则某之所论，无一字不合于法，而世之言尧言尧者，不足言也。因书示及，以为如何？

　　王安石强调政事的核心是理财，理财要坚持"义"的原则，青苗收息，《周礼》有据，符合民心。二分之息当然不如一分之息，一分之息不如无息，无息还不如直接发钱。但是今天发完了钱明天怎么办？况且贷款也是有成本的，官吏之俸，辇运之费，水旱之逋，鼠雀之耗，哪一步不要钱呢？无息贷

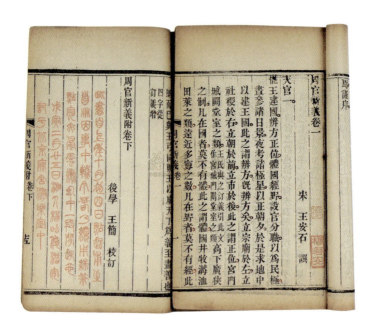

王安石《周官新义》

王安石是经学大师，《周官新义》是他亲笔所撰，对新法进行理论说明。在王安石新学成为统治学说之时，《周官新义》是当时士子必读的经典。北宋灭亡以后，《周官新义》被视作亡国之书，该书也在后来失传。今天所见的《周官新义》是清人从《永乐大典》中辑出。

款终究是赔本买卖，是做不来的，贷款要持续下去就必须收利息。这理由也是无懈可击。

　　不过，二分之息究竟是怎样定下来的？确定的依据是什么？为什么不能是一分、一分半或者其他？王安石并没有做出说明，我们也不得而知。只能说当时在利率问题上还存在着模糊处理、不够精细的情况。

众说纷纭的青苗利率
是笔糊涂账

那么，二分之息到底高不高？

宋神宗时期青苗法的名义利率一般认为是二分之息（王广廉一开始在河北收过三分之息，只是个例），借贷周期为半年，换算成年利率则是 40%，这个数据一般没有疑义。

有人认为青苗钱"出息二分"，法定年利率就是 20%。这个算法毫无疑问是错误的。其实，作为农业贷款，青苗法的借贷是与农业生产周期相联系的，其还贷期限大约为半年，二分之息换算成年利率（年化利率）则是 40%。

熙宁三年（1070）五月十八日神宗曾下诏，自熙宁三年起青苗钱的俵散次数就变成一年一次或者两次。但不管青苗法一年是俵散一次还是两次，在确定其还贷时间为一个农业周期即大约半年的前提下，都不会影响其年利率的计算结果。因此大体来说，青苗法名义利率整体维持在二分之息，这种情况自始至终都没有大的改变。

名义利率只不过是个名义，最关键的还是实际利率。本书一开始所说关于青苗法的性质判断，主要就是实际利率之争。总结起来，认为青苗法是低利贷者判断青苗法的年利率在 20%—40% 之间；认为青苗法是高利贷者判断青苗法年利率在 40%—100% 之间。这是一个更为复杂的问题。

那么"二分之息"究竟是高还是低呢？光说数字而无比较，是毫无意义的。以今天中国银行利率来看，二分之息当然是高利率。2021 年中国人民银行基准利率一年内贷款年利率是 4.35%，仅仅只有青苗法利率的九分之一。这样的比较只是关公战秦琼，唯一可以比较的就是当时的其他利率。

在当时人看来，无论是赞成青苗法者还是反对青苗法者，都认为与民间借贷相比，青苗法名义利率二分之息是低息。熙宁二年制置三司条例司所发布的青苗法条例中有言："兼并之家乘其急以邀倍息，而贷者常苦于不得。"所谓"倍息"，则是利息达到一倍，如果此言属实，则当时民间借贷资本处于高度稀缺的状态。而王安石本人则指出二分之息只不过是保证青苗法得以运行和推广的必要的程序费用而已，强调"官薄其息，而民救其乏"。

为什么说民间借贷利率是"倍息"呢？这并不是当时的士大夫调查研究的结果，当时人也没有社会调查的意识，而自古以来书上都是这么说的，士大夫对于民间利率的说法大多是印象式的。

《管子》中就说："民无本者贷之。……无食者贷之陈，无种者贷之新，故无什倍之贾，无倍称之民。"《管子》也是主张官府放贷的，官府放贷利率低，就不会有"倍称之民"——要付一倍利息的人。周秦汉唐时代的书籍，关于民间借贷利息倍称的说法比比皆是，读书人对这样的说法自然是深信不疑。

反对青苗法的人也不以二分之息为高，他们认为"青苗二分之息可谓轻矣"，而"民间举债，其息少者，亦须五七分，多者或倍"。

但这只是就名义利率而言的。反对青苗法的士大夫同时指出，青苗法的实际利率远高于名义利率，而民间借贷虽号称是"倍息"，但实际上由于还贷方式具有灵活特点，因此实际上并不高。

比如陈舜俞说："民间出举财物，其以信好相结之人，月所取息不过一分半至二分，其间亦有乘人危急，以邀一时之幸，虽取息至重，然犹不过一倍。"在他看来，民间借贷利率最高不过一倍，"倍息"只是其最高值。民间借贷的优点在于，还款期限较为宽松，还贷的方式较为随意。

苏辙高度肯定民间借贷的灵活性，他说："私人放贷虽然利息很高，但是没有法条的严格规定。如果今年还不上，那就明年还；如果没有粮食来还，那就可以用干草或秸秆，或者抓只鸡，牵条狗，赶头猪，都可以还债。没有限定死的日期，也没有出纳手续费。借还都是在乡里，不耽误地里劳作，想借就借，想还就还，不像跟官府打交道，动不动就犯了条法。因此民间借贷即便利息超过一倍，老百姓也不觉得有多离谱。"（"私家虽取利或多，然人情相通，别无条法。今岁不足，而取债于来岁。米粟不给，而继之以刍藁，虽鸡豚狗彘，皆可以还债也。无岁月之期，无给纳之费。出入闾里，不废农作，欲取即取，愿还即还，非如公家动有违碍。故虽或取息过倍，而民恬不知。"）

官府放贷青苗钱就很不一样了。苏辙说："官贷青苗钱，要求百姓拿现钱来还，和正税一起催收。邻里相互作保，签下状子来借贷。如果有一家不到，剩下的九家都要等着。奔赴到城里，各种各样的花费实在太多。"（"今官贷青苗，责以现钱，催随二税。邻里相保，结状请钱。一家不至，九家坐待。奔赴市城，靡费百端。"）

而青苗法在放贷中会产生很多附加负担，使实际利率变得很高，当时人总结说有"头子之息""联甲之息""钞旁之息""人情不免之息"等，最终的结果就是"不知几分之息"。青苗法实际利息究竟能有多高？据当时一些严厉批评青苗法的士大夫所言，苏辙和司马光都说实际存在倍息，那也就与民间借贷没有差别了。

这些言论都是出自反对青苗法者之口，可能存在夸大之处。不过就数字来看，青苗法的利率和民间借贷利率的最高值一般都是"倍息"，二者的利率区间是重合的，究竟孰高孰低难以判断。

可以肯定的是，如果官府收二分之息，则民众所实际付出的必然高于二分之息，而官府所实际获得必然低于二分之息。王安石讲过维持青苗法运行的必要消耗包括官吏之俸、辇运之费、水旱之逋、鼠雀之耗等。反对派计算的多是民众为借贷青苗钱所付出的代价。交易是有成本的，而官营借贷的成本要高于民间借贷的成本，这是可以肯定的。

青苗法是高利贷还是低利贷之争往往是重复着熙丰时期关于利率的争论，基于研究者的立场不同而各有取舍。从宋代的其他材料中可以发现民间借贷利率情况不一，高者确有倍息，低者也有二分、三分，而且各个地方的利率也不一样。当然也不能排除亲近关系之间甚至存在零息借贷的情况。

甚至也可以推测，当青苗法推行以后，民间放贷者会对利率状况和放贷方式进行相应的调整，这应当是完全可能的。这就好比突然开了一家大型国有银行，利率比市面上的都要低，那么原有的民营银行自然会下调利率。

因此，用全国普遍的青苗法"二分之息"与各地情况不一、复杂灵活的民间借贷利率进行比较也是没有意义的。仅仅拿出有限的几个数据，就去判断青苗法是高利贷还是低利贷，最终难免得出武断的结论。

二分之息究竟是利息还是收益？

如此来说，"二分之息"仅仅就是个说法吗？

其实并不是。二分之息的实际意义就是对于朝廷来讲每年可以获得俵散额近20%的收益，而并非王安石所宣称的手续费用。通过以下几组数据分析可以很清楚地展现这一点。

比如，熙宁九年应天府即有这样一个数据实例：

> 散青苗法八万三千六百余贯，计息钱一万六千六百有零贯……每年两限，家至户到……

"每年两限"就说明还是按照每年两放两收来执行的。这一年青苗钱共发放 8.36 万贯，按照"半为夏料、半为秋料"的原则，则每次发放 4.18 万贯，其息钱数学算式是：

$4.18 \times 40\% \times \frac{1}{2} + 4.18 \times 40\% \times \frac{1}{2} = 1.672$（万贯）。

其结果是基本吻合的（误差当忽略不计），可见年利率为 40%。而朝廷在这一年的收益率则是：$1.66 \div 8.36 \approx 20\%$。

朝廷每年的俵散额和利息收入没有保存下来，但有熙宁九年常平钱谷现存的总额数据是 3739.4289 万贯石。熙宁二年九月开始推行青苗法时，当时常平广惠仓的储备在 1400 万贯石至 1500 万贯石之间，其中广惠仓部分留给需要赈济的老弱病残，我们把 1400 万视作熙宁三年俵散额。从熙宁三年到熙宁六年，每年的利息收入加进第二年俵散额。熙宁七年诏常平钱谷存留一半，另一半散钱取息。而其执行当在熙宁八年。据此，按照年利率 40% 估算，可得以下数据（单位：万贯石）：

	俵散额	利息额	本金合计	总额	存留额
熙宁三年（1070）	1400	280	1680	1680	
熙宁四年（1071）	1680	336	2016	2016	
熙宁五年（1072）	2016	403.2	2419.2	2419.2	
熙宁六年（1073）	2419.2	483	2902	2903.4	
熙宁七年（1074）	2903.4	580.608	3482	3483.648	1741.824
熙宁八年（1075）	1741.824	348.3648	2090.1888	3832.0128	

这是对熙宁三年至熙宁八年朝廷每年俵散额、收益、存留额、总额进行一个大概的推测。算下来熙宁八年的常平钱本息达到 3832 万贯。这和熙宁九年总额 3739 万贯，相差不到 100 万。

在这几年间并非所有的青苗本息收入都完全用于放贷，

熙宁六年、七年灾荒严重，朝廷拿出部分常平钱谷赈济灾民，有的地方还会进行利息的减免。但是在这六年之间，朝廷就已经获得了2300多万贯的收入，可见青苗法确确实实得到了强有力的贯彻执行，平均下来每年获得的利息收入都是300多万贯，而多的年份可能要到400万贯甚至500万贯。而当时国家的农业正税——两税收入，也只有2100多万贯。

不过朝廷并不是每年都能够保证获得20%的利息收入，据元丰六年户部的报告，元丰三年、元丰四年的数据以及当时的定额如下（单位：贯石）：

年代	俵散额	收敛总额	利息收入	朝廷收益率
元丰三年（1080）	13186114	15000422	1814308	13.7%
元丰四年（1081）	13837736	11998944	亏损1838792	-13.3%
定额	11037772	13965459	2927687	26.5%

元丰三年的数据显示这一年朝廷收益率只有13.7%，是低于20%这个标准的；而元丰四年更是出现了亏损的情况。在朝廷看来三年和四年都没有达到标准，因此朝廷下诏调查三年和四年散多敛少及散敛俱少的地方其原因何在。而将定额中收益率提高到26.5%，显然是要将损失补回来。从两组数据对比可以看出元丰以后俵散数额大幅下降。

因此，二分之息不是请青苗钱者需要付出的利息，而是朝廷所要求获得的收益。请青苗钱者实际付出是个未知数，但肯定要高于最后朝廷所获得的二分之息。在这个前提下可以考察青苗法的运作实态。

熙宁通宝、元丰通宝

王安石变法时期，货币税收大幅增加，民间出现了"钱荒"。当时官府大量铸钱，设置新的铸钱监，铸钱总量之大达到了前所未有的程度。

神宗、哲宗时期青苗法运行中最突出的问题就是"抑配"——即以强行摊派的形式将青苗钱贷出去。这是从北宋后期几次关于青苗法行废的争议中可以得出的最明显结论。

虽然青苗法条例中有"不愿请者，不得抑配"的规定，但这只是一种字面的规定，很难落到实处。

从新法推行者这一角度来看，力主青苗法的王安石对"抑配"一事不以为意，在他看来，对于上户，就算是强行地贷给他15贯，强令他出3贯钱的利息又有何不妥呢？即便是抑配并强令出息钱也不会有大的危害，出的钱存储起来应对灾荒，比起前代让百姓出米作为义仓，没有什么不好的，更何况又有明文规定不得抑配，所以此事根本不足虑。（"此事至小，利害亦易明。直使州郡抑配上户俵十五贯钱，又必令出二分息，则一户所陪止三贯钱。因以广常平储蓄以待百姓凶荒，则比之前代科百姓出米为义仓亦未为不善。况又不令抑配，有何所害？"）

这个意思很明白，韭菜要提前收割，不要等到灾荒来临的时候再去收割，那时候就晚了。常平仓很重要的功能就是备灾荒，趁着灾荒来临之前，做好储备工作，这有何不行呢？

王安石在《周官新义》中对青苗法做了理论阐述，其中明确说："无问其欲否，概与之也，故谓之平。"他认为不应该以民户是否情愿作为俵散青苗钱的依据，这样才叫公平。

前面的数据表明，在元丰年间每年放贷的青苗钱只有1000多万贯。而此时宋朝的户数已经达到了1700多万户，享有贷款资格的农民大概不下1500万户。漆侠先生认为："放出的青苗钱，即使全按五等户一贯或一贯五百计算，亦远不敷分配。这就清楚地指明，青苗法还远不能制止高利贷的活动，高利贷远有其活动的广阔场所。"

我们无法判断在宋朝到底有多少农民需要贷款，需要贷多少款。但是青苗法推出之后，很多士大夫指出青苗抑配是势在必行。

韩琦称："且青苗之法，内有大臣力主，势在必行；外有专差之官，唯以散钱数多为职办。州县官吏往往变抑勒而为情愿者，盖事势不得不惧，而人情不得不从也。""变抑勒而为情愿"这个说法可谓是妙不可言，没有对官场实际运作方式有深刻体会的人，不会说得这么贴切。或许有人觉得不可理解，但看今日"员工自愿要求降工资"之类的新闻见诸网络，不就可以明白了吗？

欧阳修也认为："然诸路各有提举、管勾等官，往来催促，必须尽钱俵散而后止……朝廷虽旨挥州县不得抑配百姓请钱，而提举等官又却催促尽数散俵。故提举等官以不能催促尽数散俵为失职，州县之吏亦以俵钱不尽为弛慢不才。上下不得不递相督责者，势使之然，各不获已也。"

刘攽在给王安石的信中说："今郡县之吏，率以青苗钱为殿最（指政绩考核的高下，成绩下等的称为'殿'，上等的称为'最'）。又青苗钱未足，未得催二税。郡县吏惧其黜免，思自救解，其材者犹能小为方略以强民，其下者直以威力刑罚督迫之。如此民安得不请？安得不纳？"

这些言论都是从官僚体制本性的角度出发的（而非从个人或阶级利益角度出发），指出官吏在科层压力之下抑配青苗钱不可避免。与王安石不以抑配为虑的态度相对照，可推测抑配乃势在必行，所谓"情愿"仅仅是托词而已。从提举常平官到各地前后的情况来看，青苗法的执行主要是靠政治强制力来推动的。而在元丰年间推行的"计息推赏"考课制度下，考课方式也越来越严格，官吏的政绩追求会使得抑配变得更加常态化，这是势使之然。

与这种越来越严格的考课方式相对应的是前述俵散额的下降，这反映出俵散青苗钱越来越困难。

在第一次关于青苗法的大争论中，针对青苗法的批评意见有道德、经学、制度等多个角度，其中从制度角度的批评主要是针对抑配问题。因为青苗法的俵散对象是民户，所以可以确定其抑配对象不会是官户。而认为仅仅是豪强地主受到抑配，则有待商榷。

司马光说："现今放贷青苗钱的官吏，无问民之贫富，愿与不愿，强行摊派，每年收十分之四的利息。"

张方平称应天府征收青苗钱是"每年两限，家至户到，科校督迫，无有已时。天下谓之'钱荒'"。

可见抑配对象未必就只有上户或者富民。从官府的角度来讲，抑配是为了获得利益，只要能获得利益，无论是上户还是下户（上户、下户都是民户，而非官户），都可能成为抑配对象，而且可以推测与官府谈判能力越弱者越容易受到抑配。

青苗法中的"抑配"到底意味着什么呢？青苗法是以官府推行的农村借贷政策，在推行这一政策时并没有禁止民间借贷。在青苗法和民间借贷同时并存的情况下，如果没有外在的强制力，有借贷需求的农民自然会选择最有利于自己的借贷方式。

倘若青苗法实质是低利借贷，而农民又生活在高利贷剥削下的水深火热之中，那么对于官府来说抑配是完全没有必要的。

这就好比既有国营银行，又有民营银行，有贷款需求的老百姓自己会做出选择。如果到国营银行贷款更划算，他们自然会选择国营银行。

抑配只有在缺乏自愿的情况下才会发生。只要青苗钱相对于民间借贷有优势，则借贷青苗钱自然会成为自愿行为而非强制摊派。抑配的广泛存在就必然地证明这一时期的青苗法不是低借贷，而是农民不愿意借的高利贷。

由于抑配情况长期而普遍的存在，可以说是这一时期青苗法实际是以摊派为主要手段来施行的，其实际形态是强制的而非自愿的。因此青苗法必然主要呈现为官府高利贷。唯有官府有强制抑配能力，故而这一时期官府高利贷和抑配是一体两面，从利率数字中无法确定的结论可以通过抑配这一现象来得到充分的证明。

对于具有营利性质的新法，赏罚措施则直接和营利的多少挂钩。以农业贷款为主要内容的青苗法采用了"计息推赏"的奖励政策，其具体标准文献失载，但青苗本钱的俵散是有着固定额度的。州县官俵散青苗本钱的任务量并非根据这一年实际的借款需求来定，而是根据往年的本钱发放数来定，上级以此来确立赏罚的标准。

元丰元年（1078）年初，朝廷又制定了《给散常平钱谷赏罚法》。这应当是青苗法赏罚标准的进一步规范化。元丰四年时比较增亏，针对具体的数额，诏三年、四年散多敛少及敛散俱少的地方，户部令提举常平司分析具体情况。由此可见，青苗法的立额与逐年比较都是切实有效执行的政策。

青苗法推行之时提举常平官"申严赏罚，督责州县"，因散青苗钱有功劳者升擢的例子是很多的。如熙宁四年，提

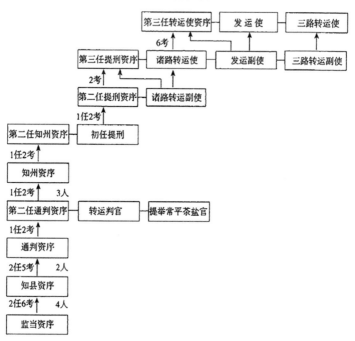

南宋关升资序略表

该表系北京大学邓小南教授《宋代文官制度选任诸层面》一书据《吏部条法·关升门》整理而成。虽然是反映南宋关升资序情况，也可作为北宋后期官员资序关升的参考。

举官王广廉称大名府通判钱昌武放贷青苗钱功劳卓著，王安石将钱昌武擢升为知州。范镇曾说："现在的官员只要能多散青苗钱，再急吼吼地把本息都收回来，就有从知县直接被提拔为转运判官、提点刑狱的。"

因为散青苗不力而遭贬抑者也有之，如知祥符县李敦颐相对于前任仅贷出去三分之一，王安石大怒，让他去任广信军（今河北徐水）通判。从知县到通判，看似是升迁，但北宋时开封、祥符二县为赤县，任命的知县资序很高，一般都要达到知州的级别才行，所以李敦颐到边境的广信军当个通判，实际上是贬降、发配。

因青苗法的执行状况而升迁或贬降的事例给当时的士大夫印象极深："熙宁青苗法行，计息推赏，否则废黜，官吏畏罪希进，所散唯恐不多。""畏罪希进"可以说是对当时官员普遍心态最真切的描述。

在这种背景之下，怎么会不产生抑配呢？这可以说是由"史上最牛银行"的本质所决定的。

第五章

天灾人祸

郑侠《流民图》的背后

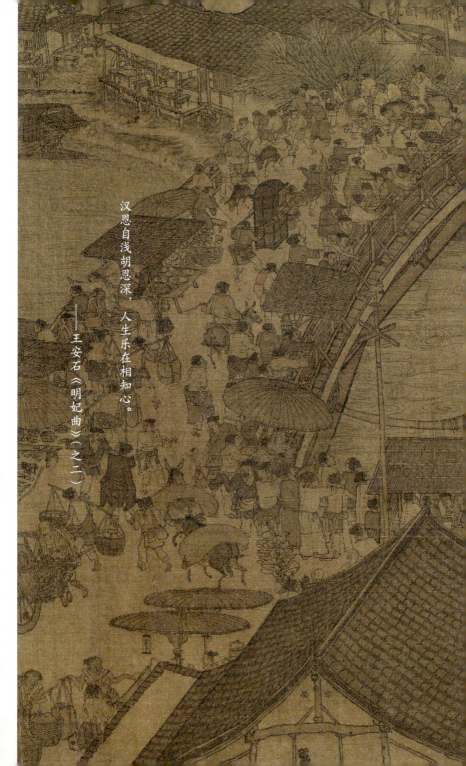

汉恩自浅胡恩深，人生乐在相知心。

——王安石《明妃曲》（之二）

一场大旱灾
让王朝上下惊恐不安

"天变不足畏！"

"人定胜天！"

这样的豪言壮语听起来让人非常振奋，但实际上，天变是十分恐怖的。即便是在科技发达的今天，自然灾害依然会让人心生畏惧。严重的天灾给民众带来的往往不仅是毁灭性的打击，还有着无尽的绝望。特别是在传统农业时代，小农经济几乎完全是靠天吃饭，在灾害面前更是不堪一击。

熙宁六年（1073）的秋冬，一场可怕的干旱席卷而来，很多地方秋季无雨，冬季无雪，赤地千里，水渠干涸，庄稼枯死在田里，人畜饮水困难。一直到第二年的春天，干旱还没有任何缓和的迹象，有道是"春雨贵如油"，可如今一滴都难有。

大旱灾之后是大饥荒，根据司马光的描述：南北东西，无处不旱。去年播下了麦种，今年却没有收成；而今年连种子也没法播下，明年更是没了希望。只有大地主家里还有些余粮，中等户以下普遍就不够吃了。吃着树皮、草根的老百姓，过得了今日不一定过得了明日。（"北尽塞表，东被海涯，南逾江淮，西及邛蜀，自去岁秋冬，绝少雨雪，井泉溪涧，往往涸竭。二麦无收，民已绝望，孟夏过半，秋种未入，中户以下，大抵乏食，采木实草根，以延朝夕。"）

司马光的说法可能有所夸大吧，但是即便把他的说法打个对折，那也是非常严重的灾情。老百姓在惊恐和绝望中艰难求生，史不绝书的灾后流民问题涌现。

地方上关于老百姓乏食的奏报纷纷送到了朝廷。不光是内地干旱，边境地带也是一样。宋朝西北的环庆路是对夏作战的前沿，安抚使楚建中对边防问题表示担忧：在宋夏边境地带，宋方一直努力招诱当地部族以巩固边防，现如今旱灾背景下，西夏人趁机而动，用赏赐来收买人心，当地的部族成百上千的结群逃走，宋人多年的努力成果付诸东流，边防更是岌岌可危。（"奉手诏，以缘边旱灾，汉、蕃乏食，夏人乘此荐饥，辄以赏物招诱熟户，至千百为群，相结背逃。若不厚加拯接，或致窜逸，于边防障捍非便。"）

此时的宋神宗内心充满了焦虑，忧心忡忡，他不断下诏让官员们四处祈雨，试图用诚心来感动上苍，赐下甘霖，拯救苍生。

在没有人工降雨的时代，祈祷上天便是求雨的最主要办法。在今天的人看来，那时有些充满想象力的做法实在是很滑稽，比如蜥蜴求雨，因为当时人觉得蜥蜴和龙是亲戚，所以把蜥蜴抓来，口里反复念着四句话：

> 蜥蜴蜥蜴
>
> 兴云吐雾
>
> 降雨滂沱
>
> 放汝归去

若凑巧真的下雨了，那是真龙显灵，这蜥蜴少不得被崇拜；可若是不下雨，蜥蜴也会被折腾得够呛吧。

以今天科学理性的眼光来看，这样做对于下雨是没有任何实际作用的。但在当时，这样做至少可以起到一定程度上安定人心的作用。荒诞的做法背后恰恰是惶恐不安的心。在天变面前，人类不过是微弱的蝼蚁。尽人事、听天命，仅此而已。

朝廷赈济的措施自然是有的，地方官们也确实在为解决饥民的问题而努力，但是流民问题却越来越严重，逃荒要饭是灾民们最后的出路。这对于统治者来说是严峻的考验。

神宗在给河北官员的批示上说："当下河北各地灾情严重，百姓流亡，食物短缺日甚一日。最让人忧心的是，盗贼结集越来越多，成为公私之患。"古人所说的"饥民为盗、啸聚山林"，今天人们所说的"农民起义"，是对当时社会秩

杨威《耕获图》

司马光说："四民之中，惟农最苦。"农民最期盼的就是风调雨顺、五谷丰登。《耕获图》传为北宋杨威创作，是一幅带有风俗画性质的山水画小品，也是我国现存较早的描写农村耕获情况的画作，展现了宋代农民的现实生活。现藏于北京故宫博物院。

序的严重破坏，也是皇帝的心头之患。饥荒背景下老百姓活下去的渴望，有时候会形成强大的破坏力，甚至冲击一个王朝存在的基础。

　　这时已经是王安石的新法推行的第六个年头了。经历了最初一两年无比激烈的大争议之后，反对者大部分已经离开了朝廷，不和谐的声音越来越少，音量越来越低，大家似乎都已经习惯了新法。但就在这时，一位年轻官员的言行在朝廷掀起了巨大的波澜，并随即引发了政坛大地震，他就是王安石的弟子——郑侠。

郑侠,字介夫,福清(今福建福清)人,生于仁宗庆历元年(1041)。郑侠人如其名,是耿介之人,有侠者之风。"少有志操,学识闳远,流辈推服,未弱冠知名。"

英宗治平年间,郑侠的父亲郑晕被任命为江宁府监税。郑侠跟随父亲来到江宁,但并不住在家中,而是到清凉寺读书。当时王安石因为母亲去世,丁忧江宁,同时收徒讲学,吸引了很多学子前来求学。

一天晚上大雪,郑侠读书到后半夜,冻得受不了,便把朋友杨骥叫起来喝酒,喝到酣畅的时候,登阁观雪赋诗,气宇浩然,诗曰:

> 浓雪暴寒斋,寒斋岂怕哉!
> 漏随书卷尽,春逐酒瓶开。

一酌招孔孟，再斟留赐回。

醺酣入诗句，同上玉楼台。

他的这位朋友杨骥正是王安石的弟子，王安石的名诗《书湖阴先生壁》中的湖阴先生便是他。杨骥是被王安石派来打听情况的。对于郑侠的名字和事迹，王安石早有耳闻，爱才的他便派弟子去一探究竟。

杨骥向王安石诵读了这首诗，"漏随书卷尽，春逐酒瓶开"，尽显郑侠好学而又风雅的个性。王安石听了之后，对郑侠好学的精神十分赞赏。郑侠对王安石的人格与学问十分敬仰，投身到王安石门下，成了王安石的得意门生。

治平四年（1067），27岁的郑侠到东京参加科考，果然不负王安石的厚望，得中进士甲科，随后被朝廷任命为光州（今河南潢川）司法参军。这一年同时中进士的还有王安石的儿子王雱。他们自然也是好朋友，志趣相投，科考路上相伴而行，无话不说。

过了两年，王安石出任参知政事。这让郑侠内心万分激动，"以为尧舜三代君臣相遇，有为于世，太平可期月而望"。这和当时很多人的心态是一样的。

初入仕途的郑侠怀着一腔为国为民的热忱，在工作上非常卖力。司法参军主要负责司法案件。当时的光州司法参军厅积压了不少疑难案件，郑侠认真研读宋朝的刑律，研究案情，并将审判结果上奏。最终，郑侠的所有建议都得到了王安石的批准。郑侠十分感动，把王安石视为自己的知己，愿意尽忠于王安石。("光有疑狱，侠谳议传奏，安石悉如其请。侠感为知己，思欲尽忠。")

当新法刚刚推行的时候，面对一片质疑之声，郑侠极力向同僚申说新法的合理性，这也是在为他的恩师辩护。此刻，在郑侠的心目中，老师的所作所为自然是合理的。然而随着新法的推行，郑侠的心态也在慢慢地发生了变化。

熙宁四年（1071），郑侠在光州的任期满了，他到京城去等着新的任命。这次进京对于郑侠来说有个绝好的机会，那就是朝廷推行了试刑法，这是在王安石的建议下设立的司法考试。

在王安石变法推行以后，有两类人才特别紧缺：一种是精通理财的财务官，另一类是精通律例的司法官。如果郑侠参加试刑法考试合格，就可以直接改官，跳出"选坑"，变成京朝官，仕途一片光明。这对他来说应该不是什么难事，他在光州的优秀政绩就是在司法工作上。然而，此时他的主要心思并不在改官。

在赴京的路上，郑侠沿途考察，"所过田夫野老，必从访问新法利害"，结果"答者无一人言其是"。他在《道中见以索牵五六十人监理钱者》一诗中写道：

可怜平地不生钱，稚老累累被索连。

困苦新图谁画此，只愁中禁又无眠。

到了京城以后，郑侠好不容易见到了老师。王安石问及途中见闻，郑侠直言不讳地说：

> 青苗、免役、保甲数事，与边鄙用兵，与侠心不能无区区也。

王安石听了之后，脸色沉了下来，左右之人急忙告退。王安石和郑侠的这次见面不欢而散。

自这次见面之后，郑侠很难再见王安石，他又给王安石写了好几封信，声称自己并不认为新法不合理，反而强调新法有着"至美至善"的形式，但是在推行新法的过程中，地方官员将新法变得扭曲了。

比如他对青苗法的批评就说："青苗法的立意是很好的，但是普天之下有借贷需求的大概只占一半；没有借贷需求的，也占一半。"（"然民之阙乏而借贷于人者，天下固常半矣，而稍稍温燠、能俭克勤苦以自足，而无所取贷于人者，亦尝半。"）

实际情况是什么样的呢？召人情愿只不过是一句空话。（"吾之心果在利民，非有取利于民，皆听其自来而与之。法不曰召人情愿请耳。及贪暴之吏，急于散而取赏，则曰某县民若干，散必若干，某县为民若干，散至若干。不然者劾奏，而令、佐丞于承命，以求知于其上，又巧以强与。"）

如果某乡某里有人不去借贷青苗钱，那么十天半个月就会遭受其他的无法解决的灾祸。所以一州一县没有不去借贷青苗钱的。("若某乡某里某人不请，则旬月之下必有他祸者，且不可解。及其催纳之际，亦莫不然，则尽一州一县之民无有不请青苗者。")

这样算下来，强行被摊派的常常要占到一半。("是曩之果皆贫无不借贷自足者也，是法虽听其情愿，其实强而与之者常半。")

到了收获的季节，因为还款期限没得商量，农民只能贱卖粮食。("至于收成之际，又不稍缓其期，谷米未及干促之已急，而贱粜于市，而曩之利十，今不售其五六。质钱于坊郭，则不典而解。其甚者至于无衣褐而典解。是法所以苏贫乏而反困之，抑兼并而反助之矣。")

所以郑侠的意见是："人们都说青苗不好，其实是贪暴之吏破坏了青苗法。"("夫如是，无知者便谓青苗为不善，不知贪暴之吏坏之也。")

青苗法的目标和效果是截然相反的——苏贫乏而反困之，抑兼并而反助之。郑侠认为关键在于"贪暴之吏"。这些可以说是郑侠作为基层官员的亲身经历，是很有说服力的。

其实几年前，陆佃就像郑侠一样说过同样的话。郑侠的这些老生常谈，王安石自然就更听不进去了。

后来，郑侠被任命为监安上门，负责守门及收取门税。王安石派王雱来劝说郑侠参加试法，但郑侠不为所动。他说自己对于刑法并不精通，只是因为职责所在，所以在光州认真审查案卷。其实他是以这种方式进行抗议。

熙宁六年三月，王安石设置了经义局。他又派王雱来请郑侠出任经义局的检讨官，其实是想让郑侠当自己的秘书、助理。结果，郑侠又拒绝了。

王安石又派自己的侄女婿黎东美（即黎珣）来，非常直接地跟郑侠讲："丞相的意思是：凡是入仕为官，一定要改成京官，才能获得一个好的差遣，为何要如此介僻呢！"

"介僻"，这恰恰是当年王安石的风格，只是当他到了宰相的位子上，对于别人对自己的"介僻"，就觉得无法理解和接受了。

黎东美的话让郑侠非常恼火，他说："我这次到京城里来，本意是要跟从丞相学习经义，当初就没想官位有什么高下、美恶之分。没想到的是，丞相一旦秉政当权，开口便是把爵禄放在最前面，对待士人竟然就是这个样子的！如果真的想帮助我，让我有所成就，只要能够把我建议的有利于百姓的事情，实施一两件就可以了。"（"某之来，意在执经丞相门下尔，初不知官资有美恶高下也。不意丞相一旦当轴，发言无非以爵禄为先，待士之来者如是而已。果欲援某而成就之，区区所献有利民便物之事，愿得一二足矣。"）

郑侠要跟王安石讨论政事，而王安石跟他讨论官爵。郑侠觉得这不是对自己的蔑视么？渐渐地，他对当年的恩师、如今的宰相，彻底失望了。

有一次，王安石以《何处难忘酒》为题赋诗说：

汝窑酒瓶

诗与酒是宋代文人生活的日常。王安石有诗《客至当饮酒》二首,其中一首写道:

结屋在墙阴,闭门读诗书。
怀我平生友,山水异秦吴。
杖藜出柴荆,岂无马与车。
穷通适异趣,谈笑不相愉。
岂复求古人,浩荡与之俱。
客至当饮酒,日月无根株。

何处难忘酒，君臣会遇时。

高堂拱尧舜，密席坐皋夔。

和气袭万物，欢声连四夷。

此时无一盏，辜负鹿鸣诗。

　　这首诗中展现的是王安石的踌躇满志。可是郑侠完全唱起了反调，他在《和荆公何处难忘酒诗》中写道：

何处难缄口？熙宁政失中。

四方三面战，十室九家空。

见佞眸如水，闻忠耳似聋。

君门深万里，安得此言通。

　　这首诗可以说是近乎破口大骂了。他说王安石见到那些佞人，目光中柔情似水，听到了逆耳忠言，就像聋了一样。宰相府的大门有万里之深，郑侠的话怎么能够让宰相听见呢？他的内心可以说是冰凉到了极点。

《流民图》终于送到了神宗手中

熙宁七年三月，早已对王安石绝望的郑侠请人绘制了一幅《流民图》。这幅图把灾民呼天抢地、流离失所的惨状表现得淋漓尽致。郑侠再写了一篇长长的奏章，上书神宗，为民请命。其文如下：

臣伏睹去年大蝗，秋冬亢旱，以至于今，经春不雨，麦苗枯焦，黍粟麻豆，粒不及种。旬日以来，街市米价暴贵，群情忧惶，十九惧死。方春斩伐，竭泽而渔，大营官钱，小求升米，草木鱼鳖，亦莫生遂。蛮夷轻肆，敢侮君国。皆由中外之臣，辅相陛下不从道，以至于此。

臣窃惟灾患有可召之道，无可试之形。其致之有渐，而来如疾风暴雨，不可复御。流血藉尸，方知丧败，此愚夫庸人之见，而古今比比有之。所贵于圣神者，为其能图患未然，转祸为福者耳。方今之势，犹有可救。臣愿陛下开仓廪，赈贫乏，诸有司敛掠不道之政，一切罢去。庶几早召和气，上应天心，调阴阳，降雨露，以延天下万姓垂死之命，而固宗社万万年无疆之祉。

夫君臣际遇，贵乎知心。以臣之愚，深知陛下爱养黎庶，甚于赤子。故自即位以来，一有利民便物之政，靡不毅然主张而行。陛下之心，亦欲人人寿富，而跻之尧舜三代之盛耳。夫岂区区充满府库，盈溢仓廪，终以富衍强大胜天下哉？而中外之臣，略不推明陛下此心，而乃肆其叨懫，剥割生民，侵肌及骨，使之困苦而不聊生，坐视天民之死而不恤。陛下所存如彼，群臣所为如此，不知君臣际遇，欲作何事？徒只日超百资，意指气使而已乎？

臣又惟何世而无忠义，何代而无贤德？亦在乎人君所以驾驭之何如耳。古之人，在山林畎亩，不忘其君，其刍荛负贩、匹夫匹妇，咸欲自尽以赞其上。今陛下之朝，台谏默默具位而不敢言事，至有规避百为不敢居是职者，而左右辅弼之臣，又皆贪猥近利，使夫抱道怀识之士，皆不欲与之言。不知时然耶？陛下有以使之然耶？以为时然，则尧、舜在位，便有夔、契；汤、文在上，便有伊、吕。以至汉唐之明君，我祖宗之圣朝，皆有大忠义、大贤德之臣布于中外。君臣之义，若腹心手足然。君倡于上，臣和于下，主发于内，臣应于外，而休嘉之德下浸于昆虫草木。千百世之下，莫不欣慕而效则之。独陛下以仁圣当御，抚养为心，而群臣所以应和之者如此，夫岂时然，陛下所以驾驭之道未审尔！

陛下以爵禄驾驭天下忠贤，而使之如此，甚非宗庙社稷之福也。夫得一饭于道旁，则遑遑图报，而终身餍饱于其父，则不知德，此庸人之常情也。今之食禄，往往如此。若臣之所闻则不然。君臣之义，父子之道也。故食其禄则忧其事，凡以移事父之孝，而从事于此也。乃若思虑不出其位，尸祝不越樽俎治庖人之事，牛羊茁壮，会计当各以其职，而不相侵也。至于邦国若否，知而不言，岂有君忧国危，群臣乃饱食餍观，若视路人之事而不救，曰："吾各有守，天下之事，非我忧哉。"故知朝廷设官，位有高下；臣子事主，忠无两心。与其得罪于有司，孰与不忠于君父？与其苟容于当世，孰与得罪于皇天？臣所以不避万死，深冒千万重之天阍，以告诉于陛下者，凡以上畏天命，中忧君国，而下忧生民耳！若臣之身，使其粉碎，如一蝼蚁，无足顾爱。

窃闻南征西伐者，皆以其胜捷之势、山川之形，为图而来献，料无一人以天下之民质妻卖儿、流离逃散、斩桑伐枣、拆坏卢舍而卖于城市、输官粜粟、遑遑不给之状为图而献前者。臣不敢以所闻闻，谨以安门上逐日所见，绘成一图，百不及一。但经圣明眼目，已可嗟咨涕泣，而况数千里之外，有甚于此者哉！其图谨附状投进。

　　如陛下观图，行臣之言，十日不雨，乞即斩臣宣德
门外，以正欺君谩天之罪；如稍有所济，亦乞正臣越分
言事之刑。甘俟诛戮，干冒冕旒。

　　文中尽是愤激之语，特别是最后发下了毒誓：如果接受
自己的建议，十天之内还不下雨，就请斩自己。可见郑侠早
已把生死置之度外。郑侠此举，是真正的死谏，足以和明朝
的海瑞进谏嘉靖皇帝相提并论。对于郑侠来说，对精神理念
的坚持比任何东西都要重要。

　　画有了，奏疏也写了，可怎样递到皇帝的手里是个问题。
因为郑侠不过是个下级小官，按照规定，他要上书，先要阁
门司收纳，再经通进司中转，才能进一步传到皇帝手中。

　　郑侠一开始到阁门上书，阁门司官员一看，不愿惹麻烦，
就说郑侠是越职言事，不给他转呈。

　　刚迈出第一步，郑侠就被拦下来了。

　　万般无奈之下，郑侠心生一计，他假称自己要上奏的是
密急信息，通过发马递传到了银台司。

　　"马递"是由银台司接纳的一种紧急文书，按照宋朝的
制度，当地方上有了紧急情况时，可以采用这种方式直接由
银台司上奏。这样，郑侠的《流民图》和奏疏很快就送到神
宗的手中。当然，这是违规操作，所以郑侠申明，即便下雨了，
情况有了好转，也请治他的罪。

　　神宗拿着图反复观看，长吁短叹。当天晚上，寝不能寐。

第二天便下诏将一些新法暂停，让开封府免征免行钱，让司农寺启用常平仓赈济。有的记载说宋神宗还下令罢了方田均税法和保甲法，总共罢了十八项新法，民间欢呼相贺，这就夸大其词了。

看到神宗如此忧心忡忡，王安石说："水患旱灾都是常数，即便是在尧、汤的时代也无法避免。陛下即位以来，累年丰稔，现在虽然赶上了大旱之年，只应当益修人事，以应天灾，不足以让圣上如此忧虑。"

神宗说："这些难道是小事吗？朕现在之所以如此恐惧，正因为人事有所未修。"

神宗还问翰林学士韩维说："长久不下雨，朕夙夜焦劳，怎么办呢？"韩维建议神宗下诏书，广求直言，并且说他听说地方官员"督索青苗钱甚急，往往鞭挞取足"，老百姓没有办法，有的甚至把桑树砍了当作薪柴给卖掉换钱来还贷，希望皇帝能够痛下决心，"蠲减租税，宽裕逋负"——把税收减一减，把欠款缓一缓。

到了三十日晚上，神宗令韩维起草罪己诏。第二天，这道罪己诏降下，其中写道：

> 朕涉道日浅，晻于致治，政失厥中，以干阴阳之和。乃自冬迄今，旱暵为虐，四海之内，被灾者广。间诏有司，损常膳，避正殿，冀以塞责消变。历日滋久，未蒙休应。嗷嗷下民，大命近止。中夜以兴，震悸靡宁，永

惟其咎，未知攸出。意者朕之听纳不得于理欤？狱讼非
其情欤？赋敛失其节欤？忠谋谠言郁于上闻，而阿谀壅
蔽以成其私者众欤？何嘉气之久不效也！应中外文武臣
僚，并许实封直言朝政阙失，朕将亲览，考求其当，以
辅政理。三事大夫，其务悉心交儆，成朕志焉。

下罪己诏三天之后，也就是初四的晚上，开始下起雨来
了。初五那天竟下了一天一夜。此时距郑侠上书，刚好在十
天之内！

天降甘霖，群臣庆贺。神宗把郑侠的奏疏和《流民图》
拿出来给大臣们看，并问王安石说："认识郑侠吗？"王安
石说："曾经跟从臣学习。"接着，王安石向神宗表示要辞去
宰相之位。神宗当即表示不许辞职，并下诏开封府追查郑侠
擅发马递之罪。

在洛阳担任闲职的司马光应诏上书，控诉新党，痛陈新
法六大弊端，并且说"六者之中，青苗、免役钱为害尤大"，
希望神宗能像汉武帝那样幡然悔悟。

知青州滕甫直言："应熙宁二年以来新法，有不便者悉罢，
则民气和、天意解矣。"

参知政事冯京直言新法："有不便者，不吝改作，则天
下受赐矣。"

四月十九日，王安石被罢相，出知江宁府。

正当神宗有所动摇的时候，前线熙河传来捷报，王韶破

（明）周臣《流民图》（局部）

郑侠的《流民图》今已不存，后世有很多反映民间疾苦的《流民图》。明代周臣所绘的《流民图》即是一幅名作，将底层百姓的惨状与绝望表现得淋漓尽致。该图现藏于美国克利夫兰艺术博物馆。

西蕃，降其首领木征。神宗听到之后，十分高兴，继续推行新法的意志再次坚定起来。

王安石在罢政的同时，对朝局走向做了相应的安排：推荐知大名府的韩绛入朝为相，代替自己，并让翰林学士吕惠卿出任参知政事，辅佐韩绛。

韩绛被称为"传法沙门"，吕惠卿被称为"护法善神"，他们都是王安石新法坚定的支持者。当初司马光反问宋神宗是否可以独自和王安石、韩绛、吕惠卿这三人共治天下，可见韩绛、吕惠卿在变法中的地位与作用。那么，王安石被罢相的原因也就很明显了，神宗不过是让他暂避风头，一旦过了这阵风，王安石还是要回来的。

有人说一幅《流民图》断送了北宋的改革大业，也有人说一个保安叫停了轰轰烈烈的变法，这些说法完全是不对的。虽然王安石被罢相了，但新法继续向前推进。

郑侠入狱引发了官场大地震

　　郑侠的行为激起了新党的强烈愤恨，他们抨击郑侠不过是一介狂徒，造谣生事，诋毁良法，擅发马递，越权直奏，惊扰了皇帝，有的甚至请求皇帝将郑侠处以极刑。但最终郑侠为此付出的代价并不大，六月定案，郑侠被罚铜十斤，并被安排去广南或者福建做个小官。这显然是朝廷对他的宽大处理。

　　郑侠并没有见好就收，而是越战越勇。他再次上书神宗，指斥奸佞。他把矛头对准了自己的福建老乡吕惠卿。

　　在郑侠看来，老师王安石实际是被吕惠卿之流所误导，吕惠卿才是祸根，王安石罢相了，吕惠卿却升官做了参知政事。对于郑侠来说，自己丢官受罚是小事，自己最讨厌的人却飞黄腾达并继续作威作福，这恐怕是对他最大的打击。

　　郑侠说王安石作新法为民害，吕惠卿朋党奸邪、壅蔽聪明，请求罢黜吕惠卿，任用冯京为宰相。

对于郑侠的上书，神宗没有理睬。不过，郑侠没有放弃。十一月一日，郑侠又一次上书极陈，言辞更加激烈，不仅要求神宗登宣德门临问，而且以"乞斩臣于众人之前，以塞京师流言汹汹之路"相要挟。

吕惠卿大怒，对神宗讲郑侠谤讪朝政。于是，十一月初六日，神宗下诏，将郑侠押出京门，送到汀州（今福建长汀）进行编管。

虽然将郑侠赶出了京城，但神宗对他依然耿耿于怀。在神宗看来，郑侠的背后一定有人指使，郑侠不过是枚小棋子，这背后肯定有着大阴谋。一次他询问大臣，郑侠奏疏里说的事情，像青苗、免役可以在外面打听到，但有的是我们君臣之间的禁中对话，郑侠是怎么知道的？

吕惠卿一听，立即动起了歪心思。此刻他在朝中与冯京、韩绛不是很合得来，于是他说韩绛、冯京把禁中的对话记录下来，然后交给了秘阁校理王安国，王安国又给了郑侠看，所以郑侠才知道这些。也就是说，韩绛、冯京就是郑侠的后台，是他们拿着郑侠当枪使。

神宗问冯京是否认识郑侠，冯京大吃一惊，表示与郑侠素不认识。

神宗对冯京的话将信将疑。这时候御史张琥弹劾冯京"交接小人"，这个"小人"就是郑侠。这加深了神宗对冯京的怀疑。于是，神宗下诏将郑侠下御史台狱审理。

诏狱既兴，而主犯郑侠已经离开了京师。御史台派遣官员舒亶至陈州（今河南淮阳）追上郑侠，将他拘捕，并搜查他的行李。

经过一番盘查，御史台并未发现郑侠与冯京、王安国交往的直接罪证，不过搜到了三司副使王克臣赠送的三十两白银。御史台秉承副相吕惠卿的旨意，深挖此案。此前凡是与郑侠有交往的，全部逮捕入狱，诏狱规模进一步扩大。

最终的结果是：没有查出郑侠到底有什么后台，或者受何人主使，但是查出冯京和王安国确实有称赞郑侠的言语，而为郑侠传递消息的是内殿承制杨永芳，他是郑侠的邻居，二人聊天时杨永芳就把禁中秘闻告诉了郑侠。

经过半个月左右的审讯，案件牵连所有人员最终定罪：

郑侠被发配到更为偏远的英州（今广东英德）编管；

冯京被罢参知政事，出知亳州；

王安国因"奖激狂妄，非毁其兄"，被直接放归田里，废为平民；

其他相关人员一一受罚。

郑侠所引起的官场风暴告一段落。

郑侠狱之后，吕惠卿势力更为膨胀，提拔了自己的兄弟和亲信，羽翼更丰，和宰相韩绛的矛盾更加凸显。韩绛深感自己不是吕惠卿的对手，于是劝宋神宗召回王安石。

熙宁八年二月，王安石再次拜相。但在经过这一年多的风波之后，他和神宗之间的关系已经大不如前了，和吕惠卿的矛盾也愈演愈烈。最后吕惠卿罢知陈州。吕惠卿为泄积忿，连写奏状控告王安石，其中说道："王安石尽弃素学，而隆尚纵横之末数以为奇术，以至谮愬胁持，蔽贤党奸，移怒行狠，犯命矫令，罔上要君。"这是王安石一生中所受的最严重指控，却是出自他过去最亲密的战友之口，正应了当初司马光所说。

熙宁九年十月，王安石再次罢相，回到了江宁，一直到去世。吕惠卿也没有实现自己的企图，王安石罢相之后他也没能回到朝廷，终其一生没能再登宰辅之位。

是郑侠扳倒了王安石吗？当然不是。神宗的疑心、吕惠卿的野心，以及由于新法而造成的分裂的朝廷，才是王安石下台的真正因素。

据说王安石在金陵的时候，常常在屏风上写"福建子"，这绝对不是表示对某个福建人的思念而是憎恶。"福建子"是当时人对福建人的蔑称，而且这个"福建子"自然是指吕惠卿而不是郑侠。但郑侠的那张《流民图》，正是后来一系列事件的导火索。

经历过诏狱的郑侠，被流放到了岭南。他后来在诗中描述这段经历说：

幸为男儿身，许国自结绶。

安能冷眼看，终不一开口。

封章重十上，夫岂避鼎斧。

南州虽谴逐，万死蒙恩宥。

《元祐党籍碑》

《元祐党籍碑》是徽宗时权臣蔡京所立，将司马光、文彦博、苏辙、苏轼、黄庭坚、秦观、郑侠等309人列为元祐奸党，将其姓名刻石颁布天下，有将其永久刻上耻辱柱的意思。但到南宋时，蔡京成为朝野公认的祸国奸臣，《元祐党籍碑》也就从耻辱柱变成了光荣榜。

虽然他惨遭贬黜，依然不悔当年，豪情不改。

此后郑侠便久居闽粤之间。哲宗即位之后，郑侠遇赦，后经苏轼等人的荐举，出任过泉州州学教授。元符元年（1098），郑侠再次贬谪英州。徽宗即位之初，郑侠再次遇赦，在北归的途中遇到了同样是被贬遇赦的苏轼，二人互赠诗歌，互诉衷肠。

蔡京上台之后，郑侠和苏轼都被打入"元祐党籍"。郑侠还乡，不复出仕。宣和元年（1119），郑侠终老于乡，年79 岁。

据说，郑侠在去世前一年，他梦到了一位客人来访。客人自称是"铁冠道士"，赠给郑侠一首诗，郑侠一看，原来是苏东坡。苏轼在贬谪海南的时候自称"铁冠道士"，当时已经去世 17 年了。诗中说：

> 人间真实人，取次不离真。
> 官为忧君失，家因好礼贫。
> 门阑多杞菊，亭槛尽松筠。
> 我友迂踈者，相从恨不频。

苏轼还说："介夫不久须当来。"

郑侠醒来，感叹自己不久于人世矣。第二年的秋天，郑侠病了，对他的孙子郑嘉正说："人之一身，四大合成。四者若散，此身何有。"并吟了一首诗：

似此平生只藉天，还如过鸟在云边。

如今身畔浑无物，赢得虚堂一枕眠。

几天之后，郑侠就去世了。

第六章

因诗入罪

苏东坡反青苗法的一生

糟粕所传非粹美，丹青难写是精神。

——王安石《读史》

苏轼上书神宗称道德比富强更重要

　　"一提到苏东坡，在中国总会引起人亲切敬佩的微笑，也许这话最能概括苏东坡的一切了。"这是林语堂在他的《苏东坡传》中对苏轼的总印象。当这样一位绝世天才遭遇王安石变法的时候，他的个人际遇充满了悲剧色彩。他的后半生一直在与青苗法斗争，将一种批判精神坚持了数十年。

　　苏轼的父亲苏洵据说是一个很有远见的人，因为他写《辨奸论》很早就判定王安石是奸臣，那时候王安石还没有开始变法。

　　苏轼的弟弟苏辙是青苗法的第一个反对者。当他被神宗派去制置三司条例司任职的时候，青苗法还在酝酿之中，所以苏辙较早地知晓了青苗法，当时他就已经明确表示不认同这种放债取息的做法，并因此离开了中央。此后很多年都得不到升迁，显然是受政治立场的影响。

苏轼也是王安石新法的反对者，并且迅速成为年轻一辈官员中最有影响力的反对派。

熙宁二年，34岁的苏轼自从陕西凤翔府签判任上回到京城之后，颇受神宗重视，而且得到司马光、韩维、张方平等大臣的交口称赞。他们多次举荐苏轼担任谏官。但是，王安石知道苏轼和自己是说不到一块去的，坚决反对任命苏轼为谏官。一番曲折之后，苏轼被任命为权开封府推官，兼任直史馆。

开封府推官主要负责开封的司法刑狱事务，是非常重要的职位，同时任务也很繁重庞杂。这一任命也被解释为王安石意图用这一繁杂的职位来困住苏轼，让他没有精力去妄议新法。不过苏轼非常胜任这一职位，不仅把各种政务都处理完毕，还腾出时间写下了抨击新法的战斗文章。

熙宁二年十二月，在青苗法的命令公布了三个月之后，苏轼就把一份万言书递到了神宗手中。

文章一开头，他就概括地提出他所想说的只有三句话："结人心，厚风俗，存纲纪。"他对富国强兵的主张进行了根本性否定，强调国家存亡的根本在于道德："国家之所以存亡者，在道德之浅深，不在乎强与弱。历数之所以长短者，在风俗之厚薄，不在乎富与贫。道德诚深，风俗诚厚，虽贫且弱，不害于长而存；道德诚浅，风俗诚薄，虽强且富，不救于短而亡。"

历史学家邓广铭先生在《北宋政治改革家王安石》一书中称苏轼所说为"离奇的话"：

苏轼这两段文章中的逻辑，实在令人难以理解：怎么一个富而强的国家反而不会享国长久，然而当时的官僚士大夫们，却极少有人对这种逻辑感到奇怪。而韩琦、文彦博、司马光、范纯仁、苏辙等先后出而持反对富国强兵意见者，却真正是实繁有徒。

苏轼所讲的符合当时很多士大夫都认可的观念，他希望皇帝能够"务崇道德而厚风俗"，不希望皇帝"急于有功而贪富强"。特别是他举出了秦和隋两个短命王朝的例子，是有说服力的："使陛下富如隋，强如秦，西取灵武，北取燕蓟，谓之有功可也，而国之长短则不在此。"

明清之际的大学者顾炎武说："当时论新法者多矣，未有若此之深切者。根本之言，人主所宜独观而三复也。"在顾炎武看来，苏轼的这篇文章，是当时所有批评新法的文章中最为深刻的，值得皇帝本人静下心来认真读三遍。

20 世纪的历史学家却很难认可苏轼对富国强兵的反对。这背后和近代以来中国知识分子价值观的巨变有很大的关系。王安石的富国强兵主张更符合近代中国人的价值观。

苏轼的主张和他对历史的理解有着密切关系。他对王安石所崇拜的商鞅非常不以为然。他说："唯商鞅变法，不顾人言，虽能骤致富强，亦能召怨天下，使其民知利而不知义，见刑而不见德。虽得天下，旋踵而失也。至于其身，亦卒不免，负罪出走，而诸侯不纳；车裂以徇，而秦人莫哀。"这种观念可以说是儒家的主流思想。在苏轼与王安石对商鞅的评价上，可以看出儒法斗争的味道。

王安石推行青苗法，将原来的台谏官几乎全部排挤出去。针对这一做法，苏轼肯定台谏的作用，他说："自建隆以来，未尝罪一言者，纵有薄责，旋即超升。许以风闻，而无官长；风采所系，不问尊卑。言及乘舆，则天子改容；事关廊庙，则宰相待罪。故仁宗之世，议者讥宰相但奉行台谏风旨而已。圣人深意，流俗岂知？台谏固未必皆贤，所言亦未必皆是，然须养其锐气，而借之重权者，岂徒然哉？将以折奸臣之萌，而救内重之弊也。"这段文字是对宋代台谏精神的最佳阐述。

不同于当时很多人直接指责王安石是奸臣，苏轼说现在法令严密，朝廷清明，所谓奸臣，万无此理。但是，"养猫以去鼠，不可以无鼠而养不捕之猫；蓄狗以防奸，不可以无奸而蓄不吠之狗"。养猫养狗的比喻是为了说明台谏锐气的重要性，如果一贯打压台谏，最后就会出现奸臣。他希望神宗能够理解祖宗设立台谏之职的深意。

万言书中，青苗法是苏轼批判的一个重点。苏轼首先针对的就是青苗法中"抑配"问题。苏轼先不明说现在青苗法推行中存在抑配的问题。当时虽然很多官员批评说青苗法中有抑配，但是王安石并不承认。神宗也曾派人去调查，对于到底有没有抑配，神宗的心里还没有明确的答案。

苏轼的言说策略是诉诸未来。他说现在青苗放贷虽然明确规定了"不许抑配"，可是数世之后的暴君污吏也不会抑配吗？陛下能够保证这一点吗？到时候天下都痛恨青苗法，国史上就会记载青苗钱是从陛下开始的，那不是很遗憾的事情吗？

这里展现出苏轼作为史官的自觉意识。历史是约束帝王行为的有力武器。苏辙曾经写过一篇《史官助赏罚论》，他认为"域中有三权：曰天，曰君，曰史官"，"盖史官之权，与天与君之权均，大抵三者更相助，以无遗天下之是非"。苏辙把史官之权与君主之权对等起来。对于史权的重视和运用，可以说是苏学的一大特色。

对于朝廷存在不守信用的倾向，苏轼深有体会。有许多现成的事例说明政府之前的规章现今已经失灵。苏轼说："东南买绢，本用见钱，陕西粮草，不许折兑。"朝廷对此有明确的著令，而且有"职司又每举行"，可是实际呢，"买绢未尝不折盐，粮草未尝不折钞"。以此类推，青苗钱不许抑配的规定，"亦是空文"，无法落实。他还以治平初年朝廷在陕西选义勇为例，当时朝廷的诏旨是"永不戍边"，朝廷的承诺"著在简书，有如盟约"，但是才过了没几天，义勇运粮戍边就成了常态。

苏轼还认为，如果皇帝想通过问人的方法获取真相，最后一定听不到真话。因为现在大家都知道皇帝是想力行青苗法，被问到的人一定会说青苗法有利无害。苏轼以自己在陕西的经历来证明，在陕西选义勇的时候，他曾经亲身到各县去进行管理工作，看到的情况是"愁怨之民，哭声振野"。

而当时奉皇帝的命令出使之后还朝的人，都说老百姓都是乐意此事的。苏轼点破了官场潜规则："希合取容，自古如此。"不然的话，秦二世为何不知道山东盗起，唐明皇为何不知道南诏兵败呢！

接着，苏轼退一步讲话：纵然"不许抑配"的法令得到了坚决地贯彻执行，没有出现抑配的情况，那些自愿借贷青苗钱的，一定是穷得无依无靠的人（孤贫不济之人），但凡家中有点余粮的，不会去和官府交易。这些穷人拿了贷款，到时候还不上，必然是一顿鞭挞，接下来就要逃亡，逃亡之后，他们留下的债务就会均摊给邻保。势有必至，理有固然。

最后，苏轼又比较常平旧法和青苗新法。他认为常平法是非常完备的，简约而有效。假定有一个万户的县邑，有一千斛的粮食，当谷价昂贵的时候，把这一千斛的粮食投入市场，粮价就会平稳下来，一县的百姓均可以自足，而且操作起来非常简便（"无操瓢乞丐之弊，无里正催驱之劳"）。现如今变为青苗法，每户贷一斛，只能贷一千户，一千户之外还有九千户，谁来拯救其中的饥民？常平仓的储蓄就是这么多，旧法、新法势不两立，行青苗法就是破坏常平旧法，官府有损失，百姓无好处，到时候后悔也来不及了。（"且常平官钱，常患其少，若尽数收籴，则无借贷；若留充借贷，则所籴几何？乃知常平、青苗，其势不能两立。坏彼成法，所丧愈多。亏官害民，虽悔何逮？"）

苏轼对王安石的反对堪称急先锋，他的第一篇万言书是全面反对王安石新法中最为系统的一篇文章。其他人的文章，如吕诲，主要是攻击王安石的道德，说王安石如何奸诈，或者就具体的事务进行批评，如设置条例司或者颁行青苗法。苏轼则从治国理政的原则出发，结合具体的政策，以点带面，文笔纵横，气势磅礴，有感染力。因此苏轼迅速成了反新法阵营中的一名健将。

熙宁三年三月，也就是韩琦上书论青苗法之后，苏轼《再上皇帝书》中，开篇痛斥新法："立条例司，遣青苗使，敛助役钱，行均输法，四海骚动，行路怨咨。"

苏轼把先在三路试行青苗法比作医生用毒药。"以人之死生，试其未效之方，三路之民，岂非陛下赤子，而可试以毒药乎！"他认为："今日之政，小用则小败，大用则大败，若力行而不已，则乱亡随之。"

苏轼又提出了青苗法"抑配"这个问题，他说现在就不该禁止抑配："陛下以为青苗抑配果可禁乎？不惟不可禁，乃不当禁也。何以言之？若此钱放而不收，则州县官吏，不免责罚。若此钱果不抑配，则愿请之户，后必难收索。前有抑配之禁，后有失陷之罚，为陛下官吏，不亦难乎！故臣以为既行青苗钱，则不当禁抑配，其势然也。"

这个看似矛盾的表达是什么意思呢？苏轼认为，富户不差钱，也不愿意借；贫民需要钱，借了之后却还不上。对于官吏来说，如果不抑配，就只能贷给穷人，其结果是收不回来，要受责罚。给陛下当官，是非常难的。所以苏轼正话反说，讥刺的意味非常鲜明。

　　苏轼的言行让司马光非常钦佩，他后来感叹说自己"勇绝不如苏轼"，说苏轼是疏远小臣，但是"乃敢不避陛下雷霆之威，安石虎狼之怒，上书对策，指陈得失，黥官获谴，无所顾虑"。

青苗诗成为苏轼妄议
朝政的罪证

苏轼的言行激怒了王安石。

熙宁三年八月，王安石的姻亲、御史谢景温弹劾苏轼，他利用风闻言事的权力，表示听说苏轼干过贩私盐的勾当，时间是五年之前苏轼往来京城与四川之间的时候。

御史台随即启动调查，最后查无其事。但是这件事闹得沸沸扬扬，苏轼的名誉受到重大打击，而且神宗对苏轼的印象变得极坏。

在此背景下苏轼离开了朝廷，出任杭州通判。杭州是东南的文化、商业中心，出版业非常发达，印刷术在北宋时代已经相当成熟。出版商把苏轼在杭州任上写的诗收集起来出版了《苏子瞻学士钱塘集》，迅速成了畅销书，吸粉无数，销量惊人，很快就断了货，于是书商又迅速推出了增订版。

畅销书给苏轼带来的不是幸运，而是灾难。因为真正的诗歌写作是危险的。作为诗人的苏轼，一直秉持"以诗托讽""诗可以怨"的理念，以诗作反映现实，针砭时弊。

这本是中国诗歌的伟大传统，比如诗圣杜甫，写下了"三吏三别"，都是反映民生疾苦、官府苛暴的不朽经典。《石壕吏》中写"吏呼一何怒，妇啼一何苦"，把当时官民矛盾展示得淋漓尽致。幸运的是，石壕吏没有控告杜甫是在恶毒攻击国家的征兵政策，也没有说杜甫散布谣言，把老妇人自愿为"咱们的军队"做饭说成是被迫到军中服苦役。杜甫之所以能被誉为"诗圣"，是因为他的诗中包含着这种对底层人民的强烈而伟大的同情心。

在杭州通判、密州知州、徐州知州任上，作为地方官的苏轼不得不推行新法，但在内心里始终对新法怀抗拒之心，这种心态上的抗拒，在诗文之中难以掩藏，"内心还有以前的忧伤"，林语堂把苏轼这一时期的诗作称为"抗暴诗"。

元丰二年三月，苏轼被任命为湖州知州。苏轼在《知湖州谢上表》中写了这样的话：

> 知其愚不适时，难以追陪新进；
> 察其老不生事，或能牧养小民。

所谓"新进"，正是王安石变法推行以后新提拔的官员。苏轼说自己太"愚"，不能追着陪这些"新进"一起玩。这让"新进"们看了，心里自然是不高兴的。于是从这年七月开始，御史们先后上了几道杀气腾腾的札子。

何正臣针对《知湖州谢上表》借题发挥,说苏轼愚弄朝廷,妄自尊大,应该大明诛赏,以示天下。

舒亶说自从陛下美新法度以来,异论人士固然不少,但是没有像苏轼这样包藏祸心、怨望其上、讪讟谩骂,而无复人臣之节者。他说苏轼指斥乘舆,大不恭。指斥乘舆,就是通常所说的骂皇帝,大不恭(也称大不敬)属于十恶之一,要杀头的。舒亶还把苏轼的诗集一起呈上。

御史中丞李定更是把古今第一才子苏轼贬得一文不值,说他"初无学术,滥得时名,偶中异科,遂叨儒馆",而且列举了他恶贯满盈的四项罪状:

> 轼初腾沮毁之论,陛下犹置之不问,容其改过,轼怙终不悔,其恶已著,一也。
>
> 陛下所以俟轼者,可谓尽矣,而狂悖之语日闻,二也。
>
> 轼所为文辞,虽不中理,亦足以鼓动流俗,所谓言伪而辨;当官侮慢,不循陛下之法,操心顽愎不服陛下之化,所谓行伪而坚;先王之法所当首诛,三也。
>
> 轼读史传,非不知事君有礼,讪上有诛,而敢肆其愤心,公为诋訾,而又应制举对策,即己有厌弊更法之意,及陛下修明政事,怨不用己,遂一切毁之,以为非是,四也。

四条罪状的核心是苏轼为臣不忠。最后李定说："罪有四可废，而尚容于职位，伤教乱俗，莫甚于此。伏望断自天衷，特行典宪。"他的口吻倒是和王安石当年的口吻非常相似，不愧为王安石的优秀弟子。

按照这些人的说法，苏轼是非死不可了。其实，这些人的出场可以说是注定要扮演小丑角色的，他们之所以得意扬扬、自以为是，根本上讲是因为太缺少文化了，完全不懂得"蚍蜉撼大树，可笑不自量"的道理。就算他们的计谋得逞，苏轼被他们弄死在狱中，他们也必然背负万世骂名，难逃历史的指责。他们无法理解苏轼的文化地位，对他们自己的历史位置也太缺乏自知之明了。

不过，历朝历代都有这样的人物，即便在当下，不也是有很多类似的丑角么？每一代的学术大师、文化巨匠似乎总是无法避免遭受当时一些文坛地痞、学界小丑的毁谤攻击。如果说有些人注定要写入文化史，那么也有些人注定要被刻上耻辱柱。

苏轼在湖州被当场逮捕，"顷刻之间，拉一太守，如驱犬鸡"，最后丢进了御史台的大狱之中。御史台被称为"乌台"，犯罪的主要依据是苏轼作的诗，所以称之为"乌台诗案"。

舒亶举出的第一首诗便是攻击青苗法的《山村五绝》中的第四首。《山村五绝》是苏轼于熙宁六年 (1073) 正月察访富阳、新城等地之后写的一组反映民情的诗作，第四首写道：

杖藜裹饭去匆匆，过眼青钱转手空。

赢得儿童语音好，一年强半在城中。

审案的御史认为："盖陛下发钱以业贫民，则曰：'赢得儿童语音好，一年强半在城中'……""乡村之人，一年两度夏秋税，又数度请纳和预买钱……因此庄家幼小子弟，多在城市不著次第，但学得城中语音而已。以讥讽朝廷新法青苗、助役不便也。"

前两句说农家子弟匆匆忙忙去领取青苗贷款，在城市里吃喝玩乐，转一个圈就花个精光，只得两手空空而归。后两句说一年之中领钱纳税，连续不断，农家子弟就要常常住宿城中，消耗盘费，耽误农时，唯一的是学得几句城里人的腔调而已，丝毫起不到改善农民生活的作用。苏轼后来的奏状中说："每见散青苗钱。则县中酒库暴增，乡民有徒手而归者，可为流涕。"说的也是这个意思。

老实说，苏轼这首讽刺青苗法的诗写得并不高明。固然老百姓中有个别人毫无远见，只顾眼前利益，贷到钱就去换酒喝，还不上款就被官府鞭笞。这样的酒鬼当然是有的，但以此来否定青苗法，算不得深刻见解。这其中自然有士大夫的偏见包含其中，农民被视作非理性的。这和今天一些反对土地归农民的论调非常相似，有的人认为土地千万不能交给农民，一旦交给农民，农民就会把土地卖掉换酒喝，最后就老无所依，成为国家负担。土地能不能归农民所有，自然可以有更深入的讨论，但这种否定农民经济理性的思路是不足取的。

苏轼作为士大夫，有着强烈的"牧民"意识，他曾经写道："夫治民如牧羊然，视其后者而鞭之。"对于官僚来说，这样一种意识可谓是根深蒂固。

苏轼讽刺新法的诗作还有《吴中田妇叹》，是他在熙宁五年 (1072) 十二月赴湖州调研堤岸利害之后写成的。诗中写道：

今年粳稻熟苦迟，庶见霜风来几时。

霜风来时雨如泻，杷头出菌镰生衣。

眼枯泪尽雨不尽，忍见黄穗卧青泥！

茅苫一月垅上宿，天晴获稻随车归。

汗流肩赪载入市，价贱乞与如糠粞。

卖牛纳税拆屋炊，虑浅不及明年饥。

官今要钱不要米，西北万里招羌儿。

龚黄满朝人更苦，不如却作河伯妇！

苏轼借用农家妇女的口气，倾诉江南农民同时遭受天灾和人祸的双重苦难。

御史们说苏轼在诗中毁谤新法，确实是证据确凿。入狱之后的苏轼害怕极了，他觉得自己死定了。苏轼为什么会这样想呢？人们常说宋朝如何宽松，有着"不杀士大夫"的祖训，苏轼不过是被人抓住写了几首不合时宜的诗，而且他也不是胆小怕事之辈，有着旷达豪放的人格，为何此时会认为自己会被处死呢？

其实今人盛传的宋太祖留下不杀士大夫的祖训，苏轼是完全不知道的，当时也没有人知道，只不过是后来的士人制造的一个神话。武夫出身的赵匡胤对于文臣没有那么高的待遇和觉悟。

这时候苏轼赶上的确实是一个恐怖时刻。熙宁之初就已经诏狱不断，赵世居案宋神宗更是大开杀戒，把一个有点行迹的案子坐实为谋反大案，一人遭赐死，三人遭凌迟，三人遭腰斩，几十人受到株连。元丰时期，神宗独断乾纲，杀伐之气较之于熙宁时期更重。军队中不少将领也出于战争失利或者其他原因被处决。

依靠办案上位的副宰相蔡确，在知谏院和御史中丞的位子上，正是把一些可大可小的案子往着大案的方向去办，赢得了神宗的赏识才能节节高升。意图谋害苏轼的"小人"不过是看准了风向。蔡确的继任者李定、舒亶等人，正是沿着蔡确的路子希望在仕途上踏步前进。他们刚刚办结的太学诏狱，株连了数百人，审讯的时候动用酷刑，监狱里的惨叫声让外人听了都战栗不已，最后一大批官员丢官受罚遭贬流放，就连参知政事元绛也被罢了。

落到李定、舒亶这些人手里，苏轼可以说是在劫难逃。入狱之后的苏轼，自然是少不了一次次的辱骂与毒打。同在狱中一墙之隔的苏颂，后来有诗说："遥怜北户吴兴守，诟辱通宵不忍闻。"吴兴即是湖州，吴兴守即是湖州知州。

苏轼在狱中没日没夜地受折磨，最后对自己的罪状一一招认。而和苏轼一起诗歌唱和的朋友，很多都被牵连进去。这正是御史们要的结果。案子越大，他们的成就就越大，功劳就越大。

苏轼写了几首歪诗，往小了说不过是微讽时事，有俾治道，不仅不是罪过，反而显示出治世气象和仁主胸襟，但要往大了说，那就是指斥乘舆、讪谤朝政，犯了十恶不赦的大罪，真的是要掉脑袋的。

在讽谏与诽谤之间，并没有一条明确的界限。如果说有的话，那就是动机。讽谏是善意的批评，诽谤是恶意的攻击。苏轼的诗作既可以解释为善意的批评，也可以解释为恶毒的攻击。一个人内心深处的动机，外人是根本没有办法做出客观判断的，关键在于，判案的人如何看待苏轼，更进一步说，在皇帝的心里苏轼究竟算是忠臣还是奸臣？

苏轼何罪，独以名太高耳！因诗入狱，这是盛名给苏轼带来的困局。但是，正因为名太高，神宗在做出最后判决的时候，不得不有所考虑。

王安石的弟弟王安礼向神宗进言道："自古大度之君，不以言论罪人。苏轼自恃才高，一旦示法，恐后世以为不能容人。愿陛下宽大为怀。"

章惇说："仁宗皇帝得轼，以为一代之宝，今反置在图圄，臣恐后世以谓陛下听谀言而恶讦直也。"

这两位大臣的态度，对于苏轼的命运是有着很大影响的。

最后神宗给苏轼的罪名是"讪谤国政""妖言惑众"，并宽大地给了他改过自新的机会，而把他安置（类同软禁）在黄州，目的是"以励风俗"。这对于一直强调"厚风俗"的苏轼绝对是个讽刺！

因为乌台诗案，苏轼还连累了司马光。王安石第二次罢相后，新党主要忧虑的是司马光会被从其退隐之地洛阳重新召还回朝。美国的宋史学者蔡涵墨推测："可能正是为了防止司马光东山再起，所以才弄出这么个针对苏轼的案子。"这恐怕有点夸大其词。

乌台诗案中有关于苏轼的诗《司马光独乐园》的一段供词，正是作为苏轼支持司马光还朝的证据。诗中写道："先生独何事，四方望陶冶。儿童诵君实，走卒知司马。抚掌笑先生，年来效喑哑。"

苏轼供状中说："四海苍生，望司马执政。陶冶天下，以讥讽见在执政，不得其人。又言儿童走卒，皆知姓字，终当进用。司马光字君实，曾言新法不便，与轼意合，既言终当进用，亦是讥讽朝廷。新法不便，终当用司马光，光却喑哑不言，意望依前攻击。"喑哑，就是不能说话的哑巴。

就诗的本来意思，苏轼并没有埋怨司马光沉默不言，他深深地理解司马光"独乐"的无奈。但是在审讯逼迫之下，苏轼不得不说自己的意思是希望司马光能出来攻击新法。先

苏轼《黄州寒食帖》

北宋书法家以"苏黄米蔡"最为杰出，苏是苏轼，黄是黄庭坚，米是米芾，蔡是蔡京。《黄州寒食帖》是苏轼行书的代表作，现藏于台北故宫博物院，内容是苏轼在被贬黄州第三年的寒食节所作的二首五言诗：

自我来黄州，已过三寒食。年年欲惜春，春去不容惜。今年又苦雨，两月秋萧瑟。卧闻海棠花，泥污燕支雪。暗中偷负去，夜半真有力，何殊病少年，病起须已白。

春江欲入户，雨势来不已。小屋如渔舟，濛濛水云里。空庖煮寒菜，破灶烧湿苇。那知是寒食，但见乌衔纸。君门深九重，坟墓在万里。也拟哭途穷，死灰吹不起。

前他对富弼是有这样的想法，但此一时彼一时，此时的司马光也是政治失意之人，情势的变化苏轼非常清楚，他在诗中那种深沉的情感是御史台的官员们不愿去理会的，他们只会简单粗暴地把这首诗解释为苏轼在为司马光再次出山制造舆论。

最后司马光也被罚铜20斤。要说乌台诗案是针对司马光，那也实在是太迂回了，司马光只是附带被牵连进去的。与苏轼、司马光一起受罚的还有20多人。

　　苏轼因反对新法而入狱，有意思的是，几年之后，闲居的王安石和遭贬的苏轼倒是和好了。元丰七年（1084），二人钟山相会，他们谈诗论文，相得甚欢。据说他们之间有过这样一段对话：

　　王安石说："人应当是知道，做一点不义的事情、杀一个无辜的生命，哪怕能够得到天下，也不会这么干，这样才是正人君子。"

　　苏轼开玩笑地说："当今之君子，为了争减半年磨勘，虽杀人亦为之。"

　　王安石听了，笑而不言。

　　这段话可以说是耐人寻味的。"争减半年磨勘，虽杀人亦为之"的当朝君子，在变法大潮兴起之后，不是比比皆是么？

赵孟頫《东坡小像》

赵孟頫（1254—1322）本是宋代宗室，入元以后曾任翰林学士。他是元朝伟大的艺术家，所绘《东坡小像》颇得苏轼神韵。

　　有人认为苏轼是个中间派，或者说是一个动摇派，是个自相矛盾的人，或者说是爱唱反调的人。在王安石当权的时候反对王安石，在司马光当权的时候反对司马光。在苏轼的主张中，确实有过变化，甚至是前后矛盾。不过，有一点始终不变的是，苏轼是反对青苗法立场最坚定的人。

　　苏轼不是一个明哲保身的人，他有着自己的鲜明立场，他在给朋友的信中写道："昔之君子，惟荆（王安石）是师。今之君子，惟温（司马光）是随。所随不同，其为随一也。老弟与温，相知至深，然多不随耳。"

　　元祐元年，在司马光的举荐下，苏轼回到朝廷，并被任命为中书舍人。这年六月，资政殿大学士吕惠卿落职，分司南京。台谏官认为处置过轻，太皇太后高氏十分厌恶吕惠卿，颁下手诏说："惠卿罪恶贯盈，虽已施行，而台谏纠弹不已，难居善地，可串逐一远小处，以允公议。"吕惠卿随即被责授建宁军节度副使，本州安置，不得签署公事。

在给吕惠卿的责授制书中，苏轼直抒胸臆，痛快淋漓地揭批吕惠卿的恶行，毫不留情地斥责新法。其文如下：

凶人在位，民不奠居。司寇失刑，士有异论。稍正滔天之罪，永为垂世之规。

吕惠卿以斗筲之才，挟穿窬之知，诣事宰辅，同升庙堂，乐祸而贪功，好兵而喜杀，以聚敛为仁义，以法律为诗书，首建青苗，次行助役，均输之政，自同商贾，手实之祸，下及鸡豚。苟可蠹国以害民，率皆攘臂而称首。

先皇帝求贤如不及，从善如转圜，始以帝尧之心，姑试伯鲧；终焉孔子之圣，不信宰予。发其宿奸，谪之辅郡，尚宜改过，稍畀重权，复陈罔上之言，继有砀山之贬。反覆教戒，恶心不悛，躁轻矫诬，德音犹在。始与知己共其欺君，喜则摩足以相欢，怒则反目以相噬，连起大狱，发其私书，党与交攻，几半天下，奸赃狼藉，纵横江东。

至其复用之年，始倡西戎之隙，妄出新意，变乱旧章，力引狂生之谋，驯致永乐之祸。兴言及此，流涕何追！

迨予践祚之初，首发安边之诏，假我号令，成汝诈谋，不图涣汗之文，止为款贼之具，迷国不道，从古罕闻，尚宽两观之诛，薄示三危之窜，国有常典，朕不敢私。

苏轼在文中痛骂吕惠卿，此文堪称当时天下第一爽文，把旧党心中的愤恨都宣泄了出来，京城之人争相阅诵。这篇文章也是第一次明确地宣告了朝廷对新法的彻底否定。

据说贬谪吕惠卿的旨意出来，词头始下，本来该刘攽草制。苏轼大声说："贡父平生作刽子，今日才斩人也。"可是，刘攽有点犯难，匆忙引疾而出。苏轼拿起笔，一挥而就，不日传遍京城，一时间开封纸贵。之后苏轼还对人说："三十年作刽子，今日方剐得一个有肉汉。"得意之情，溢于言表。

这年八月，因为朝廷复行青苗法，司马光上札子强调不许抑配。获批之后，由苏轼草诏，但苏轼不肯录黄（具体过程详见下一章）。他再次上书，对青苗法进行猛烈的攻击，他把青苗法比作用药，明明药毫无效果，换个汤有何意义？（"青苗一事，乃独因旧稍加损益，欲行紾臂徐徐、月攘一鸡之道。如人服药，病日益增，体日益羸，饮食日益减，而终不言此药不可服。但损其分剂，变其汤使而服之，可乎？"）

他认为青苗法不仅仅只有抑配问题，哪怕不抑配，也还是有很多问题。农民之家都是量入为出，节衣缩食，虽然贫困，但也还过得去，倘若让他们分外得钱，那么花费自然就多了，而一些不肖子弟，欺谩父兄，冒用他人的名义请贷青苗钱，这就不是抑配的问题了。以前还有仓法，给纳之际，十费二三，现在仓法废除了，仓吏没有正式工资，就会索要贿赂，十费五六是必然之势。

苏轼说："二十年间，因欠青苗至卖田宅雇妻女投水自缗者，不可胜数，朝廷忍复行之欤！"他强调要藏富于民，针对有人提出行青苗以增加边防费用的说法，苏轼斥之为"小人之邪说"，他说："仁宗之世，西师不解，盖十有余年，不行青苗有何妨阙？"而且现在，"清心省事，不求边功，数年之后，帑廪自溢，有何危急？"

最后，司马光也接受了苏轼的建议，废除了青苗法。

绍圣元年（1094）后，新党上台，苏轼则再次被贬。先是被贬到英州，还没到又被贬到惠州，后被贬到雷州，最后又被贬到海南岛上的儋州。身处逆境，受到各种迫害。但他处之泰然，不改初心。他在一首词中说："问汝平生功业，黄州惠州儋州。"在这三个被贬的地方，他活得安逸坦然。

自绍圣以后，苏轼早就已经远离了政治中心，但他并不能忘情于政治。就像复旦大学中文系朱刚教授所说的那样，"遭遇过乌台诗案的苏轼反复地表示要慎言避祸，但作为诗人的他还是要继续写诗"。在惠州的时候，苏轼写下了《荔枝叹》：

十里一置飞尘灰，五里一堠兵火催。颠坑仆谷相枕藉，知是荔枝龙眼来。

苏轼书法《与民师书》

《与民师书》是苏轼晚年的书法作品，藏于上海博物馆。元符三年（1100）五月，苏轼从儋州北返，九月过广州。谢民师是江西人，元丰八年进士，曾任广东推官，对苏轼十分崇拜。他以诗文求教，二人相处甚洽。此卷为苏轼离开广州之后写给民师的第二封信，信中表达了他的文学见解，其中"行云流水"之说最受后世重视。

飞车跨山鹘横海，风枝露叶如新采。宫中美人一破颜，惊尘溅血流千载。

永元荔枝来交州，天宝岁贡取之涪。至今欲食林甫肉，无人举觞酹伯游。

我愿天公怜赤子，莫生尤物为疮痏。雨顺风调百谷登，民不饥寒为上瑞。

君不见，武夷溪边粟粒芽，前丁后蔡相宠加。争新买宠各出意，今年斗品充官茶。

吾君所乏岂此物？致养口体何陋耶！洛阳相君忠孝家，可怜亦进姚黄花。

这篇《荔枝叹》虽然不及《惠州一绝》中所写的"日啖荔枝三百颗，不辞长作岭南人"那样脍炙人口，但其中所表达的意涵更为深沉，"我愿天公怜赤子"的同情心喷薄而出。他无法真正归隐山林，无法做到不去忧虑国计民生，始终不改以诗为剑的本色。

元符三年（1100）二月，苏轼从儋州的秀才黎子云那里听到了一个老者的故事。

这位老者住在儋州城北大约15里的唐村，唐村有一位70多岁的老人叫允从。允从问黎子云说："宰相为什么要收青苗钱来整我们？对官府有好处吗？"

黎子云回答说："朝廷忧虑民间贫富不均，富人只交百分之十的税，所以越来越富有；而穷人借贷要付一倍的利息，以至于卖儿卖女都还不上，所以才推行这项政策来实现均平。"

允从听了，一笑，说："贫富不均，自古以来就是这样。

即便是老天爷也不能做到让天下人都齐平，你还让他们齐平吗？老百姓有的穷有的富，就像器物有的厚有的薄一样。你想把厚的磨成和薄的一样，结果厚的还没有磨到，薄的就已经破洞了。"（"贫富之不齐，自古已然，虽天公不能齐也，子欲齐之乎？民之有贫富，由器用之有厚薄也。子欲磨其厚，等其薄；厚者未动，而薄者先穴矣！"）

听完黎子云讲述的老者之言，苏轼评论道："背着柴能谈治国理政的王道，说的正是允从这样的人啊！"（"负薪能谈王道，正谓允从辈耶！"）

他把这件事记在了《东坡志林》之中，题目叫作《唐村老人言》。这位 70 多岁老者所说的，正是苏轼想说的。此时的苏轼，其实也是一位饱经风霜的老者了。

第二年，也就是建中靖国元年（1101），徽宗初即位，放宽了对元祐党人的监管，苏轼得以北归，但此时他已经时日无多，在这一年七月病逝于常州，享年 66 岁。

从 34 岁那年青苗法推行伊始，苏轼就是坚定的反对者，他把这种反对立场坚持到了生命的最后岁月，尽管因此一生坎坷，但正如孔子所说："求仁而得仁，又何怨？"

林语堂在《苏东坡传》中的结尾写道："苏东坡已死，他的名字只是一个记忆。但是他留给我们的，是他那心灵的喜悦，是他那思想的快乐，这才是万古不朽的。"

第七章

废除青苗

司马光的最后一战

京口瓜洲一水间，钟山只隔数重山。

春风又绿江南岸，明月何时照我还？

——王安石《泊船瓜洲》

自新法推行以后，司马光与王安石的关系变成了"冰炭不可同器"。虽然两个人的态度是水火不容，但二人的倔强个性异常相似，他们都是战斗风格极为鲜明的政治家。

如果说王安石是"力战天下之人，与之一决胜负"，那么司马光则是在生命的最后时光里，力战到最后一口气，将他的政治能量发挥到了极致。

自熙宁四年（1071）到了洛阳以后，对于新法，十几年间，只有熙宁七年那一回，司马光应诏言朝政阙失，对新法痛加指责。其他时间他很少对时政公开发言，如同苏轼所说"年来效暗哑"。

到元丰五年（1082）的秋天，64 岁的司马光感觉身体有恙，担心自己突发重病，于是怀着无比沉痛的心情，写下了一封《遗表》。这是他想留给皇帝的遗书，情感真挚，言辞激烈，

太皇太后高氏像

高氏（1032—1093）为英宗皇后，出身名门，母亲为宋朝开国功臣曹彬的后人，父系也是功勋之家。高氏对司马光十分信赖，几乎是言听计从。高氏垂帘听政前后九年，被誉为"女中尧舜"。

直待临终之际，委托范纯仁与范祖禹呈给神宗。

在《遗表》中，司马光表达了自己深沉的忠君忧国之心，并痛斥王安石新法祸害天下，而其中最为病民伤国是青苗、免役、保甲和市易，导致百姓困穷无告，国家危若累卵。他希望神宗能够"悔既往之失，收将来之福"，将青苗、免役、保甲、市易诸法废去，斥退聚敛之臣，重建公序良俗，那么他也能够在九泉之下瞑目。

司马光的《遗表》最终没能呈上去。元丰八年(1085)三月，38岁的宋神宗突然去世。年仅9岁的哲宗赵煦登基，他的祖母太皇太后高氏垂帘听政。

一时之间，风向大变。

司马光到京城去奔丧，上殿的时候卫士看到他，兴奋地把手放在额头上说："此司马相公也！"

开封城的老百姓听说司马光来了，蜂拥着跑过来围观，大声喊着："老先生不要回洛阳了，留下来辅佐天子，拯救黎民百姓吧！"

司马光到宰相府里去拜会，市民们有的爬树，有的攀上屋顶，宰相府的卫卒驱赶围观者，市民们讥讽地说："又不是要看你们家相爷，我们是要一堵司马相公的风采！"结果屋顶上的瓦被踩碎了，树枝也被折断了。

司马光成了老百姓心目中的大救星，是"相天子，活百姓"的不二人选。

北宋王朝的历史，瞬间进入了"司马光时代"。

司马光像

朱熹《司马温公像赞》道：

笃学力行，清修苦节。

有德有言，有功有烈。

深衣大带，张拱徐趋。

遗象凛然，可肃薄夫。

对于离朝十五载的司马光来说，这种至高无比的人望是如何获得的呢？

显然这不是因为他的政绩。虽然司马光为政也多有可称道之处，但那已经是 15 年前的事情了。

这也不是因为他的史学巨著《资治通鉴》。司马光在元丰七年才把这部巨著完成，此时还没有刻版印刷，没有几个人见到过，更何况对于普通百姓来说，这样的大部头史书，无缘相见，也没有兴趣。

真正的原因在于，这些年大家过得太压抑了。开封城里新法官吏的豪横，新法政策的盘剥，巡逻士卒的嚣张，敢怒不敢言的气氛，在神宗死后急需一个释放的空间。

人们不会忘记，当年司马光只因反对青苗法，毅然舍弃了枢密副使的位子。司马光的反对立场最为坚决，始终是反新法的一面大旗。

司马光的出山给当时的人们带来了一种新的希望。

司马光砸缸救人的故事，人们早就口耳相传。儿童故事表现的不仅仅是小司马光的机智，还有着救焚拯溺的深刻寓意。此时此刻，这个故事再度鲜活起来，在京洛之间，"司马光砸缸"（准确地说，应该是"司马光击瓮"，瓮是收口，缸是敞口）的图画在人们手中流传，充溢着人们对于司马光救民于水火的期待。

南宋的状元郎王十朋在一首诗中写道：

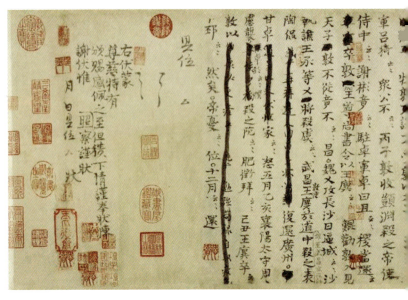

司马光《资治通鉴残稿》

司马光认为，"治乱之原，古今同体"，历史对于现实政治有着重要的鉴戒作用，所以应当"鉴前世之兴衰，考当今之得失"。《资治通鉴》共294卷，起周威烈王二十三年（前403），终后周显德六年（959），共计1362年的历史，是一部编年体通史巨著。《资治通鉴残稿》是司马光手稿，仅存400多字，十分珍贵，字迹规整，可见严谨作风。现藏于中国国家图书馆，为绝世珍宝。

　　　　君不见温公年方髫龀时，奋然击瓮活小儿，至今遗事在图画，活人手段良可奇。

　　人们关注的重点是司马光有令人惊奇的"活人手段"。

　　新法，就是司马光现在要砸破的那口大缸。

　　司马光在这年五月出任门下侍郎，着手进行废除新法的工作。新法，不仅仅是一系列的政策，还有相应的意识形态和组织人事，是一套完整的体制。要打破这口大缸，可没那么容易。

司马光的策略是：舆论、人事和政策，三管齐下。

他建议高氏下诏求直言，让人们可以自由地表达对新法的意见，为废除新法造舆论。

他还给高氏开列了一个 25 人名单，其中包括范纯仁、范祖禹、李常、刘挚、王岩叟、苏轼、苏辙等。他认为这些人在政治上是非常可靠的，希望能够将他们重用。这实际上是开启了一场夺权运动。

对于新法，司马光主张全面而迅速地废罢。

他先上了一篇《乞去新法病民伤国者疏》，措辞极为严厉，全面否定了王安石的新法。他说王安石"作青苗、免役、市易、赊贷等法，以聚敛相尚，以苛刻相驱，生此厉阶，迄今为梗"。他还全面否定了被神宗重用的那些人，说神宗朝的那些生事之臣，为了自己升官发财，惑误了先帝。

随后，他又上了一篇《请更张新法札子》，将新法比作毒药，对于误饮毒药的人来说，只能立即停止服用，而不能说每天减少一点服用量。他一再强调，新法废罢，刻不容缓。

司马光的身体状况让他不得不急。有人对司马光这种激烈的态度很是担心，他日小皇帝亲政，会不会再来一次天翻地覆？

"天若祚宋，必无此事！"司马光厉声说道。

　　司马光废除新法的工作，进行得并不顺利。

　　一是刚开始的时候，在高层司马光是比较孤立的。高层依旧是新党盘踞，三省六部、枢密院、御史台全是新党把持，他们控制着整体局势。司马光没有自己的亲信，在朝中甚至连认识的人也没有太多，毕竟他离开朝廷已经 15 年了，新上来的官员都是陌生面孔。他把散在各地的旧党人士召集回来，需要时间，也面临着阻力，一场权力争夺战在所难免。

　　二是在意识形态上，废除新法存在着很大的阻力。儒家讲究"三年无改于父之道"，现在神宗刚刚去世，哲宗就要改父亲的法，是为不孝。

　　三是旧党官员对于如何改革新法，存在明显的分歧。这种分歧突出表现在司马光和吕公著之间。

　　吕公著六月回京，七月六日出任尚书左丞，是继司马光之后第二位出任执政的旧党人物。和司马光一样，他对王安石是持全面否定态度的："自王安石秉政，变易旧法，群臣有论其非便者，则以为沮坏法度，必加废斥。自是青苗、免役之法行，而取民之财尽；保甲、保马之法行，而用民之力竭；市易、茶盐之法行，而夺民之利悉。若此之类甚众。"

但不一样的是，与司马光急切的态度相比，吕公著在改法速度上的主张要温和得多。他强调："更张之际，当须有术，不在仓卒。"对于青苗法吕公著主张在改革的基础上保留："且如青苗之法，但罢逐年比较，则官司既不邀功，百姓自免抑勒之患。"

出于这三方面的原因，司马光的主张无法立即实现。

八月八日，朝廷下了一道关于青苗法的诏令：不得抑配，不立定额。这道诏令比较符合吕公著的主张，但离司马光的目标相去甚远。这时的宰执群体仍以新党为主，蔡确、章惇等人依然大权在握。可以想见，这道诏令背后有着激烈的博弈。

司马光对此很不满意，他在九月初再次严厉批评青苗、免役、保甲、保马诸法。他说聚敛之臣，于租税之外，巧取百端，以邀功赏，青苗则强散重敛，给陈纳新。

这时候，上任不久的监察御史王岩叟上疏，旗帜鲜明地提出：

> 治乱安危，在忠邪去留之间尔。此陛下知孤忠之难

立，则特力以主之可也；知群邪之难却，则尽意以图之可也。

谁是"孤忠"？不言而喻，那就是司马光；谁是"群邪"？毫无疑问，就是蔡确、章惇等新党大臣。王岩叟虽然没有指名道姓，但非常明确地画出了一道红线，敌我之间，泾渭分明，正邪之战，在所难免。

在担任监察御史之前，王岩叟在定州安喜县当了三年的知县，他以自己的亲身经历来说明青苗法是"困民之本"，如果仅仅是不立额，那么青苗法对百姓的危害就保留了十分之八九。（"臣昨在河北为知县，奉行青苗、免役、保甲之法，亲见其害至深至悉，非若他人泛泛而知之也。如青苗，实困民之本，须尽罢之，百姓乃苏。而近日指挥，但令敛散不立额而已，则所以困民之本，十分之八九犹在。"）

王岩叟指出这些新法之所以难以废除，原因在于奸臣为了掩饰过失，巧辞强辩，欺骗误导皇帝，他们面对深不见底的积弊，做一些小动作假装在改革（"略示更张"），实际上没有改革的诚意，没有为人民服务的真心，没有太平长久之策，因此忠义之良心还被压抑着，而奸邪的伎俩还在起作用。他还说如果担心把青苗、免役都废除了之后会出现国用不足的危机，但是试问陛下，在还没有搞青苗、免役这些新法之前，为何没有国用不足的问题？

司马光特别赏识王岩叟，称赞他"进谏无隐"。在废除

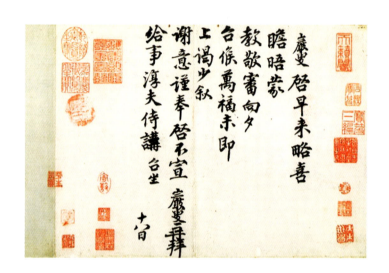

王岩叟书法《与给事淳夫侍讲札》

王岩叟（1043—1093），字彦霖，大名清平（今山东临清）人。他是才华横溢的状元郎，在乡试、省试和殿试中均为第一，被称为"三元榜首"。《与给事淳夫侍讲札》是王岩叟写给范祖禹（字淳夫）的信。

新法的行动中，王岩叟堪称是急先锋。司马光在台谏中获得了有力支持，他不再是孤军奋战，不再仅仅是精神领袖，而是实际的废法行动主导者。

王岩叟的主张也明确地宣示：废法与除奸是一体的。坚守青苗、免役和保甲这几项大法，是新党的底线，人在法在，法废人去。对于司马光的支持者来说，不除奸，无以废法；废法，必先除奸。

随着司马光举荐的人逐渐就位，旧党在朝中的势力越来越大。特别是刘挚在元丰八年九月出任侍御史，第二年二月取代新党黄履出任御史中丞，这标志着在台谏系统旧党占据了主导地位。他们成了废新法运动的生力军。

司马光向高氏和哲宗表示，现在是势均力敌的时候，希望他们能够下定决心，做出决断。台谏官也同时发动声势浩大的"驱奸"行动，集中火力对蔡确、章惇、韩缜、曾布、蔡京、蔡卞这几位新党人物进行猛攻。

最终，在元祐元年闰二月，蔡确、章惇、曾布、蔡京、蔡卞都被赶出了朝廷。新党完败，旧党完胜。按照旧党的说法，此时已经是"朝中无大奸"。

蔡确罢相之日，司马光正式拜为首相——尚书左仆射兼门下侍郎。

随后司马光上书请求罢去提举常平官，他说："提举官者，乃病民之本源也。诸路提举官州县，犹有于春首抑配青苗钱，勒百姓供情愿状。"闰二月八日，提举常平司在司马光的建议下废除，诏令中还说："提举官累年积蓄钱谷财物，尽桩作常平仓钱物，委提点刑狱交割主管，依旧常平仓法。"这就意味着恢复熙宁以前的常平旧法，依旧让提点刑狱司来管理常平仓。

青苗法终于被废除了。

悄然恢复青苗法的
幕后主使究竟是谁？

两个月后，关于青苗法的行废，再起波澜。

四月二十六日，朝廷又下了一道诏令，一开头和二月诏令说的一模一样："提举官累年积贮钱物，委提点刑狱司主之，依旧常平仓法。"但接下来说："其常平仓春秋敛散，及岁成收籴，岁饥出粜，以陈易新，与省谷交兑，及饥馑赈贷，主司并合依法推行。"这也就意味着要继续放贷青苗钱。

关于放贷的具体方式，诏令中说放贷时间在二月或者正月，仓库中的储蓄要存留一半，拿出一半放贷。最后强调"至于取人户情愿，亦不得抑配，一遵先朝本意"。

这里的诏令其实是玩了个文字游戏，把"常平旧法"解释为先朝即神宗朝之法。

四月诏令的出台过程是一个谜。据说是出自范纯仁的建议。范纯仁的理由很简单，那就是"国用不足"。青苗法每年给朝廷带来几百万贯的财政收入，一旦废去，国家经费就会受到影响。这是一个非常实在、非常坚硬的理由。当时就连年幼的小皇帝都在问，现在把新法都废了，以后国用不足怎么办？

废除新法，会导致国用不足，这绝不只是范纯仁一人的看法。王岩叟在前一年九月就提到有人以国用不足为由反对废除新法。范纯仁此时任同知枢密院事。四月诏令的出台实际上是出自三省的建言，和枢密院关系不大。本来这件事情也不该枢密院来管。倘若仅有范纯仁如此主张，青苗法断然不可能罢而复行。

这项诏令能够出台，必然要考虑当时宰执群体和太皇太后的意图。据吕本中《杂说》记载："神宗病得不能说话了，太后说，我想为你改革哪些哪些事情，一共说了二十余条，神宗都点头答应，唯独到了青苗法，再三问，始终没有回应。"这条记载透露出的一个意思是，神宗对青苗法极为看重，高氏必然要考虑到儿子生前的遗愿。而且，蔡确、章惇等人罢黜之后，高氏也不想扩大打击面，希望朝廷能够安定下来。

宰执之中，吕公著本来就主张保留青苗法，其他几位如李清臣、张璪也属于新党，自然也乐见青苗法复行。

四月诏令出台的时候，司马光因病在家中休养。五月司马光又入朝处理政务。此后两个多月里没有就青苗法发表意见。可能他认为此时提举常平官已经撤销，根本性的问题已经解决，所以他不再坚持；也有可能是因为四月诏令出自宰执的集体意见，司马光也要顾及朝廷的团结，毕竟因为役法之争，大家的分歧已经很明显了，不想再生枝节。

四月诏令招致了台谏官的集体反对，先后至少有五位言官出场，他们或者集体作战，或者单兵出击，对青苗法进行了轮番轰炸式的攻击。

首先出场的是王岩叟，此时他已经从监察御史升为左司谏。他对青苗法进行了严厉的控诉。他说青苗法无法惠养百姓，"十六年于今，但见百姓终岁皇皇，翻倒债负，不见一家有增益者"，青苗法也无法抑兼并，不仅不能抑兼并，还会助兼并，还款付息的期限到了，官府逼得紧，这个时候只能再向富家大族哀求，以更高的利息获得贷款来还青苗钱。

王岩叟提出所谓"二分之息"不是低息，因为官家的钱不是坐而可得的，各个环节杂七杂八的费用极大地推高了青苗利息。他推算，因为青苗法，一年内每一百人中就有一个人要被抽鞭子，那么一个万户的县，就有一百人要被抽鞭子。天下有多少县，全部算下来，一年之间，被抽鞭子的就有好几万人。（"臣窃度天下之为邑者，善催科，省刑罚，百人之中，岁挞一人，则万户之邑，已百人矣。天下凡几邑，总而计之，一岁之间，受鞭挞者无虑数万人矣。"）

王岩叟认为即便不用抑配的方式，现在愿请青苗钱的，都是穷得叮当响的人，是不能按时还款付息的人，贷给他们钱其实就是在害他们。他重申废除青苗不会导致国用不足，因为青苗钱从来只系封桩，未尝供常费。

王岩叟前后五次上章，但都没有回音。

王岩叟之后，五月二十九日又有上官均上书。上官均是邵武（今福建邵武）人，熙宁二年进士第二名，他在刘挚的举荐之下出任监察御史。他说："夫有惠民之名，而无惠民之实；有目前之利，而为终岁之患者，青苗是也。"他分析了为什么二分之息的青苗法会比号称倍息的民间借贷更为糟糕，因为民间私贷还款灵活，而官府放贷是在县里，"方其散也，往往利于目前之得，或轻用而妄费；及其敛也，迫于期会，必至于贱卖谷帛而苟免刑责。县邑收息，虽止于二分，及计民之费用，贱售谷帛，耗失常至于五六，其甚者破荡赀产，终身不复自振"。

上官均同时指出，青苗法的问题不仅仅在于抑配，即便是采用自愿原则，也是不可行的。在他看来，十分之六七的人出于匮乏状态，"诱之以目前之利，而陷于终岁之害，甚者贻其终身之患，此非法之善者也"。

一个月后，上官均再上一书，他认为青苗法内在的问题是无法解决的。"抑而不散，则非立法惠民之意，散而敛之，则不免于督责劳扰之弊，委曲计之，无一可者。"他说那些无知的百姓，只看到当下贷款的好处，"诱一时之利，往往侈用妄费，不图难偿之后患，迫而敛之，贱卖谷帛，破产失业者固非一二，前日之弊是也"。他肯定民间高利贷是优于青苗法的，"今若罢而不散，则无知之民无所引诱，将不敢侈用而妄费。其有吉凶缓急费用之不得已者，可以贷于豪右之家。其息虽倍于青苗，然偿之早晚多少，得以自便，非如青苗有追呼督责，道途往来之烦费，贱售谷帛之弊也。"

六月十四日，右司谏苏辙也上书反对青苗法。他的说法和上官均差不多："无知之民，急于得钱而忘后患，则虽情愿之法有不能止也。"不久之后，苏辙又上书说："今日之计，但当戒饬天下守令，使之安集小民，若能稍免水旱之灾，复无流亡之患，则安靖之功，数年自见，谷帛丰羡，将不可胜用，何至复行青苗，以与民争利也哉？"

六月十八日又有王觌上书。王觌是泰州如皋（今江苏如皋）人，嘉祐四年进士，是在吕公著、范纯仁的举荐下出任右正言。他也认为即便不立额也不抑配，青苗法还是会害民，其理由也是贫下无知之人请贷积极，等到还款付息的时候还不上，免不了官府的鞭笞，严重的会造成家庭破产，卖儿卖女。

最后出场的是御史台长刘挚。在当御史中丞的几个月里，刘挚"正色弹劾，多所贬黜，百僚敬惮，时人以比包拯、吕晦"，成为旧党之中的狠角色。

六月二十六日，刘挚批评朝廷在青苗法的问题上"命令反复，天下失望"。他的攻击重点是吕惠卿的责降制词已经明确指出"首建青苗"是吕惠卿之罪，现在又复行青苗，朝廷的诏令自相矛盾："青苗之法可行，则难指以为建议之罪，知建议者可罪，则青苗之法不当行，二者不可并立也。"

七月二十一日，刘挚又表达了相近的意思，最后主张用今年二月诏令，"应常平事，并依旧法施行"，并且要求特别

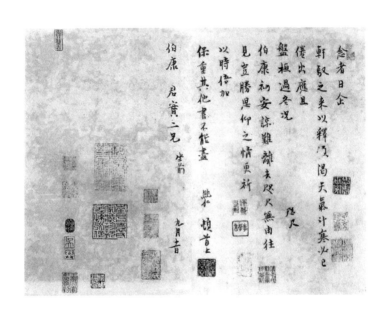

范纯仁《致伯康君实尺牍》

范纯仁《致伯康君实尺牍》，又称《轩驭帖》，其前半部分即《资治通鉴残稿》中涂抹部分，后半部分即上图，现藏于台北故宫博物院。伯康即司马光兄长司马旦，君实即司马光，司马旦与范纯仁为儿女亲家，当时司马旦生病，范纯仁写信问疾。

申明说"旧法"是"嘉祐旧法"。

　　这一轮台谏官的轮番轰炸，火力非常猛，但是议论的水平并不高，特别是都集中以"无知之民"作为立论主体，说服力显然不够。因为即便是普通农民，面对青苗放贷，不知利害地去借贷的，终归是少数。但是当时的官僚体制之下，士大夫的普遍倾向是百姓无知，所以虽不合理，却非常有言论市场。

司马光怒斥「奸邪」促成青苗法彻底废除

四月诏令出台以后，虽然有台谏官的轮番轰炸，但未起波澜。台谏的意见只能是意见，没有宰执的建言、皇帝的首肯，就无法成为朝廷的政策。

八月初，司马光上了一篇札子，请求约束州县抑配青苗钱。他说："虑恐州县不晓朝廷本意，将谓朝廷复欲多散青苗钱谷，广收利息，勾集抑配，督责严急，一如向日置提举官时。今欲续降指挥，令诸路提点刑狱司告示州县，并须候人户自执状结保赴县，乞请常平钱谷之时，方得勘会，依条支给，不得依前勾集钞札，强行抑配。仍仰提点刑狱常切觉察，如有官吏似此违法骚扰者，即时取勘施行，若提点刑狱不切觉察，委转运安抚司觉察闻奏。"

从司马光的意思来看，他最担心的问题还是青苗钱在执行中会出现抑配，所以对此进行强调。司马光的建言得到太后和皇帝的批准，准备以诏令行下。但是，如上章所言，中书舍人苏轼不肯起草诏书，还上书请求废除青苗法。

御史中丞刘挚也上书反对，他还是强调吕惠卿责降制词有"首建青苗"之语，而现在依旧推行青苗法，朝廷自相矛盾。"今一事而两用之，其用之于责人则以为非，其用之于取息则以为是，名实不应，深累国体。"他主张用嘉祐常平旧法申明施行。

左司谏王岩叟、右司谏苏辙、左正言朱光庭、右正言王觌集体上奏，对以"国用不足"为由复行青苗的主张提出了严厉批判。他们又以状申三省，说除了抑配之外，青苗法还有四害。

第一害是：小民无知，不计后患，闻官中支散青苗，竞欲请领，钱一入手，费用横生，酒食浮费，取快一时，及至纳官，贱卖米粟，浸及田宅，以致破家。

第二害是：子弟纵恣，欺谩父兄，邻里无赖，妄托名目，岁终催督，患及本户。

第三害是：逋欠未纳，请新盖旧，州县欲以免责，纵而不问。

第四害是：常平吏人，旧行重法，给纳之赂，初不能止，今重法既罢，贿赂公行，民间所请，得者无几。

这里的"四害"说其实也是把之前的理由又讲了一遍。

从元丰八年五月到元祐元年八月，关于青苗法的讨论已经持续了一年多，可以称之为青苗法第二次大讨论。青苗法最大的弊端在于抑配，是当时的共识，而分歧在于，抑配之外，是否还有大的弊端。废除青苗将导致国用不足，构成了青苗法得以存留的最大理由。

八月六日，司马光又重新上了一道札子，接受了苏轼与终台谏官的意见，对青苗法的判断是"利民甚少，害民极多"，而且指出即便在提举官废罢以后，"州县多不晓朝廷之意，将谓却欲广散青苗钱，多收利息，严行督责，一一如未罢提举官时"，因此提出彻底废罢青苗法的主张：

第一，自今后其常平钱谷，只令州县依旧法趁时籴粜。

第二，其青苗钱更不支俵，所有旧欠二分之息，尽皆除放。

第三，只令提点刑狱契勘逐州县元支本钱，随见欠多少分作料次，随税送纳。

这道札子获得批准，可以说是最后的一锤定音。

据说，针对范纯仁恢复青苗法的主张，司马光厉声对哲宗和高氏说：

不知是何奸邪，劝陛下复行此事！

司马光明确地把支持青苗法者视为"奸邪"。如此一来，也就没人敢再提复行青苗法的事情了。

八月十二日，司马光旧疾复发，再次告假，从此未能再入朝。九月一日，司马光病故。家人在整理他的遗物的时候，还发现几张没有来得及上奏的手稿。可以说他确实做到了"鞠躬尽瘁，死而后已"。而废除青苗，是他病逝前的最后一项重大决策，是他的最后一战。

司马光去世的消息传来，京城之中成千上万的老百姓，罢市去吊唁，有的人甚至卖掉衣物去参加祭奠，哭着目送丧车离开。

灵柩送往司马光的老家夏县时，老百姓哭得悲恸欲绝，如同自己的至亲去世。四方前来送葬者的达到数万人。即便是远在岭南的一些地方，也有不少父老不约而同地祭奠他，为他做佛事，念着悲伤的悼词。

京城的百姓争购司马光的画像，几乎每家都有一幅，开饭之前，都要祝告一番。有的画工还因为画司马光的画像而致富。

这种感天动地的场面，苏轼感叹说："此岂人力也哉？天相之也！匹夫而能动天，亦必有道矣。非至诚一德，其孰能使之！"

青苗法废除之后，小皇帝赵煦召见了言官王岩叟、朱光庭，他们之间有这样一段对话。

赵煦说："青苗已罢。"

王岩叟说："此非陛下圣德高明，何以能行？天下幸甚。"

赵煦说："又恐国用不足奈何？目前还不觉得，五七年后恐怕不足。"

王岩叟说："这不是陛下需要忧虑的，青苗法是困民之法，现在已经废除了，数年之后，民将自足。民既足，国家何忧不足？"

赵煦又说："太皇太后一身则得，恐怕数年之后，教他官家阙用不便。"

王岩叟说："陛下但自今日养民，比至归政，已成太平丰富之世矣，却不须如此过忧。"

赵煦又说："今不可比祖宗时，缘添起宗室、百官不少，国家所入却只有这么多。"

王岩叟说："自古国家有历世数百年的，何尝经常增加赋敛，自然亦足。"

赵煦说："此则可知。"又说，"现在固然不敢用兵，但怎么能不加强防备呢。"

王岩叟说："劝陛下平日养民力，正是为了防边患。陛下如果在太平无事的时候消耗民力，真正到了危急的时候又到哪里筹措粮饷呢？"

于是赵煦默然，既而又说："边人多变诈，如何可保太平？"

王岩叟说："只要陛下务求安静，他们难道就不愿安静？"

赵煦点点头。

王岩叟又进说："天下有四民，如果四民各安其业，便是国家富足之道。今四民都已经安业了！自古人主志在富足，则必然导致困民；若志在养民，则国家将自富。"

赵煦又点点头。

王岩叟说："天子不问有无，诸侯不言多寡。"

朱光庭说："孔子曰：'百姓足，君孰与不足？'"

王岩叟又说："孔子言：'不患贫而患不安。'希望陛下安心，臣等方侍奉陛下，如果他日对国家不便，我们岂敢建议陛下做这样的事？"

赵煦说："这个是可想而知的。"

王岩叟又进说："陛下若如此忧虑国用不足，恐怕小人窥伺陛下的意图，妄献功利之说来接近陛下。陛下千万不可信这些人，一定会误了陛下。"

赵煦说："这个是不至于的。"

朱光庭说："放债富国，终不是好事。"

赵煦说："这是可想而知的。"

从对话的结果来看，赵煦似乎接受了王岩叟、朱光庭的主张。但是赵煦对"国用不足"的反复责难，可以看出，在小皇帝的心里，他对这件事情始终有疑虑。

实际上，"国用不足"的问题在高氏垂帘听政的八九年时间里一直存在。小皇帝的疑虑随着年龄的增长也在逐渐放大。最终，在哲宗亲政之后，政坛上又来了一次翻天覆地的变化。

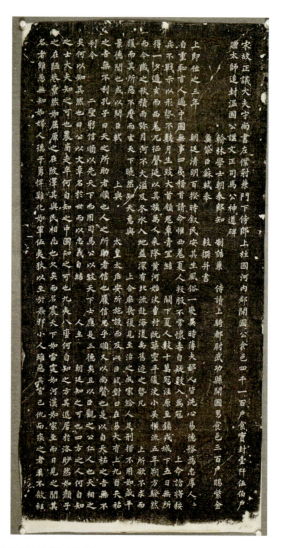

苏轼《司马光神道碑》（局部）

苏轼为司马光所作的神道碑是奉敕撰写，热情洋溢地歌颂了司马光的丰功伟绩与道德文章。有书法家认为这是苏轼最好的楷书作品。

第八章

恢复青苗

蔡京的崛起之路

百战疲劳壮士衰，中原一败势难回。

江东子弟今虽在，肯与君王卷土来？

——王安石《乌江亭》

如果这世上真有"历史耻辱柱"存在的话，上面一定少不了蔡京的名字。无论是官方正史，还是野史小说，都将蔡京与腐败堕落、凶残邪恶联系在一起。他被认为是一心钻营毫无操守的投机政客，是骄奢淫逸媚主弄权的腐朽官僚，是排斥异己残害忠良的巨奸大恶，是祸乱国家荼毒生灵的千古罪人。

2011年的时候，蔡京后裔欲为蔡京修墓建景区的消息传出，引起社会舆论一片哗然。竟然有脸给蔡京修墓？有评论说："为一个奸臣佞相修复墓穴，是为了让后人学习蔡京的贪渎精神吗？"当地政府也明确表态，对此行为坚决反对！对蔡京的鄙视、仇视、蔑视，穿越千年历史，扑面而来。

虽然《宋史》中的《奸臣传》早已经盖棺定论，《水浒传》中蔡京的邪恶形象更是深入人心，但历史上的蔡京究竟是什么样的，对于认识宋朝历史来讲，这是一个不得不重视的问题。当然，这也不是一个三言两语就可以说清楚的话题。

要了解真实的蔡京，最值得关注的是蔡京与王安石变法的关系。有的人认为蔡京之恶本质上源自王安石新法的痼疾，有的人则指斥蔡京完全扭曲了王安石的新法——打着变法的旗帜，干着破坏变法的事情。为善为恶姑且不论，蔡京称得上是王安石新法最重要的继承人。

蔡京，字元长，兴化仙游（今福建仙游）人，生于庆历七年（1047）。他的弟弟蔡卞，字元度，比他小两岁。兄弟二人少年时到太学学习，蜚声一时。

王安石见到蔡卞，震惊于他的才华，于是把自己的女儿嫁给了他，并让他跟着自己学习。"女婿＋弟子"的身份使得蔡卞有更多的机会学习王安石的学术，因此蔡卞也被视为王安石最重要的学术传人。因为蔡家与王家的这份关系，蔡京与王安石也多有交往。

熙宁三年（1070），兄弟二人同中进士，蔡京时年 24 岁，蔡卞 22 岁，称得上是少年得志。自此以后，蔡京的仕宦生涯就和新法紧密联系在了一起。蔡京仕途的第一站是钱塘县的县尉。在他走马上任的时候，青苗法、免役法等新法次第推开，如火如荼。作为基层官员，蔡京是新法的一线执行者。

任满以后，蔡京调任舒州推官。到舒州后不久，受命到西南一带察访的熊本举荐蔡京担任勾当公事。熊本称赞蔡京学行纯茂，熟谙新法，是不可多得的人才。勾当公事相当于助理，负责具体事务，可谓是左膀右臂。熊本是深受王安石器重的干吏，在察访西南期间立下了大功，蔡京在他的麾下自然也是出了不少力的。

　　大概是因为有了这样一份功劳，熙宁九年（1076）七月，蔡京到朝廷担任权流内铨主簿，从此开启了京城为官生涯。流内铨负责的是基层官员的组织人事工作，蔡京作为主簿的主要工作是协助长官处理文书工作。几个月后，王安石第二次罢相，但蔡京似乎未受到任何影响。在这个位子上刚干满一年，蔡京获赐神宗召见，并被任命为崇文院校书、中书礼房习学公事。

　　"中书礼房习学公事"属于中书检正官，是宰相的属官，这是王安石变法时期设置的新官职，所选用者都是推行新法的得力干将。除了礼房外，还有户、吏、刑、孔目四房，一共五房，每房均有检正，相当于部门秘书，五房有都检正，相当于秘书长，像曾布、吕惠卿等都曾当过都检正，是主管新法的"二号首长"。虽然此时王安石已经罢相了，但相应的机构和官职都未变动，只是因为蔡京此时身份资历尚浅，只能做最低一级的"习学公事"，相当于宰相办公室的见习秘书。

　　元丰元年（1078）八月，做了一年习学公事的蔡京就升为大理评事、权检正礼房公事，成了正式的中书检正官，仕途也进入了快车道。

　　此后几年里，蔡京担任了检正中书户房公事，编修了《诸路学制》——地方教育法规的汇编。他还担任过权提点开封府界诸县镇公事，主管开封周边的治安、司法以及部分财政事务。元丰五年（1082）七月，蔡京奉诏编成《中书御笔手诏》二十一册。元丰六年（1083）八月，他还以起居郎的身份出使辽国。

蔡京在中央任职期间，新法早已过了创始阶段，大规模的争议已经平息，新法进入了总结阶段。蔡京主要从事立法工作，整理过诏令文书，所以他对新法的条文应该是非常熟悉的。用今天的眼光来看，他是一位出色的法学家。同时蔡京也表现出非常突出的行政能力。

元丰年间，宋神宗推行了北宋历史上最大规模的官制改革，史称"元丰改制"。当时宋神宗设立了专门的机构——官制所。蔡京担任官制所检讨文字，当时弟弟蔡卞担任官制所详定文字。兄弟二人同处一所，难免招人非议，神宗亲自批示，说蔡京在官制所的时间较长，熟悉谙知创法本末，他的弟弟虽然也在官制所，但只是负责审阅文字，和其他的政事无关，虽然兄弟同处，也没有什么妨害。由此可见，宋神宗对蔡京的才能是充分肯定的。元丰新官制改革成功以后，蔡卞、蔡京兄弟因功劳各迁一官。

元丰六年十月，蔡京在仕途上迈出了一大步——试中书舍人。中书舍人负责起草诏书，和翰林学士并称为"两制"，这意味着蔡京开始进入高级文官行列。当时蔡卞已经是中书舍人了。按照往常的惯例，中书舍人在排座次的时候，是以入官先后为序，这样弟弟就要排在哥哥前面了，有违长幼尊卑之道，于是蔡卞请求排在哥哥后面。兄弟二人同掌书命，荣耀无比。

一年之后，蔡京为龙图阁待制、权知开封府。龙图阁待制属于被称作文学极选的侍从之官；权知开封府即所谓的"开封府尹"，京城的行政长官，前任开封府尹因为缺乏"剧烦之才"——即处理繁杂事务的能力——而遭弹劾被罢。蔡京荣升开封府尹，这是朝廷对他有"剧烦之才"的肯定。

蔡京时年 38 岁。从他的这一段履历可以看出，他是伴随着新法成长起来的少壮能吏，在地方上以推行新法获得重用，在中央又担任制定新法的要职，还在元丰改制时受到神宗的表彰，仕途一路顺畅。自熙宁九年进入中央部门任职到元丰七年成为侍从，八九年的时间里从选人升任前途无量的四品大员。蔡京依靠新法获得了政治声望和节节高升，再加上他的弟弟蔡卞又是王安石的女婿，在新党中的地位自然非同常人。

还值得一提的是蔡京与元丰大臣蔡确、章惇的关系。三人同为福建老乡，而且蔡京和蔡确同宗。元丰末，神宗确立储君的时候，蔡京和蔡确、章惇立场一致，相互配合，他们之间有着同盟关系。可以说蔡京是蔡、章二人信得过的心腹。

当然对于蔡京来说，最关键的是他一直受到神宗的倚重，这才是他仕途通达的最重要原因。

美国宋史专家伊佩霞在《宋徽宗》一书中说蔡京是"一

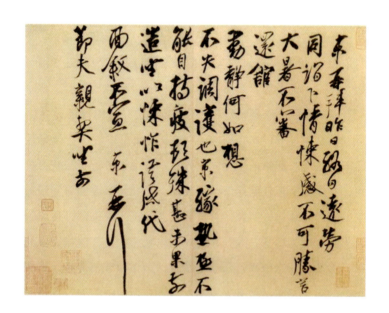

蔡京《节夫帖》

北宋四大书法家"苏黄米蔡"中的"蔡"即是蔡京，后来因蔡京名声不佳，便以蔡襄替换蔡京。《节夫帖》是蔡京书法名作，节夫据说是蔡京亲信陶节夫。其内容是：

"京再拜。昨日终日远劳同诣，下情悚感，不可胜言。大暑，不审还馆，动静何如？想不失调护也。京缘热极，不能自持，疲顿殊甚，未果前造。坐次悚怍，谨启代面叙。不宣。京再拜节夫亲契坐前。"

位非常高效的行政管理者"及"一位财政管理的奇才"。这从蔡京早年的履历就可以看出来。在立法、司法、行政、财政方面，蔡京都表现出十分出色的能力。

在蔡京早年的生涯中，几乎找不到什么严重的劣迹。后世的人往往喜欢说蔡京本性如何如何糟糕，但是在官修的《宋史》中，虽然将蔡京打入了《奸臣传》，但并没有记载说蔡京早年干过什么坏事，试想如果蔡京有什么劣迹，史官一定不会轻易放过。

蔡京其实不是两面派

就在蔡京飞黄腾达的时候，宋神宗去世了。蔡京也迎来了他仕途上的转折点。

关于此时的蔡京，有一个非常戏剧化的故事。说的是蔡京在元祐初，五天之内就把开封的免役法改成了差役法，然后到政事堂报告给司马光，司马光听了非常高兴，称赞道："使人人如待制，何患法之不行？"到了绍圣初，章惇当了宰相，又要讨论把差役法改回免役法，讨论了很久也没有定下来。蔡京说："取熙宁、元丰法施行之就可以了，还有什么好讨论的？"章惇听信了蔡京的话，于是免役法确定下来了。

这就是蔡京最为经典的投机分子形象。这种形象，深入人心。《宋史》的《奸臣传》就是这样记载的，现在的很多历史教科书也是这样写的。

其实，这完全是不实的。这两件事相隔近十年之久，其中的很多细节都被省略了，只是为了制造一种戏剧化的效果，真实的历史要复杂得多。

元祐初，作为资深的新法官僚，如果说蔡京要用这样明目张胆招摇过市的方式去迎合司马光，那他如何面对自己的新党同僚？而且头脑灵活的蔡京自然能够想到无论他怎样表现都很难获得司马光的认可。纵然蔡京雷厉风行地恢复差役，只会招致司马光的反感，因为他最不喜欢的就是没节操的人。

需要强调的是，这并不是说以蔡京的人品他干不出这样的事情，而是说蔡京不会傻到以这样的方式去迎合司马光。历来蔡京只是被认为坏，但没有人怀疑过蔡京的智商。

当时苏辙坚持不懈地弹劾蔡京，说开封府下面有两个县恢复差役法过于迅猛，但没有说蔡京是要迎合司马光，只说蔡京是故意扰民，把政局搅乱。蔡京究竟有没有这样的心思，恐怕无人确知。但结果是蔡京正是因为苏辙等人的不懈弹劾，最终和蔡确、章惇等人一样，在元祐元年闰二月被逐出朝廷。

绍圣初，在章惇还没有就职宰相之前，恢复免役法的政策就已经基本定下来了。当时朝廷讨论役法，主要是讨论免役法的具体办法，而不是讨论差役和免役要选择哪一个。

后来因为蔡京主持免役法的具体修订工作，态度非常激烈，招致了不少反对意见，于是便有人攻击蔡京，说他在元祐的时候在开封府恢复差役法十分积极。

这时候蔡京上书自辩，叙说原委，说自己当年只是将朝廷的命令下达到属县，正准备向朝廷报告执行情况，就已经被罢官了。结果蔡京成功地为自己辩白,朝廷没有追究他的过失。

蔡京投机分子的经典形象,是邵伯温在南宋初塑造的。他把元祐初和绍圣初两件事合在一起说,写进了《邵氏闻见录》。

《邵氏闻见录》中记载了大量反对王安石以及其他新党的故事、言论,但是因为邵伯温本人官位不高,见闻有限,又抱有坚定的旧党立场,经常把道听途说的事情添油加醋,甚至无中生有地制作故事,所以这部书成了有名的"谤书"。

这本书中关于王安石的记载,基本上都是捕风捉影,造假的手段也不高明,漏洞百出。近代以来的历史学家为王安石辩诬,首先拿邵伯温的《邵氏闻见录》开刀。

但是,蔡京是历史上的大奸臣,无从狡辩。虽然邵伯温关于蔡京的记载漏洞百出,但这种把蔡京视作投机分子的论调,很好地解释了北宋崩溃的原因,说王安石不好,改革派不高兴,说司马光不好,保守派不高兴,于是蔡京这个投机派就罪责难逃了,所以历来的史书都将这个戏剧性很强的段子当作真实的历史,直到现在的历史教科书还是这样写的。因为蔡京背负千年骂名,人们根本就不关心到底哪些是他的罪恶,哪些是身上被泼的脏水。

言归正传,自蔡京被逐出朝廷以后,先是出知成德军(今河北正定),一年多以后改任瀛州(今河北河间)知州,又过了一年多,改任成都府知府。

　　此时车盖亭诗案爆发，前宰相蔡确被人检举诗中有大逆不道的内容，太皇太后震怒，蔡确最终被贬往新州（广东新兴），几年后病死在那里。蔡京也受牵连，旧党的言官梁焘将蔡京与章惇、蔡卞等一起列入"蔡确亲党"名单之中。梁焘、范祖禹、吴安诗以及御史朱光庭等均反对任命蔡京为知成都府，说蔡京是蔡确亲党之中最为凶狠毒辣、阴险奸邪的一个。所以没过几天蔡京又改任发运使，任发运使也被言官反对，蔡京刚要就任又改任扬州知州。

　　扬州知州做了不到一年，又改任颍昌府（今河南许昌）知府，才就任又改任郓州（今山东郓城）知州，郓州知州才做了一年又改任永兴军（今陕西西安）知军，过了半年多时间，又改任成都知府。元祐这几年蔡京一直在奔波辗转，东北、东南、西北、西南都转遍了，虽然饱览了大好河山，但内心应当是非常压抑的。这也说明，这段时间里蔡京一直被旧党视为敌人。他的新党身份确定无疑。

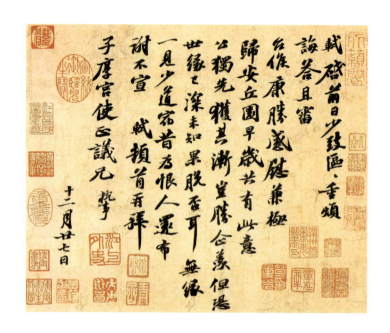

苏轼《归安丘园帖》

《归安丘园帖》又称《致子厚宫使正议》，释文如下：

"轼启。前日少致区区，重烦海答，且审台侯康胜，感慰兼及。归安丘园，早岁共有此意，公独先获其渐，岂胜企羡。但恐世缘已深，未知果脱否耳？无缘一见，少道宿昔为恨。人还，布谢不宣。轼顿首再拜子厚宫使正议兄执事。十二月廿九日。"

子厚即章惇（1135—1106），早年与苏氏兄弟交好，乌台诗案中章惇还营救过苏轼。元祐元年苏辙严词弹劾章惇，章惇被罢。苏轼此信即写于章惇被罢之后，信中称羡慕章惇就快"归安丘园"（即归隐田园）了。哲宗亲政之后章惇长期为相，迫害苏轼不遗余力。在徽宗朝蔡京拜相之后，苏轼、章惇竟都被打成"元祐奸党"。元人修《宋史》，章惇、蔡京又都被列入《奸臣传》。

该帖现藏于台北故宫博物院。

元祐八年（1093）九月，高氏去世，哲宗亲政，第二年改元绍圣。绍是继承的意思，圣指的就是神宗，绍圣就是要继承神宗，继续推行新法。被司马光赶出朝廷的新党，除了死去的蔡确外，章惇、曾布、蔡卞等，都回到了朝廷。

在章惇还没有就任宰相之前，免役法就已经开始恢复了，同时朝廷还恢复设置二十四路提举常平官。

蔡京也回到朝廷，出任户部尚书，在恢复新法上表现得十分积极和高调。蔡京同时兼任详定重修敕令所的提举官，负责相关的立法事宜。他参与制定免役法，坚持以元丰成法为基础，强烈反对差役法，不承认差役法有任何合理之处，为此和很多官员发生矛盾。

青苗法的恢复是在绍圣二年七月，其建议者正是蔡京。与免役法相比，青苗法是恢复得比较晚的，其中原因何在，不得而知。

蔡京给哲宗上奏说：

奉诏措置财利，窃见熙宁中先皇帝以天下之本在农，故稽参先王春秋补助之意，行散敛之法，薄取其息，以为放阁欠免之备，故兼并得不专辟阖之利，而农得尽力南亩，不为兼并所困，实大惠也。

行法之初，论者不一，赖先帝神武英睿，行之不疑，以克就绪。

数年之后，取者云集，纳者辐至，天下仓库盈衍丰羡，而财不可胜用。

自元祐废罢以来，兼并得纵，农渐失业，向之所积，支用殆尽，以至于今，未之复也。

恭惟陛下绍述先志，将大有为，臣愚以为生财之道，益国裕民，无以易此。伏乞下有司检会熙宁、元丰青苗条约，参酌增损，适今之宜，立为定制，以幸天下。

蔡京提出恢复青苗法，是因为"奉诏措置财利"，即奉哲宗诏令提出解决财政问题的方案。他高度肯定青苗法两方面的意义：抑兼并和丰财用。他认为青苗法是宋神宗力排众议而推行的，推行之后"取者云集，纳者辐至"，借贷还贷都是很顺利的，出现了仓库充盈的局面。元祐废罢了青苗法，兼并之徒不受约束，农民逐渐失业，之前蓄积的财富也被支用完了。而要效法先皇，推行大有为之政，就必须恢复青苗法。和役法一样，蔡京强调在坚持熙宁、元丰条约的基础上参酌增损。

蔡京建议之后，很多官员发表意见。这可以称得上是第三次青苗法大讨论。

淮南路转运副使庄公岳说：

> 自从元祐罢去提举常平官以后，常平仓的钱谷被其他机构侵夺借支，光有个数目，实际上存在的没有多少了。希望现在能够把之前侵夺借支的钱谷都追回来，命令负责官员按照限定的额度进行放贷，均济贫乏，和夏秋税一起输纳本息，不要立定额，这样自然就可以避免抑配百姓、损失钱财的弊病。粮价低的时候，就籴买助农，粮价高的时候就以低价出粜给百姓，即便出现了水旱灾害，老百姓也可以渡过难关。（"自元祐罢提举官，钱谷为他司侵借，徒有应在，所存无几。欲乞追还向所侵借，令当职官依限给散，以济阙乏，随夏秋税输纳，勿立定额，自无抑民失财之弊。谷贱则增价，籴以助农；谷贵则减钱，粜以与民，虽有水旱，人不捐瘠。"）

庄公岳，字希仲，是福建泉州惠安人，嘉祐四年进士，也是范纯仁的女婿。连他也支持恢复青苗法，可见当时的风向和氛围。

奉议郎郑仅高度肯定青苗法是良法，有多方面的好处，问题在于总有些执行的官吏不是良善之辈，所以执行过程中总是贪多求快，旧的欠款还没还，就给转成新的贷款，这些不是青苗法本身的问题，而是执行者的问题。他认为青苗法和义仓法是最为便民的政策，希望朝廷下诏让相关部门有序实施。（"青苗之法，其济甚怀，然而行法之吏不能尽良，故其间有贪多务速之扰，转新还旧之弊，此吏之罪，非法之过也。窃谓青苗、义仓，最为便民，愿诏有司以次施行之。"）

朝奉郎郭时亮的建议和庄公岳差不多，也是说不要立额，以避免出现抑配的问题。另外他还建议恢复地方上的抵当法，让县官来主持，避免苛细的问题。还建议常平司和州县官要积极地开展农田水利建设事业，避免出现水患灾害。（"愿复青苗之法，不课郡县定额，听民自便，而戒抑配沮遏之弊，复诸路县邑抵当法，付令佐主行，而戒苛碎邀阻之弊。令常平司与郡县讲求民间沟洫之利，以备水患。"）

承议郎许几认为恢复新法是特别大的恩惠，希望把还没有恢复的几项新法全部恢复。他建议让提举官有序地恢复各项新法。（"比者明诏有司条具免役旧法，颁之天下；又命择提举官职而行之，甚大惠也。然常平、义仓、抵当、农田水利、坊场、河渡复行之，令未尽诏也。欲乞尽付提举官次序而复之。"）

右承议郎董遵的建议是降低青苗法的利率，从二分降到一分，并且不要立额，完全按照自愿原则，不对主管官员进行奖励。利率降低了，就可以抑制兼并之家。不进行赏赐了，那些借收青苗钱邀功请赏的官吏便被杜绝了。（"青苗之制，乞岁收一分之息，给散本钱，不限多寡，各从人愿，仍勿推赏。其出息至寡，则可以抑兼并之家。赏既不行，则可以绝邀功之吏。"）

这五个人总的意见都是主张恢复青苗法，这当然是和当时的大环境密切相关的。除此以外，还需关注一下这几个人的身份。庄公岳是淮南路转运副使，其他四人前面只给出了本官阶，他们的实际差遣是什么呢？

郑仅——京东东路提举常平官；

许几——京西南路提举常平官；

董遵——夔州路提举常平官；

郭时亮——河东路提举常平官。

原来，这五个人中有四个是去年刚被提拔为提举常平官，如果推行青苗法，那么常平仓的经营自然是由提举常平司来负责，这就扩大了提举常平官的职权。提举常平官是青苗法的最大获益者。所以这些人积极地建议复行青苗法，是和他们自己的利益有关的。

但是即便如此，对于青苗法执行过程中的抑配问题他们是无法忽视的。这四位提举常平官有三位提到了抑配问题，特别是董遵的降息建议，可以判断抑配确实是青苗法推行中最受关注的头等要事。

与第二次青苗法的大讨论相比，问题并没有发生什么变化，变化的只是官员们的态度。青苗法不完美，能不能接受青苗法中出现的问题？这是新旧党关于青苗法不同意见的关键所在。

对于庄公岳等人的意见，朝廷下诏并送详定重修敕令所。详定重修敕令所相当于立法委员会。最后详定重修敕令所的意见是："府界、诸路应缘常平敛散等事，除今来申请外，并依元丰七年见行条制。"董遵调整利率的建议并未被采纳。而详定重修敕令所的主管官员，正是蔡京。

绍圣三年（1096）六月八日，详定重修敕令所上奏说："常平等法，在熙宁、元丰间各为一书。今请敕令格式并依元丰体例修外，别立常平、免役、农田、水利、保甲等门，成书同海行敕令格式颁行。"

敕令格式是宋代法典的基本形式，海行敕令格式可以称得上是基本法、普通法。而常平等新法，是特别法、部门法，在熙宁、元丰时期，每一项新法都自成一书，详定重修敕令所的建议是把这些新法合在一起，分门别类，和普通法一起颁行。

最后哲宗降诏以《常平免役敕令》为名，自为一书。

当时蔡京是翰林学士承旨，兼任详定重修敕令。

元符元年（1098）六月十一日，宰相章惇提举《常平免役敕令》成书颁行，受赐银绢300匹两。六月十七日详定官蔡京受到奖赏，由朝散大夫升迁为朝请大夫。可以看出宋哲宗对蔡京立法功劳的高度肯定。在《常平免役敕令》的制定上蔡京可谓是最大功臣。在中国法制史上，杰出的"法学家"蔡京应当有着自己的一席之地。

《常平免役敕令》是哲宗亲政后在恢复熙丰新法方面最重要的立法成就。当代学者对哲宗亲政后新法的恢复多给予正面的评价。如邓广铭先生在《中国大百科全书·中国历史》宋朝部分的"绍述"词条中写道：

> 在打击守旧派的同时，章惇等人逐步恢复新法。绍圣元年，依照宋神宗时的"条约"，恢复免役法、保甲法。二年，复青苗法。四年，重置市易务。元符元年（1098），"以常平、免役、农田水利、保甲，类著其法，总为一书"，名《常平免役敕令》，颁行全国。在这段时间内，各项新法基本上按照熙宁、元丰时期的模式进行，只是为了克服熙、丰推行时曾经产生的弊端，并且为了消除阻力，对新法也稍稍做了一些改革。

这里完全没有提到蔡京，只说是章惇等人的功劳。事实上宰相章惇只是挂名的，详定官蔡京才是真正干活的，蔡京对《常平免役敕令》的成书贡献更为直接。

这种鲜明的选择性忽视，只是因为蔡京声名太差。近代以后，王安石、章惇都被平反了，享有"改革家"的美誉，而蔡京始终被扣着"大奸臣""投机派"的帽子，他的功劳就被淹没了。

蔡京有着更远大的目标，在他看来，恢复新法只是继承了宋神宗、王安石的已有事业，但还不能实现宋神宗、王安石的理想，他希望能够完成宋神宗、王安石未完成的事业。但在哲宗一朝，以章惇为首的新党仅仅满足于恢复熙宁、元丰新法，没有进一步向前推进的心思。蔡京的改革热情受到压抑，而他的仕途也在翰林学士承旨的位置上止步不前，宰执之位虽然近在眼前，却始终够不着。

元符三年（1100）正月，哲宗去世，徽宗即位给他创造了新的机遇。

徽宗即位初期，向太后垂帘听政，改第二年的年号为建中靖国。向太后是神宗的皇后，哲宗的母亲。在二人共治时期，旧党受到的压制开始放松。趁着政治松动的机会，对新法不满的意见集中迸发。比如无极县知县晁说之，就在应诏言事中严厉地批评青苗法。

不过，向太后在七月撤帘，建中靖国正月就去世了。徽宗开始独立主持朝政。他要寻觅一位可靠的宰相，经过几番考察之后，最终目光锁定在了蔡京身上。

蔡京在徽宗亲政之后受到重用，其原因何在？历来的观点多基于蔡京为投机分子的判断，偏重于个人品性、人际关系的角度，这无疑是受到了邵伯温记载的影响。蔡京接近徽宗，应该是在徽宗即位后才开始的。在此之前，他和蔡京并

宋徽宗

徽宗赵佶（1082—1135）是哲宗的弟弟，世传章惇曾说他"轻佻不可以君天下"，这一传闻并不确切，但后世却认为这是对赵佶非常合适的评价。

没有直接的接触。

最常见的说法是蔡京结交了宦官童贯，时间是在建中靖国元年（1101），地点是在杭州。实际上这也是后人伪造的说法。因为蔡京在元符三年十月被贬往杭州，第二年二月就已经离开杭州到定州任职；童贯是在崇宁元年（1102）三月才到杭州，两个人根本不可能在杭州见面。

也有人说是一位叫徐知常的道士在徽宗的妃嫔面前夸赞蔡京，而妃嫔又把这种夸赞传到了徽宗的耳朵里。

还有人说徽宗重用蔡京是因为蔡京出色的艺术才能，因为宋徽宗本人就是艺术天子，而蔡京的艺术品位十分符合宋徽宗的标准。这听起来有点道理。

新的说法是蔡京的儿子蔡攸和徽宗早就认识，蔡攸是徽宗即位前的好伙伴，徽宗正是通过蔡攸了解了蔡京，进而重用蔡京。这也是很有可能的。

不过这些多是从私人关系的角度来说的。

蔡京的书法确实惊艳，确实当得起"苏黄米蔡"四大家的称号。如果说蔡京是以艺术家的身份获得徽宗的认可，那么徽宗自然可以把他安置在书画院而不需要让他当宰相。

作为政治人物的蔡京，他必须有足够的政绩和声望，才有进入徽宗的视域，进而才有获得权力的可能性。

绍圣、元符时期蔡京坚定地捍卫熙丰新法，为之付出了实际的努力。他以熙丰新法最坚定的捍卫者的面目立于政坛，虽然招致了很多人的批评，但这也为他赢得了重要的政治资本。他是恢复新法的头号功臣，无人能及。

在徽宗初即位，和向太后同掌朝政的时候，当时的政治风向是排斥新旧党中的极端分子。建中靖国的年号突出的就是一个"中"字。所谓"左不可用苏轼、苏辙，右不可用蔡京、蔡卞"，不左不右才是中道，苏氏兄弟和蔡氏兄弟分别成了旧党、新党极端分子的代表。

苏轼、苏辙并不是旧党中最极端的，但当时旧党人物大部分已经凋零，所以苏氏兄弟成了幸存者中最极端的。

新党之中，口号喊得最响、执行力度最大、打击旧党最猛，非蔡氏兄弟莫属，而尤以蔡京为甚。

建中靖国元年十二月，邓洵武向宋徽宗建言："陛下必欲继志述事，非用蔡京不可。"宋徽宗已经确定了绍述父兄的政治方向。他在第二年改元崇宁，意为崇尚熙宁。

"非用蔡京不可"，这虽然只是蔡京同党的说法，但其背后亦有着一定的舆论基础。蔡京与绍述之政捆绑在一起，形成一而二、二而一的关系，蔡京成了绍述之政的旗帜人物。

崇宁元年七月，蔡京被任命为宰相，拜相制词中说：

> 中大夫、尚书左丞蔡京，才高而识远，气粹而行方，蚤逢圣旦之有为，遍历儒林之妙选。徊翔滋久，趣操益醇。出殿侯藩，入居翰苑。适草元符之末命，预闻翼室之多艰。去就甚明，忠嘉具在。人之艰矣，动以浮言。天实临之，赉予良弼。是用延登右揆，总领西台。超进文阶，增陪

井赋。

　　慨念熙宁之盛际，辟开端揆之宏基，弛役休农，尊经造士，明亲疏之制，定郊庙之仪。修义利之和，联比间之政。国马蕃乎汧渭，洛舟尾乎江淮。周卿率属以阜民，禹迹播河而入海。经纶有序，威德无边。而曲士陋儒，罔知本末，强宗巨党，相与变更。凡情狃于寻常，美意从而蠹坏。

　　赖遗俗故家之未远，有孝思公议之尚存，慎图厥终，正在今日。於戏！武王继志，昭哉文考之功。曹参守规，斟若萧何之迹。其辅台德，永孚于休，可特授通议大夫、守尚书右仆射。

制词对蔡京的学才能、学识、气节和行为进行了全方位的高度肯定，将蔡京视作多重典范，而且特别叙述了蔡京的经历和忠心。蔡京与新法的历史，在宋徽宗希望能够继承父兄事业的理想中，足以让蔡京有足够的资历来出任宰相。

制词大篇幅地歌颂了神宗朝国家治理的伟大成就，展现熙宁之治的方方面面，“经纶有序，威德无边”——国家治理井然有序，无论是道德层面还是权威层面都是无边无际。最后痛斥了元祐大臣变更新法，称他们是“曲士陋儒”“强宗巨党”。

制词表达了继续走绍述之路的愿景，用了武王继承文王遗志和萧规曹随的典故，分别暗示了皇帝和宰相的施政路线。

有意思的是，萧规曹随本是司马光这样的保守派所喜爱的典故，而此时的蔡京，正是以神宗法度的守护者形象登上了宰相之位。

宋徽宗召见蔡京说："朕欲上述父兄之志，历观在廷，无与为治者。今朕相卿，其将何以教之？"这充分反映出宋徽宗的政治理想，以及对蔡京绍述之才的高度认可。

蔡京顿首谢恩，并发下了重誓："愿尽死！"

这全然是一幅忠臣报国、死而后已的形象。

这一年蔡京56岁，他终于有了大展宏图、实现自己伟大抱负的机会。

在徽宗在位的20多年时间里，蔡京经历了四起四落，堪称是政坛不倒翁，前后担任宰相的时间将近18年。

正是在蔡京当权的时期，王安石得以配享孔子庙廷，一跃成为孔孟之后最伟大的学者。王安石的地位达到了顶峰。蔡京所有的新政，都是在继承和发扬神宗法度、推尊王安石的名义之下进行的。

回首蔡京的全部经历，他和王安石变法的关系不是一句简单的"打着变法的旗帜，干着破坏变法的事情"可以概括的。蔡京打的旗号是"绍述"，他的自我定位是新法的守护者、捍卫者，他的确为恢复王安石的新法付出了实实在在的努力，他也掌握了对王安石新法的解释权，他的所有政策行为确实和王安石的新法有着斩不断的联系。

人们固然可以从道德人品的角度批评蔡京，在这方面蔡

京比王安石确实差太远，但是上升到国家政策层面，必然要
直面蔡京新政与王安石新法之间的延续关系，而且除了蔡京
以外，还有谁可以称得上是王安石变法最重要的继承者呢？

《听琴图》

宋徽宗是有名的艺术天子。《听琴图》是他的杰作，据说抚琴者为宋徽宗本人，着红色衣服者为蔡京。"听琴图"三字乃徽宗瘦金体。画上蔡京题诗为："吟徵调商灶下桐，松间疑有入松风。仰窥低审含情客，似听无弦一弄中。"

第九章

永不施行

宋高宗的开国承诺

风吹瓦堕屋，正打破我头。
瓦亦自破碎，岂但我血流。
我终不嗔渠，此瓦不自由。
众生造众恶，亦有一机抽。

——王安石《拟寒山拾得二十首》（之四）

青苗钱

何人冒名请贷？

北宋都城东京，给后世留下最深记忆的，莫过于《清明上河图》与《东京梦华录》。这一图一录，描绘的都是徽宗时代东京城的末日繁华。

富国强兵的口号喊了半个世纪，拓边西北，平定河湟，联金灭辽，收复燕云，当恢复汉唐旧疆的美梦就快实现的时候，北宋王朝却稀里糊涂地被金人给灭了。

其实，早在金人入侵之前，北宋王朝已经呈现出崩溃的迹象。宋江横行齐鲁，方腊震动东南。从《大宋宣和遗事》到《水浒传》，野史小说对徽宗朝的腐败与酷虐津津乐道。内不足以实现社会安定，外不足以抵御金人入侵，富国的梦想堕落成腐国的现实，这盛世究竟如谁所愿？

靖康之变，北宋亡国，盛世如梦，终成幻影。很多人有疑问，北宋亡国之际，80万禁军去哪儿了？同样的疑问，新

《清明上河图》（局部）

《清明上河图》反映的是徽宗朝汴京城的末日繁华。也有人说《清明上河图》是一幅带有忧患意识的"盛世危图"，船与桥的危情和桥上文武官员争道反映的是画家张择端对社会问题的忧虑。对图的解说见仁见智，不过在徽宗朝汴京城中的清醒者并不多，士大夫大多沉醉于表面的繁华之中。到南宋的时候《东京梦华录》一书中对这种繁华还怀念不已。蔡京对盛世的营造是通过四方征敛、充实都城来实现的，东京城繁华的背后是北宋民众沉重的代价。

法推行了约50年，敛得的财富都去哪儿了？特别是依靠放贷收息、获利二分的青苗钱，最终去了哪里？

我们不妨借青苗之眼，一窥徽宗朝之究竟。

崇宁元年（1102）以后，徽宗一直声称要学习父兄，把绍述定为国是，成为国家大政方针的根本原则。青苗法享有神圣的地位，没有人会再去讨论青苗法的行废问题，这是一个不需讨论也不可以讨论的问题，当时的人对它的关注度也降低了。但这并不意味着青苗法已经完美了。

在徽宗朝，关于青苗法的诏令奏议中透露出不少信息。《宋史·食货志》中关于徽宗朝青苗法的记载十分简短，但宣和六年（1124）的一条诏令值得重视。这条诏令说：

> 命令州县每年俵散常平仓钱谷结束以后，立即张榜公布请贷人的姓名、数量等信息，公示满一个月之后结束，基本可以革除伪冒的弊病。（"令州县岁散常平钱谷毕，即揭示请人名数，逾月敛之，庶革伪冒之弊。"）

可以看出，当时存在有人冒他人之名请贷青苗钱的情况，朝廷令州县采取公示的办法来解决这一问题，但未指明是何种人伪冒。

马端临《文献通考》则更加详细地记载这一诏书：

> 州县每岁支俵常平钱，多是形势户请求，及胥吏诈

冒支请。令天下州县每岁散钱既毕，即揭示请人数目，
逾月敛之，庶知为伪冒者得以陈诉。

这里非常清楚地指出冒请青苗钱的乃是形势户和胥吏。
朝廷有诏令，针对的自然是大问题，绝非零星的个别的情况。

何谓"形势户"？在宋代，按照人户的身份，有官户与
民户、形势户与平户的差别。官户就是品官之家，有官品的
人；民户就是编户齐民的人。形势户的范围比官户要宽，不
仅包括官户，还包括富有的吏户。简单地讲，形势户就是官吏。
这是在户口登记时要清楚注明的。所谓"形势"，就是权势
的意思，引申为权贵。韩愈的名文《送李愿归盘谷序》中写道：
"伺候于公卿之门，奔走于形势之途。"说白了形势户就是有
权有势的人。

为何是"冒请"？因为按照青苗法的规定，只能贷给平民。
道理很简单，按照青苗法的设计初衷，就是要用低息贷款救
济穷民，所以不能贷给有权有势的人物。形势户冒请，就是
借他人的名义来借贷青苗钱。

其实这种现象并非宣和五年才出现。

政和元年（1111）十二月，慕容彦逢上书指出：由于小
吏奸弊，青苗放贷中"诡冒违法"的情况严重。

政和七年（1117）二月六日，据首相白时中奏，常平之
法中存在"诡名冒请，官吏同为侵盗之类"以及"徇情假贷"
的现象。

最值得注意的是政和八年（1118）四月，臣僚上言："访闻形势之家，法不当给，而迩来诸路诡名冒请者亦众，盖欲复行称贷，取过厚之息，以困贫弱。"这里将冒请的用途也说得非常明白，即通过转贷来获取更多的利息。

宣和元年（1119）八月，朝廷颁下《约束常平散敛粜籴等诏》，其中指出当时的情况是："人吏冒税户姓名，给纳拖欠，或当职官纵容知情，冒请钱谷，以新盖旧，如此甚众……"可见此一现象绝非一时一地。

宣和六年（1124）闰三月十六日，河东路提举常平官林积仁建言说："欲天下州县每岁散常平钱谷既毕，既具所请姓名、数目揭示，逾月而敛之，庶使人户遍知，苟为假冒，得以陈诉。"可见采用公示的办法正是出自林积仁的建议。

靖康元年（1126），宋徽宗已退位，御史中丞吕好问上书宋钦宗乞罢青苗法，他指出青苗法实行中"其实请钱者多是州县官户、公人，违法冒名，无所不至"。

由此可见，形势户冒请青苗钱的问题，在徽宗朝已普遍而长久地存在。这说明了什么呢？

首先，这充分说明了形势户借贷青苗钱有利可图，否则的话为什么要冒着违法的风险借他人名义去借贷呢？

其次，形势户冒请青苗钱之后进行转贷，这充分说明形势户所贷青苗钱利率低于民间利率。否则的话，他们借贷的青苗钱转贷不出去。

再次，这说明存在很多有借贷需求的人，他们无法借到低利息的青苗钱，不得不做青苗转贷的接盘侠。

因此，冒请青苗钱的情况存在，其实就是能借到青苗钱的人转贷给借不到青苗钱的人。

在徽宗朝之前，青苗法最受批评的是抑配。三次关于青苗法的大讨论，都是围绕着抑配问题而展开的。以前有没有冒请的问题呢？自然是有的，但主要是说不肖子弟冒充父兄的名义，拿着青苗贷款去花天酒地，这和形势户借贷再转贷，完全不是一回事。

抑配的实质，就是不想借青苗钱的人被强迫接受青苗钱；冒请的背后，是真正有借贷需求的人想借青苗钱却借不到。

那么，青苗法变了吗？

"抑配民户"和"形势冒请",这两种情况的出现,都不是偶然的,也不是局部的,而是整体的、长期的。

从总的趋势来看,神宗、哲宗朝抑配民户的现象突出,徽宗朝形势冒请的情况严重。

从利率的高低角度来看,"抑配民户"说明民户在借贷过程中无利可图,青苗法实为官府高利贷;"形势冒请"说明形势户在借贷行为中有利可图,即冒请青苗钱之后再进行转贷可以获得更高的利息收入,青苗法变成了官府低利贷。

从神宗朝到徽宗朝,青苗法从官府高利贷变成了官府低利贷,发生的这一变化的原因何在?

在徽宗朝,青苗法的二分法定利率并没有变,一直遵循的元丰七年的法令。那么变化的是什么呢?

蒙文通先生于半个世纪前曾经就青苗法问题提出一个极

有洞见的看法，但长期以来未受重视。他说：

> 又如青苗钱，若是民间愿借，为何熙丰间要抑配？若是民间不愿借，为何宣和间诏书又言："常平钱谷多是形势户(官吏)请求，及胥吏诈冒支请。"前后相反如此，岂不又是矛盾？其实，此间道理亦易明了，熙丰间物价日日下降，借钱买物不利，故不愿借；崇观间物价日日上涨，借钱买物，到期卖物还钱，则有大利可图，故虽官吏亦愿支借。是物价升降异势则不矛盾矣。

这段话一则揭示青苗法前后期的不同问题，二则结合当时的宏观经济环境变化，从物价升降角度揭示了这一矛盾现象的原因。蒙先生寥寥数语已经将青苗法中看似矛盾的现象给出了合理的解释，只是未曾注意到形势户冒请青苗钱"复行称贷"（转贷）的情况，而只是从借钱进行买卖的情况进行推论。但是毫无疑问，冒请青苗钱是因为有利可图，无论是转贷还是直接进行买卖都是基于这一点。因此，蒙先生的这一论断可视为颇有价值的假说。判断这一假说是否成立，可以结合北宋后期的财政货币政策对这一假说进行验证。

从神宗朝到徽宗朝，物价的整体走向确实变了。而物价变化的背后，首先是货币状况变了。货币状况在平衡之外主要有通货膨胀和通货紧缩两种情况，通货紧缩，宋人称之为"钱荒"。而要说起"钱荒"，最严重的就是发生在王安石变法以后。

熙宁九年张方平说："比年公私上下并苦乏钱，百货不通，人情窘迫，谓之'钱荒'。"

其原因就在于，当时推行的新法，大多是要征钱的。新法征来的钱，被神宗贮藏起来，作为战争储备，流通中的货币就变得紧张了。

元祐元年八月，李常说："现今常平、坊场、免役积剩钱共五千余万贯，散在天下州县，贯朽不用，利不及物。窃缘泉货流通乃有所济，平民业作，常苦币重。"十二月，王岩叟说："国家自聚敛之吏倚法以削天下，缗钱出私室而归公府者，盖十分而九，故物日益以轻，钱日益以重。"

与钱荒相伴随的现象是物价下跌，就是当时人所说的"物轻钱重"。

这恰恰是体现王安石变法最不"金融"的一面，即根深蒂固的钱谷储备意识。正如耶鲁大学金融史专家戈兹曼教授《千年金融史》中所说："在中国，从管子的时代开始，政府就被认为应该提供战略性的经济准备金。"将大量的钱谷贮藏起来，正是王安石变法的目标之一。

到了徽宗时期，情况正好相反，出现了严重的通货膨胀现象。这并非出于储备政策的放弃，而是货币政策的效应。自崇宁元年蔡京为相之后就铸当五、当十等大钱，造夹锡钱等劣币，滥发纸币，并引起了私钱泛滥，伪币猖獗，货币严重贬值。

大观通宝

大观通宝是徽宗的御书钱，上面的字是典型的徽宗瘦金体书法。大观通宝中有大量的当十钱，实际质量只有原来铜钱的三倍左右，却拥有十倍的法定价值。

与钱荒和通胀相伴随的现象就是王安石新法实施以后物价下落，而到了北宋末年物价上涨。

神宗时期是"布、帛、米、粟，贱货速售，利失倍蓰"；徽宗时期是"百物踊贵，只一味士大夫贱"。所谓"踊贵"，不仅仅是价格高，而且是在不断地飙升。

米是当时市场上主要流通的商品。就米价而言，熙宁元年（1068）以前的 15 年间，中等价每石 700 文左右，元祐元年每石 140—200 文，宣和四年（1122）则为每石 2500—3000 文。从熙宁至宣和，总体来看米价经历了一个明显的大落大起的过程。其他商品的价格变化，大体类似。

一般来讲，在物价下跌的情况下，借入方难以获利；在物价上涨的情况下，借入方易于获利。青苗法前期正处于物价下跌的阶段，民户自然是不愿意请青苗钱，于是便出现了官府抑配民户的情况；而后期青苗法正处于物价上涨的阶段，从官府获得低息贷款进而转贷便会获利，于是出现官吏利用职务之便以及裙带关系纷纷冒请的现象便理所当然了。

蒙文通先生的假说毫无疑问是有道理的。讨论青苗法在前后期的转变，不能不重视货币和物价因素。这种货币总量和物价状况的变动又与当时的财政货币政策密切相关。因此此一现象的发生显示出各种经济活动之间的关联性和经济活动的复杂性。

要进一步揭示青苗法的本质，仅仅关注到货币和物价因素还是不够的。最能体现青苗法之本质的并不在于其利率高低，而在于有人想借却借不到，有的人不想借，却被强行摊派。宋人陈次升总结这一现象说：

> 所请之人，未必皆愿；或有愿请之人，官司不支。

关键是"人"的差别。在青苗法推行中从未出现抑配官户的现象，官户本没有借贷青苗钱的资格，自然也不存在"官司不支"的问题。因此这里所讲的"所请之人"和"愿请之人"其实都是指无权无势的平民百姓，对于他们而言，青苗钱借贷无利可图时抑配难免，而有利可图时官司不支；对于有权势的形势之家而言，自然是青苗法无利可图时抑配不及，而有利可图时冒请有方。抑配民户自然会附带诸种附加负担，而官吏冒请则是暗箱操作利润丰厚，以至于朝廷要采取张榜公示的办法，尽管这一措施实际上效果并不明显。

"抑配民户"和"形势冒请"只是青苗法前后期两种不同的主要现象，在神宗、哲宗时期未必就没有"形势冒请"的问题，只是那时"抑配民户"是主要的，但并不排除局部地区部分时段的"形势冒请"行为存在。

从逻辑上讲，只要青苗钱变得有利可图，"形势冒请"的现象就会不可避免。从现有的记载来看，"形势冒请"的现象在徽宗朝越来越普遍化，这也可能是历史材料的不完整所造成的印象，不过这种现象和物价变化之间的关联度也是很能说明问题的。

北宋末期青苗法抑配民户的现象消失了吗？其实并没有，不仅没有，反而以另一种更加极端的形式呈现出来——赋税化，即不再发放贷款，但仍要按时交付利息。

早在熙宁年间青苗法推行之初，右正言李常言之凿凿地说当时存在"虚认贯百，以输二分之息"的情况，即在不发放贷款的情况下，官府直接向民户收取"利息"。王安石提议令李常具体说明到底是哪一个州县存在这种情况，但李常上书神宗请求不作具体分析，因此这种情况是否真的存在，难以判断。

及至徽宗时期，政和八年（1118）臣僚上言指出存在"民户既无可输，即于当年违法再给，虚转文历，便充本年见欠之数"的情况，就是说老百姓已经还不上贷款了，官府却在当年把这笔本息当作新的贷款，实际上并没有发放贷款，只是在文书上做了点文章。

此年徽宗御笔透露出当时有"未及散，而遽取之"的问题，也就是说贷款还没有发放出去，但是利息却要求马上交上来。朝廷要求必须按时发放，"违者以大不恭论"。大不恭就是乌台诗案中苏轼被扣的罪名，是要杀头的大罪。可见这种现象已然不是个别。

靖康元年吕好问称当时州县已经没有多少常平钱可以放贷，每年到了该放贷的时候，都是拿着"虚券"（空头票据）让最基层的都保正、保长去完成任务。（"方今州县常平钱等，率无见在，每年俵散之时，多以虚券科率逐都保正长等。"）

青苗放贷是假的，收取利息可是真的。在这种情况下青苗法已经彻彻底底失去了其借贷的形式，而完完全全成了民户的赋税负担。

有人说青苗法是高利贷，摊派给民户的，确实是高利贷；有人说青苗法是低利贷，形势户借贷的青苗钱，确实是低利贷；有人说青苗法是赋税，没拿到贷款，反而要交"利息"的，那真的是赋税。这就是青苗法的本质所在。

在这三者之外，方才可能是具有融资功能的"银行"，这恰恰是青苗法最少具备的特点。说青苗法是"史上最牛银行"，仅仅是就放贷这个形式而言的。不管青苗法的利率是高还是低，它都很难像真正的银行那样发挥融资的功能。

在青苗法的运作中，权力因素发挥了关键作用，正是由政治权力支配下的身份差异决定了其中的利害关系。这种身份差异不是上户与下户的差异，而是官户形势户与民户之间的差异，即有权者与无权者的差异。

因此，青苗法运行约 50 年所体现的不是金融的逻辑而是权力的逻辑，最终呈现的结果必然是赢者通吃。金融帝国的表象之下，是权力支配财产的严酷现实。

青苗法实行约 50 年间，一度给朝廷带来了巨额的财政收入，熙宁元丰年间朝廷通过青苗收息每年所得为数百万缗，诚为"富国"之政，这是青苗法长期得以推行的财政因素。但到了最后，青苗法不仅"于民为害最甚"，而且"于官都无利益"。

在徽宗朝，伴随着"形势冒请"的现象是"散敛无实，而本息交废"，"当纳之期，至有失陷，或无可催理"，"稽累失陷，日侵月削"。徽宗朝的青苗钱还有一个非常普遍的现象就是青苗钱被挪用。这笔钱成了官僚机构和贪官污吏觊觎的对象，都想借这笔钱做些事情或者分一杯羹。

政和七年十二月十八日，宋徽宗下了一道《今后常平钱物敢有陈乞借用者以大不恭论》的御笔。

这道御笔先是歌颂神宗创法立制的伟大（"朕惟神考以

道制法，揆之于上而守之于下，著在方册，万世永赖"），肯定元丰法令的完备。（"比览元丰常平令，裕民理财，弛役赈乏，条约严备，莫敢损益。"）

接着叙述绍圣时期青苗法的问题、应对与成就。（"爰及绍圣，深戒庀司侵蠹之弊，虽奉特旨支借移用，终不奉行。故国有九年之蓄，而府库所聚露积，不但天下富实。"）

再接着讲当下面对的问题：常平仓中的储蓄有将近一半都被其他机构给借支走了，还怎么效法父兄？（"近岁以来，开他司借支之请，常平所储，殆废其半，是岂继述之政哉？"）

最后御笔提出的解决方案是：以前各个机构借的常平仓钱物，一律免除拨还，但是今后要严格遵守元丰绍圣敕令，再有人敢请求借用青苗钱，"以大不恭论"！

这道御笔最后说得很严厉，但是之前借常平仓的钱物竟然不用归还了，那还不是放纵其他机构去支借么？

宣和元年六月二十一日，徽宗又下了一道《审度祟籴并推行保伍等不如条令者黜罚》的御笔。

这道御笔还是先歌颂神宗立法的伟大（"仰惟神考创法垂统，以惠天下，以诒后世。载而传之存乎书，推而行之存乎人。朕遹追先志，罔敢怠忽"），肯定常平新法的意义。（"盖常平之政，以年之上下制谷价，以岁之丰耗为兴积，储蓄盛多，兼并无所牟大利，而囏厄赖以济，此仁术也。"）

然后笔锋一转，讲现在的问题，常平仓的储蓄被其他机构移用殆尽。（"比年官失其守，他司移用殆尽，上下顾望，莫敢谁何。籴本既竭，储蓄一空，利归兼并，民受其弊。"）

最后提出的方案是要求提举常平官按照法令，让州县官员不要偷奸耍滑。（"仰诸路提举常平官检详前后诏条，令州县管勾官、审度年岁，遇贱必籴，遇贵必粜，毋容奸猾，敢肆欺弊，常平钱米，不许他司辄有移用。"）

最后来了一句："虽奉御笔支借，亦须执奏不行。"这句话就有点讽刺了，以御笔否定御笔，那御笔还有啥效力可言。其实类似的御笔诏敕，徽宗还下了很多道，但似乎御笔也不怎么管用了。

这里需要说明的是，常平仓钱物遭到支借移用，首先影响的是籴粜功能，即常平旧法的运作，对于赈济灾民有着直接的影响。其次影响的便是青苗利息收入，留下的是一笔笔坏账、烂账。

如果说青苗法还有财政功效，那么即便它于民有害，依然可以在"国用不足"的压力下存在。但是，当青苗法失去了最后的财政意义，那么它就实在没有存在的理由了。

谁是青苗法的最大获益者？

在约50年时间里，青苗钱似乎可以简化为这样一个过程：

抑配民户→收息于官→形势冒请→官物失陷

就此可以推理得出，在这个过程中财富所呈现出的移动轨迹是：

宋徽宗《蔡行敕》

御笔是徽宗非常重要的政治工具，高超的书法造诣可以更好地展现他的存在感与满足感。行书《蔡行敕》是徽宗的书法代表作，藏于辽宁省博物馆。

平民百姓→朝廷官府→形势之家

这个过程中所出现的"抑配民户"和"形势冒请"等种种乱象，深刻地反映了青苗法这样一种官府借贷在其下乡过程中所遭遇的制度困境。落实到实际层面的政策，不仅没有按照政策设计者的计划运行，反而走向了其反面。

在熙宁新法推行之前，王安石与司马光之间有一场关于理财的著名争论。王安石认为："善理财者，民不加赋而国用饶。"司马光就此批评道："天地所生财货百物，不在民，则在官。"孰是孰非，历来争论不休。

秦晖先生评论说：

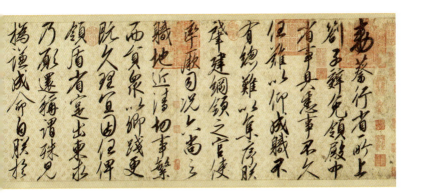

　　在传统中国语境中，"官"与"民"这对对立范畴是有双重含义的：一方面"民"可以表示与国家或君主相对的私人或"臣民"之意，北宋司马光所谓"天地所生财货百物，……不在民，则在官"即指此义而言。另一方面，"民"也可以表示与权贵势要相对的下层平民或"庶民""下民"之意，因此陆游又有这样的议论："自古财货不在民又不在官者，何可胜数？或在权臣，或在贵戚近幸，或在强藩大将……"显然，这两种含义是不同的：司马光强调的是"君民"之别，而陆游强调的是"绅民两歧"。由此"官、民"对举也有二义：一为"公私"之别——"官"在这里指"公家"；一为"贵贱"之别——"官"在这里指权贵。

　　就青苗法而管窥财富的流动状况，其最终的归宿，可谓不在民（平民百姓），又不在官（朝廷官府），而在形势之家。

这确实是名为"抑兼并"，实为"助兼并"。但这两个"兼并"的含义并不一样。以官府之威，迫使平民富户出钱，这是所谓的"抑兼并"；以权势之便，获转贷之利，这是真正的"助兼并"。

历史给了王马之争以发人深省的答案。青苗法的官贷困境，尽在于此。青苗法之困境，实为大宋之困，体制之累。

宣和七年十二月，徽宗因为外有金军入侵，内则众心离散，先是下罪己诏笼络人心，后来想让太子赵桓监国，自己到江南去避难，但大臣吴敏等人坚持让他传位给太子，最终徽宗答应传位。

十二月二十三日晚上，徽宗假装病倒，大臣们急忙给他灌药，于是他又醒过来，用左手握住笔颤巍巍地写下"皇太子可即皇帝位"。于是，赵桓登基，是为钦宗，改第二年年号为靖康。

靖康元年，当徽宗在江南游玩的时候，钦宗首次御敌成功，金军北退。徽宗于是又回到京城，正式过上了太上皇的生活。

钦宗将徽宗的宠臣王黼、朱勔、蔡京、童贯等人罢黜，后来又追赠司马光等元祐旧臣，解除对元祐党籍的禁令。

先儒楊子

明呂濤贊

學喜雍熙　仕悲亂世　向立程門　何如諫議

雪深尺處　胡塵千里　龜山片青　照人不已

杨时像

杨时（1053—1135），字中立，世称龟山先生，南剑将乐（今福建将乐）人。杨时像取自明吕维祺编《圣贤像赞》（崇祯刻本）。明朝吕濤对他的赞语是：

学喜雍熙，仕悲乱世。
向立程门，何如谏议。
雪深尺处，胡尘千里。
龟山片青，照人不已。

80 岁的蔡京被贬往儋州，结果走到潭州（今长沙）的时候就死了。他的子孙 20 多人被流放到全国各地。

对王安石的清算也是从这时候开始的，其中一个关键人物，就是杨时。

杨时是程颐的弟子，在"程门立雪"的故事中，他就是站在雪地里的学生之一。宣和六年（1124），杨时已经年过 70 岁。蔡京看着国家形势不对，想引用一些名士撑撑场面，就把杨时请出来。杨时历任迩英殿说书、右谏议大夫兼侍讲，并充任国子祭酒。

钦宗即位之后，杨时上书，痛斥蔡京祸国殃民：

> 臣伏见蔡京用事二十年，蠹国害民，几危宗社，人所切齿。而论其罪者，曾莫知其所本也。盖京以继述神宗为名，实挟王安石以图身利，故推尊安石以王爵，配享孔子庙廷，而京之所有自谓得安石之意，使人无得而议。

杨时还把祸乱的根源追溯到王安石：

> 然则致今日之祸者，实安石有以启之也。谨按安石挟管、商之术，饬六艺以文奸言，变乱祖宗法度，当时司马光已言，其为害当见于数十年之后，今日之事若合符契。其著为邪说以涂学者耳目，败坏其心术者，不可缕数。

他请求钦宗追夺王安石的王爵，并且"明诏中外，毁去配享之像，使邪说、淫辞不为学者所惑"。

杨时举荐的御史中丞吕好问上了一篇乞罢青苗的奏疏。在这篇奏疏中吕好问严厉控诉了青苗法有害于民而无益于国。

吕好问是吕公著的孙子，是刚刚被解禁的元祐党人。宋钦宗对吕好问说："卿元祐子孙，朕特用卿，令天下知朕意所向。"政治风向又发生了一次巨变。吕好问建议改革就要从罢青苗法开始。但是，钦宗并没有太多时间来进行朝政改革。

这年八月，金军二次南侵，并在年底攻下了汴京城。第二年年初，徽钦二帝被金人带着"北狩"（宋人对二帝被俘北上的委婉说法）去了，同时被掳走的还有皇子、宗室、后妃以及部分大臣，京城的府库蓄积均被洗劫一空。

徽宗第九子康王赵构是当时唯一幸免的皇子，他本来要出使金营，走到河北，金人已经南下。虽然他被钦宗任命为河北兵马大元帅，却不敢以勤王之师来阻击押着父兄北去的金军，而是在河北的一些地方官员拥戴下登上了帝位。

哲宗废后孟氏因为被打入冷宫，幸免于金人掳掠，成为皇室正统的象征，被尊为孟太后。孟太后在给康王即位的手诏中说：

> 由康邸之旧藩，嗣我朝之大统。汉家之厄十世，宜光武之中兴；献公之子九人，惟重耳之尚在。兹为天意，夫岂人谋。

这份手诏为赵构的即位提供了重要的合法性。

建炎元年（1127）五月一日，赵构在应天府（今河南商丘）正式登基，是为高宗，改年号为建炎。登基之时，他发布"大赦天下"的制书，这是南宋王朝的立国宣言。

大赦制书对蔡京等人进行了彻底否定："蔡京、童贯、朱勔、李彦、孟昌龄、梁师成、谭稹及其子孙，皆误国害民之人，更不收叙。"

大赦制书要进行改革的第一项财经政策就是青苗法。赦书指出："常平司敛散青苗钱谷，岁久法弊，反为民患，可自今住罢。"同时废止的还有多项民众的赋役负担。这些举措都是力求赢得民心。从这里也可以看出，此时的青苗钱与诸项税负一样，都被看作是百姓负担。

这是自绍圣二年复行青苗法以来，朝廷公开提出废除青苗法。但是，建炎二年八月一日，朝廷又下诏恢复诸路提举常平官。

提出这项建议的是显谟阁待制孙觌。蔡京倒台之际，孙觌多次上奏弹劾蔡京，揭露蔡京罪恶，但考虑到财政问题，他认为应该恢复提举常平官。他说：

> 自罢提举官，常平之财，所存一二，犹以亿万计，皆为他司妄用。今转运使漕挽军储，上供之外，无一金之藏。他时大水旱，大举措，经画残破，招募军马，以备缓急之须，皆非转运使所能办。时方多事，财用为急，

宋钦宗与宋高宗

靖康之变彻底改变了兄弟二人的命运。宋钦宗被金人俘虏以后，于绍兴二十六年（1156）惨死于金国。宋高宗极为长寿，绍兴三十二年（1162）禅位给宋孝宗，又当了 25 年的太上皇，淳熙十四年（1187）去世，时年 81 岁，成为中国历史上少有的长寿帝王之一。

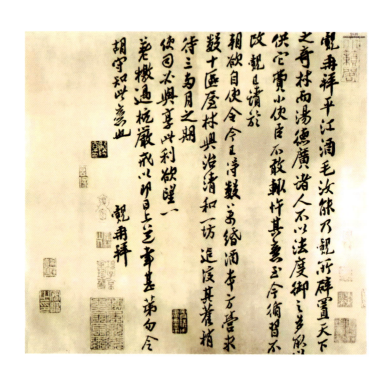

孙觌《平江帖》

孙觌（1081—1169），字仲益，号鸿庆居士，常州晋陵（今江苏武进）人，大观三年（1109）进士，曾任中书舍人、临安知府等。他因为附汪伯彦、黄潜善，诋李纲，后复阿谀万俟卨，谤毁岳飞，在人品上颇受时人非议。孙觌善属文，尤长四六，书法上学习苏轼，被认为能得苏字精神。

望复置官讲求补助之政。

孙觌的主张，其实和元祐初年范纯仁等人的想法是一样的。

当时的宰相黄潜善赞成这一主张，于是下令诸路催收青苗积欠本钱，自崇宁以来，皆不得免。

对于要不要恢复青苗法，朝廷依然有疑虑。孙觌建言之后，高宗下诏让翰林学士叶梦得、给事中孙觌、中书舍人张澂、户部尚书吕颐浩对常平和青苗之法进行讨论。

叶梦得认为常平法有利，但青苗法当罢。他把自己的主张呈给高宗："青苗敛散，永不施行。其他条法，令从官讨论来上。"

高宗看了之后，指着"青苗敛散，永不施行"这八个字说："此事宜先报行，令远近知之。"

最终吕颐浩、叶梦得等人讨论的结果是："常平法不宜废，如免役、坊场亦可行，惟青苗、市易当罢。"

高宗再次强调："青苗敛散，永不施行。"

这是继熙宁、元祐、绍圣之后的又一次关于青苗法的大讨论，惜乎讨论的具体内容不详，但从基调上讲，青苗法是被否定的，而且是痛定思痛、彻底否定。

不久之后，已经调任平江府知府的龙图阁直学士孙觌被罢官夺职。他因提出恢复王安石青苗法的主张受到弹劾，而且他在平江府拘催民间崇宁以来青苗积欠，老百姓不胜其扰。

用張捷伐
閫海平冠
軍用不乏
少保治賦

宋觀文殿學士葉公夢得

叶梦得苏州石刻像

叶梦得（1077—1148），苏州人，号石林居士，绍圣四年进士（1097），历任翰林学士、户部尚书、尚书左丞、江东安抚大使等。他被称为"绍述余党"，但也非常崇拜苏轼，是两宋之际的著名词人，著有《石林燕语》《石林词》《石林诗话》等。

高宗知道后，连忙下诏叫停平江府的做法。

殿中侍御史赵鼎上了一道奏疏，他对清理常平仓欠款提出反对。在他看来，其他机构支借的不必催还。（"诸司侵支，固岂入己，非军期犒赏，则月给钱粮，逼使拨还，亦非己出，夺彼与此，有何利害"），而民间的欠款不能催还（"民间旧欠，所在皆然，非逃亡人民，则庸胥猾户，迫令输纳，号令不行。良善之氓，例遭抑配。开猾吏衣食之源，遗平民椎剥之苦。人心骇愕，物论纷纭，使陛下重失人心，特在此举。"）如果再设提举常平官，只会耗费更多的钱。（"而远方官司，奉承不暇，修饰廨舍，召置吏人，供帐什物之资，增给禄廪之费，不知其几何也。"）

赵鼎强调，青苗法不是良法。（"敛散本非良法，知取债之利，而不知还债之害。前言固已曲尽于人情，而今乃督责于既已放免之后，其为嗟怨，岂特还债之比邪？"）他主张罢提举常平官吏，恢复旧的平籴之法。

高宗接受了他的建言，罢诸路提举常平官，拘催本钱一事也作罢。

青苗法，这个"史上最牛银行"，方才告别了历史舞台。自此以后，全国范围的青苗放贷没有再推行过。

青苗法的废除是在否定王安石的背景下进行的。

高宗说："安石之学，杂以伯道（霸道），取商鞅富国强兵，今日之祸，人徒知蔡京、王黼之罪，而不知天下之乱生于安石。"

赵鼎也说:"至崇宁初,蔡京托绍述之名,尽祖安石之政。凡今日之患始于安石,成于蔡京。"

这样一种认识,可以说是南宋初年士大夫的共识。否定王安石与南宋立国的意识形态基础紧密相连,和南宋王朝合法性的建构密切相关。

值得注意的是,尽管北宋王朝是被金人以武力征服的,高宗君臣对北宋亡国的认识,恰恰是对王安石效法商鞅富国强兵的否定。可以作为对比的是,近代中国被西方列强打败以后,国人首先叹服的是列强的船坚炮利,是西方武力的强大,得出的结论是"落后就要挨打",转而寻求富国强兵之道。

近代以来的历史学家,从梁启超开始,都极力否定蔡京与王安石之间的继承关系,提出了"新法变质说",认为蔡京的新法已经变质了,蔡京是打着王安石变法的旗号,干着破坏王安石变法的事业。

实际上,从王安石到蔡京,新法演进的过程是非常清晰的。蔡京确实是王安石的继承人。崇宁新政是对熙宁新政的继承,这是无可否认的历史事实。"绍述"绝对不是空洞的口号,无论是政策,还是人事,还是学术思想,都有着明确的继承性。

北宋王朝的大败局追因到宋神宗时代,有其合理的一面。至少比20世纪的历史学家们所说的"新法变质"要更为符合实际。北宋亡国之时的体制,是新法体制的延续。但如果说王安石变法导致了北宋的灭亡,则显然过于简单。原因的原因不是原因，从熙宁到靖康之变，中间有约 60 年的时间。

既然蔡京是王安石的继承者，又是北宋亡国的罪魁祸首，那么，王安石变法不就是北宋亡国的根源吗？这种思路确实是南宋时的主流看法。但是复杂的历史需要复杂的头脑。蔡京新政是王安石变法的继承和发展，是王安石新法向前推进的一种可能。蔡京之政也非北宋灭亡的全部原因。是否导致亡国也不是评判新政的唯一标准。

不管怎么说，不可否认的是，这是一段大失败的历史。一场轰轰烈烈的改革运动，追求理想秩序，高调的宣言，最后留下的是惨不忍睹的结局。几代人富国强兵的愿望成为泡影，抑兼并而惠贫弱的理念最终落空，三代遥远，盛世何在，才华耗尽，一败涂地。

面对这段沉痛的历史，不能仅仅停留在歌颂变法的伟大和贬斥奸臣的误国这种表面，需要有更深刻的反思。

第十章

殊途同归

朱子社仓的青苗困境

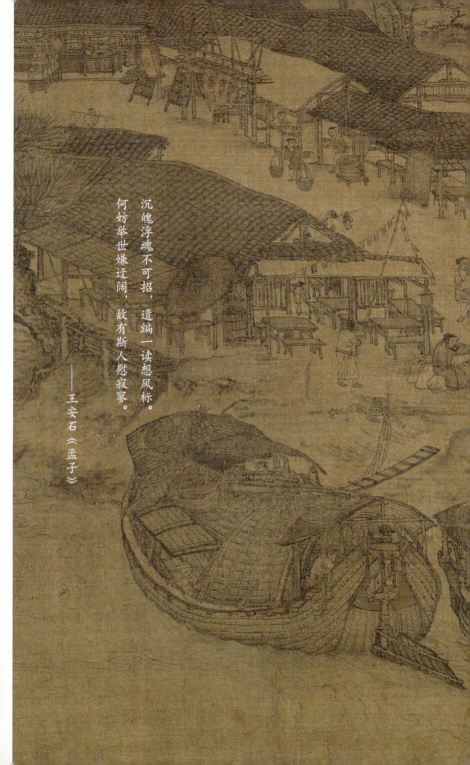

沉魄浮魂不可招，遗编一读想风标。

何妨举世嫌迂阔，故有斯人慰寂寥。

——王安石《孟子》

被讥讽为青苗法的

朱熹社仓

朱熹的形象是一种很魔幻的存在。比如，一般的历史教科书中对朱熹的描述大概是这样的：

朱熹是理学集大成者。他特别强调，理之源在于天理，而天理就是作为道德规范的三纲五常，它是人性的最高境界，并指出人性本来与天理一致，具有仁、义、礼、智等美德，但被后天的欲望所蒙蔽，所以强调"存天理，灭人欲"。

程朱理学适应了统治阶级的政治需要，备受推崇，成为南宋以后长期居于统治地位的官方哲学，有力地维护了封建专制统治。朱熹编著的《四书章句集注》，成为后世科举考试依据的教科书。朱熹的学术思想还传及日本、朝鲜乃至欧洲；在日本和朝鲜，甚至形成"朱子

朱熹像

朱熹（1130—1200），字元晦，号晦庵，籍贯是徽州婺源。徽州六县（休宁、祁门、黟县、绩溪、婺源、歙县），六县之中只有婺源县属于今江西，其他五县属于黄山市，而朱熹生于福建尤溪，所以朱熹可以说既是安徽人，也是江西人，还是福建人。不过，朱熹生活最久的地方还是福建，所以他的学说也被称为"闽学"。朱熹是宋代理学的集大成者。朱熹像藏于台北故宫博物院。

学学派"。

这样的描述中，朱熹的形象一方面很可敬，另一方面很可怕。

从"存天理，灭人欲"出发，朱熹的思想给人以束缚自由、压制个性的感觉强烈，带有浓厚的禁欲主义色彩，**特别是从性别主义的角度来看，道学家强调女性守贞，反对改嫁，是迫害妇女的罪魁**。

朱熹的另一种形象，更真实的形象是伟大的学者、思想家，比如钱穆就说："在中国学术史上，若论博大、精微兼而尽之的学者，孔子以下，只有朱子，可算得第二人。"

自南宋以后直到清朝，600 年里朱熹的学说一直是官方正统。不仅如此，朱熹的学说走出国门，在东亚有很大的影响力，在朝鲜和日本都有着无数的崇拜者、学习者。

朱熹并不只是一个著书立说的人，他有着宏大的改革理想，对社会事务有着高度的热情。最能体现朱熹在社会建设事业上成就的就是他的社仓法实践。

朱熹的老师是李侗，李侗师从罗从彦，罗从彦师从杨时，所以朱熹是二程的四传弟子，杨时的三传弟子。从二程到朱熹，理学基本上可以说是一个民间学派，在学术思想上一直是站在官方王学的对立面。不过，乾道年间朱熹在福建建宁府崇安县开耀乡五夫里创设了社仓，此举却颇有效法王安石青苗法的嫌疑。

朱熹为什么要建社仓？这还得从一场大灾荒说起。

乾道四年（1168）春夏之交，建宁府的建阳、崇安、浦城一带灾荒十分严重，一旦救荒不力，就会出现流民满地、盗贼充斥的惨状。

当时居住在开耀乡的朱熹接到了知县诸葛廷瑞的书信，请他和乡中耆艾刘如愚一起劝说当地的土豪大户，让他们把家中的存粮拿出来，按照平价来赈济乡里灾民。朱熹和刘如愚二人苦口婆心地劝说，最终非常不易地完成了知县的托付，乡里百姓得以存活。

可没过多久，邻县浦城的饥民相聚为盗，距开耀乡仅仅40里，人皆惊骇。而此时开耀乡就连地主家也没有多少余粮了。朱熹和刘如愚二人忧心如焚，计无所出，最后只好写信向县里和府里求援。

当时建宁府的知府徐嚞随即派人运了一船600石粮食沿着溪水而下，朱熹和刘如愚带着当地青壮走了40里路把这批救命粮运了回来，乡里百姓得以存活，蒲城盗乱随后也被平定。

度过这次灾荒以后，当地百姓幸运地迎来了秋季大丰收。到了冬天，乡民愿意把粮食归还给官仓。当时的知府是新上任的王淮，他说年景不同，有丰有歉，不如就把这批粮食留存当地，府中留个数就可以了，于是这批粮食就留存在了当地。

粮食放久了容易腐烂，必须让这批粮食流动起来才有价值。朱熹和刘如愚想出了借贷的办法，最终提出了创建社仓、每年放贷收息的主张。

乾道七年，在府里的支持下，经过三个月的建设，朱熹在当地建起了有三仓一亭门墙守舍非常完备的社仓，这个社仓被称为"五夫社仓"。朱熹和当地的士子一道，订立了详细的社仓条例。

按照社仓条例，乡民可以在夏初从仓中贷粮，到了冬天加上十分之二的利息偿还，如果出现了歉收，利息减少一半；如果遇到大荒之年，利息全免。

据说，朱熹还在仓壁上题了一首警诗借以劝诫管理人员：

> 度量无私本至公，寸心贪得意何穷。
>
> 若教老子庄周见，剖斗除衡付一空。

朱熹的五夫社仓是非常成功的，14 年后，除了将原来的 600 石粮食归还给了建宁府以外，三个仓库里面还贮存了 3100 石的粮食，这是数年来放贷收息的成果。一乡之民，即便是遇上了灾年，也不会出现缺乏粮食的窘况。

确切地说，社仓在南宋并非朱熹首创。此前有魏掞之在建宁府建阳县创设的长滩社仓。不过，魏掞之创办的社仓是借粮还粮，不收利息。

魏掞之和朱熹属于同门师兄弟。朱熹虽然对魏掞之的行为十分赞赏，但考虑到如果不收利息，社仓的运营就会不断亏本，最终无法持续。他建议魏掞之采用收取利息的办法，来保证社仓的持续运行。但是魏掞之觉得这样做就变成了王安石的青苗法，增加了乡民的负担，坚决不同意。

二人为此多次争论，甚至在吃饭喝酒的时候争得面红耳赤，闹得周围闲人看笑话，朱熹最终也没能说服魏掞之。

另外，朱熹对于放高利贷盘剥小民的行为十分痛恨，在他看来，社仓的低息放贷就是与放高利贷者竞争，有限制高利贷横行乡里的作用。

朱熹的社仓和王安石的青苗法不是非常类似吗？梁启超在《王荆公》一书中就说："后此有阴窃青苗法之实而阳避其名者，则朱子之社仓是也。其法取息十二，夏放而冬收之，此与青苗何异？朱子行之于崇安而效，而欲以施之天下，而犹荆公行之于鄞而效，而欲以施之天下也。朱子平日痛诋荆公，谓其汲汲财利，使天下嚣然丧其乐生之心。及倡社仓议，有诘之者，则愤然曰：介甫独散青苗一事是耳。"

朱熹的社仓和王安石的青苗，本质上是一回事吗？

这样的疑问，朱熹的好友吕祖谦和张栻也曾经提出过。

朱熹、张栻、吕祖谦三人是当时著名的大学者，并称为"东南三贤"，他们的学说同出于二程理学，志同道合，经常在一起切磋学术。

吕祖谦出自吕公著家族，是吕好问的曾孙，宋室南渡以后吕氏家族定居在婺州（今浙江金华）。吕祖谦是浙东学派的学术领袖，淳熙二年(1175)他从婺州到崇安去探访朱熹，朱熹热情地接待了老友，并带他参观了社仓。

参观了社仓之后，吕祖谦赞不绝口，有仿效的意愿，但很委婉地说，您这社仓中的粮食本钱还是从官府中来，管理社仓的诸位贤达实在是非常难得，我回去之后就嘱托众乡人士友，大家一起联合经营，使得乡里有赈灾的储备粮，不花公家的一分钱（"闾里有赈蓄之储，而公家无龠合之费"）。言下之意是朱熹的社仓跟官府还是走得太近，有变成青苗法的危险。

张栻居住在湖南，是湖湘学派的学术领袖。虽然他认为社仓法和青苗法义利有别，却还是向朱熹提出了告诫。在张栻看来，社仓难免有青苗之讥，在一乡之中设立社仓，目前看来确实是便民举措，但倘若因此就认为王安石所作所为有可取之处，王安石在鄞县施政，也是贷谷于民，后来便把这些举措推向全国，如果要把社仓推向全国，那和王安石所为没什么两样。

面对友人的告诫，朱熹本人曾作如下说明："青苗者，其立法之本意固未为不善也，但其给之也以金而不以谷，其处之也以县而不以乡，其职之也以官吏而不以乡人士君子，其行之也以聚敛亟疾之意而不以惨怛忠利之心。是以王氏能行于一邑，而不能行天下。"

所谓"青苗立法之本意"，即抑兼并而惠贫弱，朱熹并不认为有何不妥，以取息的方式维持常平仓的持续运转也无可厚非，但在实际的政策运作中，青苗法存在四大弊端，放贷的金钱而不是粮食，仓库设在县里而不在乡里，管理者是官吏而不是乡人士君子，运作之中急功近利而忘却了初心。

这四点可以说是对青苗法弊端极为深刻的揭示。其中最关键的一点就是社仓管理者应该是乡里德高望重的人，而不应该是官吏。换言之，社仓法和青苗法的主要区别也是在这四个方面：一是社仓贷给乡民的是粮食而不是金钱；二是仓库设置的场所是在乡里而不是在县城；三是社仓管理者是乡人士君子，而不能是官吏；四是社仓经营要坚持救济乡里贫民的初心，不能把它作为创收的手段。

朱熹非常清楚农民在生活中会遇到青黄不接的难题，借贷的需求是迫切的，收息也是必要且合理的，关键在于管理者和经营方式。朱熹自然明白社仓经营不能和官府走得太近，比如吕祖谦所说的不让政府出资，对于经济发达的浙东士人来说，并不是难事，但在贫困的闽北之地，没有政府的出资社仓是无法建立起来的。朱熹在努力维持社仓运转的同时，也在最大限度地保证社仓对于官府的独立性。

正如哈佛大学包弼德教授在《历史上的理学》一书中所强调的："朱熹建立社仓的目的，是为了通过地方政府或富户出资，创造一个能自我维持的制度，为农民提供低利息的贷款……在他的构想下，地方精英家庭可向地方政府要求设立社仓，然后向常平仓借贷谷粮或自己出资作为本钱。向农民借贷时，则收取百分之二十的利息，一旦筹集了足够的资本并归还了原本的贷款，他们就必须把利益降低，只要能够支付行政费用就可以。其他的模式可根据不同地方的习俗与情况施行。社仓和政府采用的办法（尤其是受到最多抨击的青苗法）间最大的差异在于社仓是自发性的：发起人必须是居于领导地位的地方士族。虽然地方政府需要检查账目，但士族必须负责社仓的维持。"

其实，梁启超在盛赞青苗法之时，也注意到了民办与官办之别。梁启超特别申明这种"银行之为业，其性质乃宜于民办而不宜于官办"。但是在北宋关于青苗法的论争中，正是反对青苗法者指出官府借贷比民间借贷危害更大。而朱熹正是对青苗法的官办方式有着清醒深刻的认识，所以才力主由民间士君子所主持的社仓。梁启超对朱熹的批判，可以说完全是歪曲了朱熹的主张，和他自己的主张也自相矛盾。

朱熹《城南唱和诗卷》（局部）

《城南唱和诗卷》是朱熹为和张栻城南诗所作，一共有20首。乾道三年（1167）八月，朱熹与张栻在潭州（今长沙）游历城南胜景，其间有许多应酬唱和的诗作。

　　淳熙八年（1181），由于在南康军知军任上救灾有力，朱熹调任受到严重旱灾的浙东，担任提举常平茶盐公事。朱熹在赴任途中，上奏认为在浙东救济饥馑所必要的措施，其中提出的方案之一便是修建社仓。

　　他介绍了自己在建宁府崇安县开耀乡设立社仓的成功经验，认为社仓可以在全国推广，但希望不要强制推行，如果当地社会愿意建立社仓，地方政府可以把常平仓中的粮食作为本进行支持，如果不愿意，也不勉强。

　　朱熹制定了非常详细的《社仓事目》，对社仓管理的每个细节都做了明确的安排。

　　第一，为了防止舞弊行为，民间在设立社仓的同时，必须先清查当地的户籍人口，实行极为严格的普查制度。由最基层的管理人员社首、保正、副重新编排保簿，到第二年三月将保簿交给乡官进行检查。如果有增添的或漏掉的，哪怕是一户一口不实，就要进行审查摸清情况，并向县里申报进行处理。在将人口情况坐实以后，根据人口的多少，确定放贷粮食的额度。

朱熹还附上了标准的《排保式》（《户口普查单》）：

排保式

某里第某都社首某人今同本都大保长队长编排到都内人口数下项：

甲户，大人若干口，小儿若干口，居住地名某处，或产户开说产钱若干，或白烟耕田、开店买卖、土著外来系某年移来，逐户开列。

余开

右某等今编排到都内人户口数在前，即无漏落及增添一户一口不实，如招人户陈首甘伏解县断罪，谨状

年　月　日

大保长姓名押状

队长姓名

保正副姓名

社首姓名

第二，每年四月下旬放贷申请经府里批准后，在五月下旬进行放贷工作，由县里委派一名精明强干的官员，另派一

名县吏和一名斗子(仓库管理员),和乡官一起负责放贷事务。

第三,官府事先贴出告示,安排好放贷的具体日期,以一都(都为乡之下的基层单位)为单位,一天一都。农民按照指定日期,携带写明家中人口情况(大人若干,小孩若干)的贷款申请书到现场办理借贷手续。前提是十人结成一保,互相作为保证人。社首、保正副、队长、大保长需要验明正身,确认无误后,签字画押,然后进行放贷。监官和乡官一起进入仓库之中依照审核过的《贷款申请书》按顺序进行放贷。如果农户不愿意借贷,也不得任意强行摊派。

朱熹附上了标准的《请米状式》(《借粮申请书》):

请米状式

某都第某保队长某人、大保长某人下某处地名、保头某人等几人今递相保委,就社仓借米,每大人若干,小儿减半,候冬收日备干硬糙米,每石量收耗米三升前来送纳,保内一名走失事故,保内人情愿均备取足,不敢有违,谨状。

年 月 日

保头姓名

甲户开名

大保长姓名

队长姓名

保长姓名

社首姓名

第四，收支米的时候，只准使用官方指定的官桶和官斗，由斗子公平计量。

第五，丰年的时候，只打开两个仓库，存留一个仓库；如果遇到荒年，就打开第三个仓库，专门用来赈济灾民。

第六，还贷日期是在十月上旬确定，最晚不能超过十一月下旬。按照旧例每石收耗米二斗（1升=10斗=100升），新的办法是每石只收3升，主要供给工作人员的盒饭。

……

诸如此类的详细规定还有若干条，比如簿书如何管理、仓库的钥匙如何掌管等，事无巨细，清楚明白。朱熹条列清楚地上奏给宋孝宗。

孝宗是南宋历史上最有作为的皇帝，孝宗统治期间有"乾淳之治"的美誉。孝宗对朱熹的主张表示赞赏，随后下诏将朱熹的"崇安社仓法"颁行于诸州。

后来正统史家都把这件事情大书特书，但实际上，地方官应者寥寥。宋孝宗的这道诏书不过是一纸具文。庆元元年（1195），朱熹在《常州宜兴县社仓记》中表示，虽然皇帝下诏施行，但是全国各地应者寥寥，只有福建赵汝愚、宋若水能够在几个县里推广，但也不够普遍。

庆元二年（1196），朱熹在《建昌军南城县吴氏社仓记》中感慨社仓之法朝廷公布十多年了，江浙近郡田野的农民都没有听说过社仓这回事儿，真正能够把社仓落实下来的，也就那么一两家。

可知从宋孝宗下诏以后，15年过去了，响应者很少，兴办的社仓数量很有限，以福建为多，特别集中在朱熹的老家建宁府。为何会出现这样的情况？韩国外国语大学李瑾明教授总结了多方面的原因：

> 首要的原因，是当时社会普遍把社仓制等同于青苗法，社仓成了反对派批判的对象；
>
> 其次，朱熹在政治上受到当权派的排挤；
>
> 第三，社仓的推广需要大量社仓组织的管理者即士大夫，朱熹的老家建宁府当时科举提名者辈出，但很多地方并不具备这样的社会基础；
>
> 第四，社仓的效果往往是在粮食供给结构接近自给的区域，如果粮食供给相当充裕或者短缺非常严重，都无法发挥效果，建宁府的粮食供给状况最有利于社仓的实施；
>
> 最后，朱熹在建宁府有大量的追随者，是闽学的大本营。

这些可以说都是影响因素。不过，对比一下青苗法的实施，可以有更鲜明的观察。

青苗法的诏令出台以后，40多名青苗使者分赴各地强力推行，朝廷甚至不惜大兴诏狱，对付那些消极应对青苗法的元老重臣和地方大员，而且青苗法的推行与各级地方官的荣

宋孝宗

宋孝宗赵昚（1127—1194）是宋太祖赵匡胤七世孙、宋高宗赵构养子，是南宋最有作为的皇帝。他为岳飞平反，锐意北伐，但未取得成功，北伐草草收场。孝宗统治时期名儒辈出，是中国文化史上的兴盛时代。

辱升降紧密结合。

　　与朝廷力推青苗法的不同，宋孝宗的诏令只是让地方根据各自的情况来建设社仓，主要是倡导式的，而不是像青苗法那样命令式的，也缺乏激励措施。官僚集团的惰性表露无遗。如果在社仓的建设中自己并没有获得任何直接的好处，大多数官员只会坚持"多一事不如少一事"的态度，社仓建设的热情完全有赖于官员的自觉性。离开了官府的推动，事情是很难做成的，这是社仓难以推广的根本原因所在。

帝王师朱熹

在政治迫害中去世

朱熹一直无意于仕进，自22岁中进士以后，"五十年间，历事四朝（高宗、孝宗、光宗、宁宗）。仕于外者仅九考，立于朝者四十日"。他先后担任过同安县主簿、南康军知军、提举浙东常平茶盐公事、漳州知州、潭州知州兼荆湖南路安抚使，地方为官五任共计七年三个月，所谓"仕于外者仅九考"，是指有九个年头，"立于朝者四十日"是指朱熹在宁宗朝入侍经筵，担任侍讲46天，"四十日"是约数。

孝宗以孝著称，而他的亲儿子光宗赵惇却是非常不孝，不仅不孝，精神上也有问题，被称为"疯皇"。他的皇后李氏堪称宋代第一"悍后""妒后"，宋孝宗和儿子、儿媳之间的关系非常紧张。

孝宗禅位给赵惇，做了几年太上皇，却没有能够享受到平静的日子。孝宗去世的时候，赵惇借口说自己生病了不能去主持丧礼，引起满朝骚动，士人寒心。

这时候，宗室赵汝愚联合外戚韩侂胄，奏请太皇太后吴氏（宋高宗皇后）下诏，强迫光宗禅位，拥立新皇赵扩，是为宁宗。史书上对宁宗的描述是"不慧"，即不聪明，智商不高，其实就是个"傻皇"。

策立新皇的赵汝愚掌握了朝政大权，他是有着远大抱负的改革家，引用了一大批具有道学倾向的士大夫官僚，其中就包括朱熹这位"天下大老"。

朱熹担任侍讲，成为宁宗的老师，给他讲课。朱熹的内心怀着"得君行道"的梦想，希望通过自己讲课，来感化宁宗，然后推行自己的政治主张。但很快朱熹便被卷入到朝政风波中去，最终成了政治迫害的对象。

面对这位严厉的老师，宁宗一开始在表面上恭敬谦让，对朱熹以礼相待，甚至还褒宠有加。

朱熹讲课，讲的是《大学》"格物致知，正心诚意"，告诫皇帝要"诚意"，不要表里不一。

其实，朱熹所讲的"存天理，灭人欲"，本来针对的是统治者，甚至是最高统治者——皇帝本人。他一再申说要"正君心之非"，就是要以道制君。朱熹有时候对皇帝紧追不舍，甚至是声色俱厉，是一位严师。

朱熹的这种讲课方式和他的师祖程颐很像。程颐当年给小皇帝哲宗讲课，也是非常严厉，小皇帝的内心受到压抑，小宇宙要爆发。最后程颐被罢了讲席，回了老家。

宋光宗与宋宁宗

光宗与宁宗父子二人，一个疯，一个傻，在他们的统治下，南宋王朝逐渐走向衰落。

面对朱熹的严厉，宁宗一开始还忍着，后来就忍不住了。而朱熹还满心期待皇帝能够幡然悔悟，宁宗却说："朱熹所言，多不可用！"随即朱熹被罢侍讲。

程朱二人都是学问很大，但授课方式不对路，所以教学效果不佳。再加上宫中授课，不比民间教学，稍有不慎，便会卷入到宫斗之中。

当宁宗对朱熹不满的时候，韩侂胄一看，机会来了，立即在旁边添油加醋、挑拨离间。他说："陛下千乘万骑，而熹乃欲令一日一朝，岂不迂阔！"

韩侂胄是韩琦的曾孙，也是神宗的女儿齐国长公主的孙子。他的父亲韩诚娶了高宗宪圣皇后的妹妹，妻子又是宪圣皇后的侄女。韩侂胄因为父亲的恩荫而入官，一路扶摇直上。宁宗的皇后韩氏又是韩侂胄的侄孙女（侄子的女儿）。韩侂胄和皇室的关系，可以说是紧得很，所以成了炙手可热的大红人。而对于这样的外戚近贵，朱熹自然是不大看得上的。

进士出身的赵汝愚同样对武臣韩侂胄看不上。在拥立宁宗的时候，赵汝愚曾允诺成功以后给韩侂胄节度使，但宁宗真当了皇帝，赵汝愚又没有把这个节度使给他。赵汝愚说得理直气壮：我是宗室，你是外戚，我们都为赵家王朝服务，你何必要争这个东西呢。

其实，节度使仅仅是个荣誉，不具有实权。可是，韩侂胄十分在意这个荣誉，他觉得自己被赵汝愚调戏了一番。

宁宗对道学家朱熹不爽，韩侂胄对宰相赵汝愚不满，朱熹又是赵汝愚举荐上来的，宁宗便和韩侂胄联合起来，先把赵汝愚罢免了，随即形成了韩侂胄专权的局面。紧接着，韩侂胄又把一大批道学派科举官僚给罢免了。

一场针对道学家的迫害运动随即展开，史称"庆元党禁"。从庆元二年（1196）开始到嘉泰二年（1202）解禁，前后持续了七年之久。朱熹之学被定性为"伪学"，赵汝愚、朱熹等人并称为"伪学逆党"。

从学术真伪的角度来看，这真是一个绝妙的讽刺。南宋时代最顶级的大学者，他的学问被官方定性为"伪学"，如果朱熹的学问是假的，当时谁的学问敢说是真的呢？

宁宗下诏，今后凡是监司帅守荐举改官，都必须先声明自己"非伪学之人"，参加今年科举秋试的士子，必须在家状上写上"委不是伪学"五字，才准进考场。

政治风浪一旦兴起，自然是一浪高过一浪。庆元四年四月，右谏议大夫姚愈向宁宗建议说："近世侥幸之徒，倡学道学之名，权臣力主其说，结为死党，愿陛下明诏，播告天下。"

宁宗果然降下一道杀机腾腾的诏书，宣布伪徒如"怙恶不悛，邦有常刑，必罚无赦"。

可笑又可恨的是，当时还有一名叫余嚞的选人，直接上书请斩朱熹。显然他也是想借机出出风头，捞点政治资源。

那些害怕被打入逆党的道徒，有的隐姓埋名，遁入深山之中；有的化装整容，放浪于市井之中。弟子们纷纷劝朱熹低调下来，明哲保身。谁是真道学，谁是假道学，倒是在这场政治运动中得到了检验。

以道自任的朱熹此刻内心坦然。庆元六年（1200）二月春分那天，朱熹的弟子、袁州萍乡县胡安之来请朱熹为萍乡社仓写一篇记。朱熹回忆起当年在萍乡与友人刘清之交往的情景，万分感慨，慨然作序。他在《跋袁州萍乡县社仓记》中写道："天下之事，是非得失，固有定在，而其盛衰兴废，亦有系于时势而不可常者。"

不久之后，朱熹就在这场政治风暴中去世了。四方士子不顾政治风险，纷纷前来拜祭，送葬者将近千人。

朱熹的生前好友、大词人辛弃疾大哭道："所不朽者，垂万世名。孰谓公死，凛凛犹生！"

　　黄震是南宋末年有名的理学家，他和文天祥是同榜进士，在内忧外患的时局之下始终怀着一颗忧国忧民的心。

　　在黄震的时代，理学已经获得了正统地位。淳祐元年（1241），王安石被官方定性为千古罪人，从孔庙中驱逐出去；而朱熹得以从祀孔庙，被官宣为获得了孔孟真传的正宗儒家。

　　朱熹是黄震的精神偶像。在黄震看来，"借贷之息轻而水旱之备豫，法固未有善于文公（即朱熹）之社仓者也"，没有比朱子社仓更好的预备应对水旱灾害的办法了。

　　有一年，抚州金谿县发生饥荒，金谿人李沂建社仓，不借势于官府，黄震称赞道："今岁之歉，一邑赖之，置仓如此，信能以文公之济人者济人也。"

　　然而，当时的社仓并非尽如人意。

　　在广德军（今安徽广德）当通判的时候，黄震发现官家

穴之嘘氣如湧名羊角山羊陽也鼓角聲亦陽也故置
此以予觀之他州惟麗譙為高此州則惟此阜為高乘
高申儆聲發天半誠莫此地為宜宣必如或者之言哉
然惟其左雖郡將莫之登臺與汙踐樓且就圮咸淳七
年冬余始新其陳陋疏以欄檻山川城市盡在一目登
覽者欣然誰謂此一州之勝昔渾今顯宜於咸崇乎有
助余則念根本尚有在兩夫蕭號令作忠勇鼓角也寓
之鼓角者也政平賦理軍民蕭足士飽馬騰歡聲浮
蔚則鼓角歡亮豈政之發否而徒恃鼓角為雄有是乎
辛今朝廷清明根本所在士大夫正宜汲汲若夫萬
嶺俱寂之頃夜氣方清之初耳靈罷之逢聆梅引之
嗚嗚清吾政本所自出又在此心也哉承議郎權發遣
撫州軍州事卽制軍馬黃震記

撫州金谿縣社倉記

咸淳七年余承乏撫州適歲大饑賴撫之賢士大夫相
與講求賑貸因多有以社倉事來諗臨川縣李君德傑

首以書來曰鄉有李令君捐粟六百石為倡將成社倉
章因以風屬其餘余報曰縣矣社倉之法之良之可慕
也亦其矣矣社倉之弊之苦之可慮也余前歲員丞廣德
見社倉元息二分而倉官至取倍稱之息華縣展轉侵
漁而社倉或無甁石之儲其法以十戶為甲一戶逃亡
九戶賠補逃者眾賠者愈苦久剝防其逃也坐倉命
展息而竟不貸本或臨秋貸錢而白取其息民不堪命
或至自經僉謂此文公法也無敢議變余謂非變其法
也救其弊耳乃為之請於朝曰法出於黃帝堯舜尚當
變通法立於三代盛王尚須損益安有法本先儒而不
可為之救弊使法本於儒先生視其弊而不救豈儒先
所望於後之人哉朝廷可之既又念臨以官司之煩不
若聽從民間之便也又為之請於朝曰朱文公社倉法
主於減息以濟民王荆公青苗法亦主於減息以濟民
而利害相反者青苗行之以官司社倉主之以鄉曲耳
故我孝宗皇帝頒文公法於天下令民間願從者聽

黄震论社仓与青苗法

黄震（1213—1281），字东发，庆元府慈溪（今宁波慈溪）人，他的主要著作是
97卷的《黄氏日抄》，书中对王安石批评甚力。

所创办的广德军社仓，不仅没有起到救济百姓的作用，反而激起了巨大的民怨。

按照当时的法律规定，社仓必须"尽数均贷"，所谓"尽数"即在规定时间内仓粮必须全部贷出去，所谓"均贷"，即家家户户都必须借贷。如果利息没有收够，县官就没有办法拿到离任的批文。于是乎社仓的管理者不管百姓愿不愿意，都要追着强迫进行贷款。这是广德军社仓的头号弊病。

广德军社仓虽然是官办，但具体负责经营的仓官，却是属于民间大户的职役。这个差事不好办，良善之辈不愿意助纣为虐，确是给地方豪霸提供了绝佳的机会，他们本来就是经营高利贷的，现在抓住机会当上仓官掌控社仓经营大权，"为善不出本心，临财宁免于故态，于是阳借贷敛济人之权，阴肆为富不仁之术"，不管二分不二分的利率规定，还是收一倍有余的利息。

仓官们还擅长在大秤小秤上做手脚，放贷谷物的时候，老百姓名义上借贷十斤，拿到手的实际上大概只有七八斤。还贷的时候，情况正好反过来。这样一根甘蔗两头吃，仓官们的手段越来越高明。"社仓一年富于一年，乡民一年穷于一年。"

县官关心的是能不能把利息收足，遇到有百姓上诉，仓官与县令互相勾结，以势压人，老百姓有冤无处诉，于是便出现了大量逃户。

人可以逃走，债却逃不掉。广德军的社仓法本来就是官办，乡民是以十户为甲，如果其中有一户逃走了，他的债务就由其他九户来赔补，如果两户逃走了，就由剩下的八户来赔补，逃的人户越多，赔补的人户就越苦。有的人家实在是赔得受不了了，无处诉告，只好自我了断，一了百了。但是，生命的终点并非债务的终点。比如有的人户是爷爷这一辈贷款欠下的债，现在已经由孙子这一辈继承下来，甚至有的家族中的孤儿寡母也不能免除债务。谷不出仓，只是就仓展息，息上又生息，生命有尽头，利息无绝期。

这和青苗法有什么区别呢！黄震说："此初意虽本于文公之社仓，而流弊几类于荆公之青苗，势有必然，事无足怪。"

那么，非官办的社仓又怎么样呢？黄震离任广德军之后，到抚州担任知州。他在抚州见到的社仓情况更让他愤怒。当时抚州遭遇了灾荒，而抚州有位姓饶的大户，以前当过县尉，现在乡居在家。这位饶县尉的社仓几乎遍布抚州各县乡。适值荒年，饶县尉竟然一毛不拔，一粒不贷。

黄震觉得，社仓正是为荒年而准备的，丰年百姓不愿意贷，反而强迫贷款收取利息，荒年百姓仰望贷款活命，却耍无赖眼睁睁地看着百姓饿死。

这也太没有"天理"了！

于是知州黄震派出监贷官，去监督饶县尉开仓贷粮。结果，被他委派的官员一个个皱着眉头，有的甚至磕头大哭，说饶家势力太大，雄霸一州，现在如果强行这样干，一定会马上大祸临头。

饶县尉不过是当过小小芝麻官，但他能够把持一州各县乡的社仓，其能量绝不容小觑。地方黑恶势力本来就是官僚体系的派生物，饶县尉必然是有足够硬的大靠山、足够大的保护伞才敢如此肆无忌惮有恃无恐。

黄震绝对是硬骨头，他立即上书朝廷，说明情况，并说如果将来饶县尉有申诉，或者买通达官贵人游说中伤，他愿意独立承担罪责，不要连累自己的同事。

后来在朝廷的支持下，黄震派人督责饶县尉开仓放贷，饶县尉至此仍然顽抗，不止一次地用金钱来收买监贷官，并且想方设法地把社仓中的粮食转移出去。

毫无疑问，黄震是关心民瘼的优秀父母官，可是，仅凭个人之力，怎么能够澄清玉宇、涤荡乾坤呢？

南宋后期，社仓普遍出现了严重问题。朱熹的再传弟子王柏说当时的社仓"有名无实，有害无利"。

晚宋大儒真德秀对朱熹极为推崇，尊之为"百代宗师"，他竭力弘扬朱熹学说。对于社仓的状况，真德秀十分痛惜，他说社仓"岁久法坏，每为之太息"，"近世士大夫以其蠹弊多端，往往归尤于法，欲举而废之"。

相当一部分社仓之名虽存，社仓之实全无，官方仍然打着朱熹的旗号，实际全不按朱熹的设想从事，甚至沦为害民之具。

一位官员描述福建社仓的情况是："比年以来，社仓之米不贷于贫民下户，而土人仓官乃得专之，以为谋利丰殖之

真德秀书法《章草诗帖》

真德秀（1178—1235），字景元，号西山，建宁府浦城（今属福建）人。庆元五年（1199）进士，开禧元年（1205）中博学宏词科。理宗时擢礼部侍郎、直学士院。端平元年（1234）任户部尚书，改翰林学士、知制诰，次年拜参知政事。于时政多所建言，奏疏不下数十万字。学宗朱熹，为理学名臣，著有《大学衍义》。

具，所贷者非其亲戚，即其家佃火与附近形势、豪民之家。冬则不尽输，其可得而敛者又为仓官私有。"

有德之人对社仓之职唯恐避之不及，而心怀鬼胎意欲敛财者迫不及待地想在社仓事务上谋个职务。

这正如青苗法，其运行的规则不是金融的逻辑，而是权力的逻辑。

理学家们想在权力世界里建设一个道德社会，何其艰难！

道学的时代来临了，伪道学的时代也来临了。真道学、假道学鱼龙混杂，真假难辨，但不可否认的是真道学难得而假道学泛滥。

吕祖谦说："善未易明，理未易察。"这八个字可谓是说尽人世间的道理。就连朱熹，不也是一度被赵扩的伪善而欺骗吗？现实社会里，道貌岸然者实在太多。正是在道学成为官学的时代背景下，真正的"伪学"才大行其道！

士大夫官僚们平日学的是孔孟之道、礼义道德，口中讲的是正心诚意、修齐治平，心中想的是升官发财、荣华富贵，手中做的是以权谋私、贪污聚敛。正是对官僚本性的深刻认识，让道学大佬朱熹对官僚染指社仓保持着高度的警惕。然而，在一个官本位的社会里，离开了官府，又能做成什么事呢？

公益最终变成了公害。

在道学成为官学之后，"存天理，灭人欲"的精神理念，也从试图约束统治者的话语体系，变成了统治者约束被统治者的精神枷锁，成了独夫手中"以理杀人"的利器。一句话，从制约强者变成了束缚弱者。

道德理想主义者在现实中往往碰壁，正如朱熹的感叹："道未尝一日行于天地之间！"

第十一章

再上神坛

现代世界的『王安石热』

江北秋阴一半开，晚云含雨却低徊。
青山缭绕疑无路，忽见千帆隐映来。

——王安石《江上》

自南宋以后，王安石从圣坛跌落，被官方斥为万世罪人。南宋至清朝的史书，对王安石的恶评写得满满当当。小说《拗相公饮恨半山堂》的流行，表明王安石的民间形象已经堕入深渊，似乎再也没有翻身的机会了。

出人意料的是，到了近代，王安石竟能够再上神坛。近代中国遭遇了三千年未有之变局，人们的思想观念发生了颠覆性变化。

将王安石捧上神坛的近代人物，当首推梁启超。他说王安石是三代以下的完人，是伟人之模范，是国史之光。他认为国人对王安石，应该买丝以绣，铸金以祀。

自梁启超以后，很多人在自己的精神世界里将王安石供奉起来。特别是在民国时期，王安石成了当时学政两界的公共偶像。

郭沫若书法赞王安石

郭沫若（1892—1978），四川乐山人，20世纪中国左翼文艺的倡导者和实践者。
书法主要内容是："余于古人中特喜王安石，其诗文故能特出一头地，即作为政
治家而言，实为秦汉以后有眼光有政见之唯一人物。严珍吾友属 郭沫若"。

先说学界，可以把郭沫若和胡适作为典型。这两位先生，一左一右，思想主张的差别非常大，但在对王安石的崇拜上，表现出惊人的一致。

1940 年夏间，郭沫若为友人题词："余于古人最钦佩王安石，不仅诗文独具风格，即其学问道德政治事功，无不出人一头地。宋以来小儒咸菲薄之，直可谓群犬吠日。"

1943 年，郭沫若在另一则题词中写道："要想成为一个人，不是容易的事，总要不虚度此生，对于社会有所贡献，才能算是一个人。我近来很佩服王安石，觉得他和屈原一样有一个悲剧的身世。他的文章道义都可以风征百世，而被道学家辈所挫蔑。他的政治设施和军事布置，如不被伪君子司马光所隳堕，宋室何至南渡以迄亡，元人又安得入主中土？然而千年来知此者殆少。不求人知，但求尽力作一个人，王安石是一位真儒者，我愿意以他为模范。"

同一时期，郭沫若还对朋友讲："我对于王安石是怀抱着一种崇敬的念头的，实际上他是一位大政治家，在中国历史上很难找到可以和他比配的人。"郭沫若对王安石的崇拜之情，表达得非常直接。而且，他特别强调王安石在中国历史上的唯一性。

作为左翼文人，郭沫若非常强调人民本位，他说："王安石代表人民意识，司马光代表地主阶层，苏轼作为游移于两端的无定见的浪漫文人。""'榷制兼并，均济贫乏'，这不就是我们今天所说的打倒土豪劣绅，使耕者有其田吗？"这是充满激情的表达，就其理想而言比王安石还要激进，体现出革命者的本色。

郭沫若曾做过一次题为《王安石》的演讲，在演讲中他说："什么书都读，什么人都要请教。这'农夫女工无所不问'的态度是尤其难能可贵的，决不是一般的读书人所能做到。这就是现今所说的'向老百姓学习'。这就使王安石成了中国历史上一个伟大的政治家，有目的，有政见，有办法，有胆量。秦、汉以后的第一个大政治家恐怕要数他。他的政见，主要是由人民的立场出发，和秦、汉以来主要站在统治阶级立场的大臣们两样。""下层老百姓最苦，王安石的变法，也就是在拯救这种毛病。'权制兼并，均济贫乏'，打倒土豪劣绅，救济老百姓。此即为王安石的政治原则。其最高的目的是想达到'均天下之财，使百姓无贫'。他是想由上而下来革命，结果没有行通。这也证明他的路向是走错了。这是历史条件的限制。"这次演讲最完整地表达了郭沫若对王安石的崇拜之情。

对于青苗法，郭沫若也评价很高，他说："青苗法——和现在的农民银行办法相似。农民无钱无种子时，可向政府借贷，年利二分，半年一分，分春秋二季归还本利。如遇水旱荒年，可缓期还钱。不但是借贷关系，同时又可做买卖。但政府不是剥削人民，而是含有救济性质。每逢粮价涨时，政府就贱价出之，粮价贱时，就高价收买，即'贵发贱敛'的平价方法，使囤积居奇者失去作用。此法的目的，一方面可榷制兼并，同时又救济了贫乏。"青苗法是救济人民的，很符合郭沫若的人民本位论。

和梁启超一样，郭沫若喜欢做翻案文章，他说王安石被污蔑足足有 1000 年的岁月。从数字上讲，这当然是错的。2021 年才是王安石诞辰 1000 周年，对王安石的污蔑不可能在他出生之前就开始了。郭沫若所要表达的翻案热情，确实是非常浓烈。

与郭沫若相比，胡适对王安石的崇拜之情毫不逊色。

1936 年 1 月 9 日，胡适在给周作人的信中说："生平自称为'多神信徒'，我的神龛里，有三位大神，一位是孔仲尼，取其'知其不可而为之'；一位是王介甫，取其'但能一切舍，管取佛欢喜'；一位是张江陵，取其'愿以其身为蓐荐，使人寝处其上，溲溺垢秽之，吾无间焉，有欲割舍吾眼鼻者，吾亦欢喜施与'。嗜好已深，明知老庄之旨亦自有道理，终不愿以彼易此。"王安石是胡适神龛里的三位大神之一。

三人之中，张居正并不能常驻胡适神龛。1932 年胡适《论六经不够作领袖人才的来源：答孟心史先生》中说："一个时代的范型的人物：理学以前，有范文正、王荆公诸人；理学时代，有朱子、方正学、王文成以至东林诸公。"这里面未见有张居正。1957 年有人问："如果一个外国人要你举出十个对中国文化贡献最大的人物，你将推荐何人？"胡适想了一会儿回答说："我的排名榜是：(一) 孔子，(二) 老子，(三) 墨子，(四) 韩愈，(五) 杜甫，(六) 范仲淹，(七) 王安石，(八)

朱熹，（九）王守仁，（十）顾炎武。若是再加几名，则可列上：孟子、司马迁、王充和张居正。"可见张居正屈居副榜，只能算是从祀。

胡适对王安石的崇拜，源自他对社会主义政策的理解，在1926年夏秋间赴英经苏途中致张慰慈的信里面："我是一个实验主义者，对于苏俄之大规模的政治试验，不能不表示佩服。本之中国史上，只有王莽与王安石做过两次'社会主义的国家'的试验。"他还在一篇文章中写道："韩非、王莽、王安石、李贽……一班人，若没有西洋思想作比较，恐怕至今还是沉冤莫白。看惯了近世国家注重财政的趋势，自然不觉李觏、王安石的政治思想的可怪了。懂得了近世社会主义政策，自然不能不佩服王莽、王安石的见解和魄力了。"

除此之外，胡适最看重的是王安石的人生态度。1929年5月13日，胡适在为人题写扇面时，曾经引用了王安石的一首诗："知世如梦无所求，无所求心普定寂。还似梦中随梦境，成就河沙梦功德。"在诗下面写道："王荆公小诗一首，真是有得于佛法的话。认得人生如梦，故无所求，但无所求不是无为。人生固然不过一梦，但一生只有这一场做梦的机会，岂可不努力做一个轰轰烈烈像个样子的梦，岂可糊糊涂涂懵懵懂懂混过这几十年吗？"

1932年，胡适在题为《少年应该抱的基本态度是什么？》演讲中说："简单地说，就是我们的人生观，究竟是为人，还是为己？孔子说：'古之学者为己，今之学者为人。'当时人都不注意这两句话。后来，王安石做了一篇论杨墨的文章，我们知道杨是杨朱，墨是墨翟，杨朱是主张为我的，墨翟是主张兼爱的。杨朱说：'拔一毛而利天下，不为也。'墨翟说：'摩顶放踵利天下，为之。'在这两种极端相反的论调下，王荆公为甚要论它呢？这就是因为王荆公觉得这两种主张都是对的，而给它掺和起来，很明白地说：'古之学者为己，为己有余，而后不可以不为人。'这里所说的'为己'，就是把自己这个人做得像个人样子，然后才去为人。这虽是些老话，我却以为很有道理。"在人生观上，胡适从王安石那里获得了精神支撑，这才是他崇拜王安石，把他视作大神的最主要原因。

除了郭沫若、胡适之外，当时崇拜王安石的学人还有很多。他们纷纷写文章诉说王安石蒙受了数百年的冤屈，歌颂王安石的丰功伟业和革新精神，这种倾向成为一时风潮。

当时的年轻学子深受影响，不少大学生的毕业论文就以王安石为选题，比如当时的国立武汉大学，选择以王安石为主题的，自1935—1949年就有11篇之多。说当时的学界有"王安石热"，毫不为过。

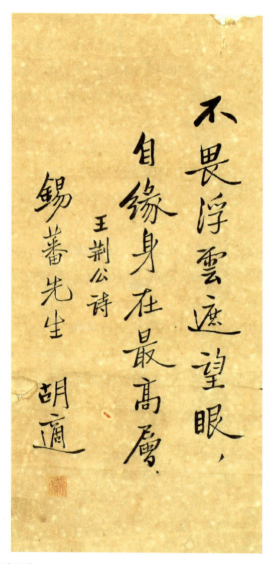

胡适书王安石诗

胡适（1891—1962），安徽绩溪人，20世纪中国自由主义的倡导者与实践者。

再看政界的情况。

1935 年 5 月底，一条蒋介石令熊式辉研究王安石政治经济学的新闻广泛传播：

　　蒋委员长近电熊式辉，嘱研究王安石政治经济学，先将其青苗、均输、市易、募役、农田水利与方田均利、保甲裁兵诸政，切实研究。在暑假训练时，可作训练材料之一，并欲在赣设临川学会，专讲王安石之学，教厅现正筹设该项学会，请新旧学者，先行研究讲演。

熊式辉是当时江西省政府主席，当时《江西省政府公报》载其 5 月 23 日签署的公牍《奉委员长蒋电敕研究王安石政治经济学等因令仰遵照》，载蒋电原文如下：

> 王安石政治经济学不可不提倡研究，此乃为中国唯一之政治家，请兄等先将其青苗均输市易募役农田水利，与方田均税保甲裁兵诸政，切实研究，在暑假训练时可作训练材料之一，而其浚黄河与清汴河更为豫省所应急切推理者，如恐个人研究不精，可请新旧学者先行研究讲演，或者江西组织临川学会，专讲王安石之学，以资研究也。其书可先看上海广智书局出版之《王荆公》，即梁启超所著六大政治家之一也。又中华书局最近出版《张居正传评》一书，更不可不急阅也。

蒋介石说王安石是中国唯一的政治家，可见他对王安石评价之高。和宋神宗很像，蒋介石喜读《韩非子》之类法家读物，崇奉管商之术。

蒋介石倡导研究王安石政治经济学，当时可用的教材不多，梁启超的《王荆公》一书仍受青睐。其后，熊公哲专门编写了《王安石政略》一书，成为广泛使用的公务员读物。

熊公哲时任河南省政府王安石政略研究会主任。这个研究会是在蒋介石倡导研究王安石之后成立的，当时河南省政府主席、开封绥靖公署主任刘峙邀请了十多位学者参与其事，而众人推熊公哲担任此责。熊公哲此时的职务是开封绥靖公署上校秘书，即为刘峙僚属。

熊公哲在自序中说此书乃1935年冬天匆匆写成，之后河南省府将其付梓，最初署名为河南省政府王安石政略研究委员会，以备公务员一时之需，1936年初内政部召各省县长、公安局长，聚之都城，讲习县市行政，遂加印《王安石政略》，加印时署名改为熊公哲，后由商务印书馆正式出版。

《王安石政略》一书影响甚大。内政部部长蒋作宾、河南省政府主席刘峙分别为之作序。蒋序中说：

> 自海通以后，西学东渐，变法维新之说，日腾播于士大夫之口。安石之新法，亦遂为时论所推重，较之前此之称誉安石，如陆象山、颜习斋辈，殆又过之。惟是安石锐意欲行之新法，所为权制兼并、均济贫乏者，果与现代之社会政策相吻合乎？其他理财足兵恤农兴学诸端，以视泰西诸国之新政，信能小异而大同乎？此又不可不详为剖析、以资研讨者也。

蒋作宾还肯定了《王安石政略》匡正梁启超以来诸家谬误，肯定其学术价值。

刘序中说：

> 介甫新政，大抵愤于有宋之积弱不振，锐意富强，其论理财，深致痛于兼并之豪右，以谓"有财而莫理，则闾巷阡陌之人，皆得擅万物之利，以与人主争黔首，而放其无穷之欲，虽欲食蔬衣敝，以幸天下之给足，而安吾政，犹不可得"。其说与近世西人所谓"社会主义"

及先总理"企业国营"之主张，实有同契。而其属行保甲，欲使举国知兵，用心尤为深至。

刘序还说熊公哲"自少好读介甫之书，欣慕其文词，久之遂通之其政术，尝谓介甫之道尝有得于《管子》'轻重敛散之权'当操之自上之意"。

这两篇序文已将《王安石政略》一书特点予以介绍，其具体内容也大致可知。值得注意的是，刘峙序中说王安石的思想与孙中山的主张实有同契，这并非空穴来风。

孙中山曾宣称自己所讲的民生主义就是社会主义，又名共产主义，或者说是大同主义。1923年他在《广州欢宴各军将领会上的演说》中就说道："诸君或者还有不明白民生主义是什么东西的，不知道中国几千年以前，便老早有行过了这项主义的。像周朝所行的井田制度，汉朝王莽想行的井田方法，宋朝王安石所行的新法，都是民生主义的事实。"所以当时不少人也说孙中山的民生主义与王安石的思想关系密切。

比如薛以祥在《王安石政策之研究》一文中说："今日国父袭历史之思想，规抚世界之潮流，创为伟大的民生主义，实与王安石之思想，不无影响。"类似的还有罗乃诚在《三民主义半月刊》上发表过《国父的民生主义与王安石的经济政策》一文。

因蒋介石倡导，王安石研究成了"显学"。除了熊公哲

以外，各界对于蒋介石的倡导可谓之纷纷响应。1935 年南昌
印记印刷所出版了《王安石政事学说辑要》，这是一部资料
汇编，收有关王安石变法的言行录、变法本末纪事、学案、
熙丰知遇录、荆公著述以及陆象山、蔡上翔等人称赞王安石
的文章。

　　1935 年 11 月，河南省的期刊《河南政治月刊》刊发了
关于王安石的系列文章：飞白《王安石之略传及其变法的
中心目标：图强御侮》，静好书室主《王安石之时代背景》，
李树芳《王安石的教育主张及其设施》，嵇文甫《从王安石
变法说到中国历史上的无为思想》，马元财《关于财政方面
之王安石诸新法》等，对王安石及其新政表示多方面的肯定。

　　此外，当时对王安石最为热忱的当属国民党上海党部所
主办的《汗血月刊》。早在蒋介石的电文之前，1935 年 1 月
他们就刊发了一组歌颂王安石的文章，其中有杨康君《王安
石政治思想的近代观》，公翼《临川学术之现代性》，刘鹤群《革
命政治家王安石评述》，客杰《半山名迹考》，华文《临川政
绩简例》等，还有一篇《王安石一生大事记》。

　　汗血书店还于 1935 年出版了陈敏书的长文《王安石之
政治思想整治措施及其政治态度》，作为汗血小丛书实干人
物第四集题作《王安石》出版，并于 1936 年再版。

　　汗血书店、《汗血月刊》均是当时有名的右翼传媒，主
张进行文化剿匪，宣扬德意法西斯主义。

　　陈敏书本人就很热衷于法西斯主义，他所著的《王安石》

强调王安石是伟大的政治家，称赞他以"恩威兼施"的方式"攘夷平蛮"，很显然是配合当时国民党政府的军事形势而进行宣传。

陈敏书还特别称赞王安石的政治态度。对于通常被人们所批评的王安石刚愎自用，他认为这种倔强不屈的态度是政治家必须具有的态度，对于现在人们熟知的三不足精神，他不仅大加表彰，还增加了一条——"不顾人心"，他认为这"四不"体现出王安石刚敢果决之处，"此在古今之政治家中，绝少有安石之伟大魄力者"。

对于变法所引起的民怨，陈敏书说："此不能归罪安石，宜怪人民不知利害。"其思想倾向由此可见一斑。

1935年，曾任国民党上海市党部监察委员的姜豪编纂了《王安石新政纲要暨其政论文选》一书，由国民读书互助会出版。国民党元老蔡元培题写封面，吴铁城题词，国民党中央高官吴开先为之作序。

吴开先在序言中说："言政治家，吾于中国史乘得二王焉：曰，王莽，曰，王安石。二王之政治主张，均与近世之国家社会主义暗暗相合，而均能力排众议，笃行实践，盖皆旷世之奇才也。"

姜豪高度评价王安石："王安石先生，为北宋之政治改革家，亦为中国历史上稀有之大政治家。其政治施设，颇多类似现代之政治主张者，则其思想之锐利远大，可以想见矣。"

1935年前后，在蒋介石政府的倡导下，中国社会对于王安石的推崇到了南宋以来前所未有的程度，其后此风延续数载。王安石保甲法，毫无疑问是当时研究的重点之一。而研究王安石的经济政策如青苗法、市易法等，以配合统制经济的提倡是当时另一个重点。此外还有军事策略等。

1936 年蒋介石在《推进县政与政治建设》一文中称：

> 宋朝的王安石，也是主张政治须以经济作基础的。他主张变法，如农田水利、青苗、均输、免役、保甲、市易、保马、方田等新法，大半都是着眼于经济。他的维新事业，虽然没有成功，但是他的著作，即有道理，虽然经过了几百年，直到现在，还是很有价值。大家如果能够切实研究《王临川全集》，一定可以有许多心得。大概取其立法的精神，加以现代的办法，就可以推进现代中国政治建设的工作。王安石变法，他在新法中，一大半是主张改革旧的经济制度，建设新的经济制度。他的新法未行，后世人总是说他任用小人，不能信任人才，以致失败，而没有能够否认他的新法的价值的。就是到了现在，他的主张还是可供参考。

1939 年，蒋介石再次将王安石的文集和传记列为干部必读书籍。

1940 年，蒋介石在《推进地方自治之基本要务》的讲话中说：

　　我对于中国古代的政治家在秦汉以前则推周公，至于秦汉以后的政治家，所最佩服的就是王安石，他能够根据中国的政治原理，拟具切中实弊的计划，举办新政，改革社会，建设经济，来救济当时宋朝的贫弱。

　　在蒋介石的崇王运动中，很多政策都打上了效法王安石的印记。当时甚至有人说王安石新法"切中时弊，颇多美誉，我国近年来的新政，大概脱胎于彼"。

　　这些说法，大多是政治宣传，颇让人联想起北宋徽宗时代。当时蔡京推行的诸项新政，也是以绍述为口号的。那时候，王安石正被供奉在圣坛之上。

　　正当中国学界、政界热捧王安石之时，美国人来加了一把火。这个美国人的来头很大——副总统华莱士。华莱士被当时的中国报纸称为"美国的第一流政治家，也是罗斯福总统的得力助手"。他本人也是一位农业经济学家，在本书一开头就介绍了他用王安石的办法"拯救了饥饿的美国农民"，被中国学者誉为"当代美国的王安石"。

　　1944年6月18日，华莱士经苏联到中国，先抵达新疆。第二天在乌鲁木齐参观新疆女子学院时，图书室中刚好有一部《王临川全集》。陪同的官员王世杰和罗家伦就向华莱士介绍这本书。王世杰是著名的法学家，曾任武汉大学校长、北京大学教授。罗家伦是著名的史学家，曾任清华大学、中央大学校长。华莱士说他研究过王安石，但在全集中一定还有他所不曾知道的文章。王世杰就说此书中不畏天变、不畏祖宗之法等语，说王安石整个精神就是不畏任何阻力，华莱士表示他对此非常熟悉。在离开女子学院前，华莱士向该院师生做了演讲。他在演讲中，提起了王安石，劝勉各位师生要记取王荆公的话，不畏任何阻力，克服一切困难。

当天华莱士在与王世杰、罗家伦的谈话中，他们又议及王安石，他详细询问了王安石的一些细节，罗家伦予以了解答。华莱士称赞王安石是"中国历史上推行新政之第一人"，并请王世杰为他收集王安石的有关资料，以供他更好地研究王安石，他甚至想要寻访王安石的后代，以转达他的向往之心。

6月20日华莱士到达重庆，受到了蒋介石的隆重接待。6月21日《中央日报》报道说华莱士"对于吾国王安石之农政，备致推崇，迭次言论中皆有向往之词"。

6月22日，华莱士在农业部长沈鸿烈陪同下参观农业试验所，在之后的宴会上致辞，华莱士讲道：

> 十年前我才知道九百年前著名的中国推行新政者王安石，他在1068年的重大困难之下所遭遇的问题，和罗斯福总统在1933年所遭遇的问题，虽然时代悬殊，几乎完全相同，而其所采方法，也非常相似。王安石创立收获贷款（青苗法）适合纳税能力的税则，公共建筑计划和若干其他便利平民的法规。我们固知王安石的新法因当时情形不容平民有民主的组织，以支持政府发动

的改革，致遭阻挠，但王氏的思想在中国政治传统上已留下不朽的印记。九百年前保育政治所不能达到的，今日民主政治已经能够实行了。

离开重庆以后，华莱士又访问了昆明、桂林、成都，最后一站是兰州，7月2日结束访华行程。

华莱士在华的演讲很快被编成一本书，叫作《华莱士在华言论集》，还采用英汉对照的方式，1944年由重庆的世界出版社出版发行。

表扬王安石当然不是华莱士此行的重点，不过他对王安石的表扬却激起了当时国人的极大兴趣。

农业经济学家沈文辅（浙江杭县人，1931年获美国加利福尼亚大学农经硕士学位，曾任教于美国爱沃华农工学院，后回国任教于浙江大学、贵州大学、四川大学等）在《论华莱士所倡议之美国常平仓政策》专门就此事发表了长篇评论，开头就说："自鼎革以还，国人常有一种病态思想，即不致力于现代科学技术之研究，而徒伤心国粹旧制之消沉。"他论述美国农业新政承袭我国古代常平仓思想"构成美国稳定经济（Economic Security）与福国利民之中心政策"。他还在当时著名刊物《东方杂志》发表长文《论古今中外之常平仓政策》，感叹说：

泊乎近世，国人或叹旧学之消沉，或竟鄙视旧制陈法，不屑承袭策善；反由美国农学专家又兼农业政治家出而倡导，竟列为彼邦农业久长立法之中心、新农业调整计划之支柱。仲、恺、寿昌、弘羊泉下有知，亦当含笑。常平仓制之无远弗届，无往不利；国人知能未泯，更应愧对先哲，知所亟急直追矣。

历史学家钱穆先生曾经讲道：

据说美国罗斯福执政时，国内发生了经济恐慌，闻知中国历史上此一套调节物价的方法，有人介绍此说，却说是王荆公的新法。其实在中国本是一项传统性的法制。抗战时期，美国副总统华莱士来华访问，在兰州甫下飞机，即向国府派去的欢迎大员提起王安石来，深表钦佩之枕。而那些大员却瞠目不知所对。因为在我们近代中国人心目中，只知有华盛顿、林肯。认为中国一切都落后，在现代世界潮流下，一切历史人物传统政制，都不值得再谈了。于是话不投机，只支吾以对。

钱穆的说法不知有何依据。如果他所说属实，那么只能说兰州的国民党政府官员没太把蒋介石的话放在心上，但如果他们连王安石都不知道的话，心目中自然也不知有华盛顿、林肯了。

哲学家贺麟说：

　　1944 年的夏天美国副总统华莱士先生来访中国，发表了不少有深远意义的宏论 (希望他的言论尚没有完全为健忘的招待他只图敷衍场面的人所忘记)。最有兴味的一点是他特别赞扬我国宋代厉行新法的大政治家王安石。……华莱士先生似乎隐约感觉着王安石之行新法与他和罗斯福总统之行新政，有了精神上的契合，他赞扬王安石，不啻于异国异代求知己、找同志。换言之，他推尊王安石不是鄙弃自己，舍己从人，而是自己卓然有以自立，进而虚怀求友以赞助自己。因此我感觉得到我们之学习西洋文化，也不外是在异国异代去求友声、寻知己，去找先得我心，精神上与我契合者而研究之、表扬之、绍述之而已。假如自己没有个性，没有一番精神，没有卓然可以自立之处，读古书便作古人的奴隶，学习西洋文化便作西化的奴隶。所以顽固泥古与盲从西化，都不过是文化上不自立、无个性的不同的表现而已。我不相信无自立自主的精神与个性的人，读古书时会得到古人的真意，治西学时会得到西学的精华。

　　这些说法都深受华莱士称颂王安石言辞的鼓舞。但是，华莱士所提到的美国农业新政和王安石新政成效相反的原因，当时人似乎注意得不太多。

美国副总统华莱士

亨利·阿加德·华莱士（Henry Agard Wallace，1888—1965），是农业经济学家，著有《农业价格》《美国必须抉择》等，富兰克林·罗斯福时期曾任美国农业部长、美国副总统，制定和实施《农业调整法》。华莱士被中国学者称为"当代美国的王安石"，倘若华莱士地下有知，他会如何看待这一称呼呢？

在政学合唱、中美共赞的颂王声中，也有一些不一样的声音。

比如前面提到的蒙文通先生，他是服膺孔子学说的儒者，对法家学说持批判态度，对王安石变法持否定的立场。他在1937年的一篇文章中写道：

> 荆公变法偏重理财，民已困而荆公犹理财不已。荆公剥民，岂徒新法，至旧法之似未变者，至荆公亦为剥民之具。

又如中央大学农学院教授梁希曾有《青苗钱与农业银行》的演讲，他认为青苗法很像当时正在建设发展之中农民银行，但是有几点重要差别，正是青苗法失败之处。他对创办农民

农林专家梁希

梁希（1883—1958），字叔五，浙江吴兴人，中国近代林学的开拓者。先后在日本、德国学习林学，1927年回国后被聘为国立北京农业大学教授兼森林系主任。1931—1949年任中央大学农学院教授、森林系主任，1949年新中国成立后，任国家林垦部（后改为林业部）首任部长。

银行解决农民贫困问题充满信心。作为对现代农业经济有深入研究的学者，同时有着参与创办农民银行的现实经历，他的几点意见很值得注意：

一、动机不良　农民银行信用合作社，是发展地方农民经济，通融资本的，农民银行是农民合作的一种，和普通银行不同，普通银行只有中产阶级才能够得到利益，农民是得不到利益的，农民银行是专为农民谋利益的，而那时的青苗钱制度行了，是为国家筹兵饷的性质，动机各异，他们的存心不良，自然是要错到底了。

二、不顾人民的经济情形　农民银行信用合作社的借款，是应农民的需要，也就是农民自己来借款的。王安石把青苗钱通行全国时，不管人民要不要借钱，硬把钱借给人民以生息。所以那时人民的借款，并不是需要，而是尽义务了。

三、利息太大　青苗钱的利息是二分，不过他们每年两收两放，合起来就有四分了。初是完粮，后来就粮完钱而其价由政府估定。据史所载，五分六分不等。农民差不多处处吃亏，以致那时的农民，弄得不得了。我们现在的农民银行信用合作社的利息很低，每年仅一分五厘，也不是两收两放的，所以其结果一定不会坏的。

四、无组织　我们现在的农民银行信用合作社内部的组织，是很严密的。而王安石的青苗钱组织如何呢？

他行了这个制度之后，甫其太后等都反对。他得不到同情者，于是就引用私人，如吕惠卿、章惇等都把王安石包围了做事，剥削浮收，无所不至。合作社是把资本分散到地方上的。假如把国家的经济，都集中在中央，在合作学说上来比他是脑充血。一个人患了脑充血病，就要死的。国家假使患了脑充血病，也很危险的。王安石的处置国家经济办法，却把人民的经济统统集中在中央，再由中央转由到北方，做为打仗的费用，却不是脑充血，而变为脑流了。何怪地方经济要发生恐慌了！

最后，他的总结是王安石青苗法的失败在于用人不得其当。这其实又回到了传统的观念。

再比如熊公哲《王安石政略》这部公务员读物中也包含有对新法的反思。他认为青苗法"为介甫权制兼并均济贫乏之大政，其为法不可谓不善矣，乃观其施行条贯，如诸贤所指，往往弊多而利少，爱民者适以害民"。

其实就是梁启超《王荆公》这部为王安石辩诬的著作，在大力歌颂王安石的同时，对新法也有颇为深刻的批判：

论制置三司条例司，他认为荆公新法近似社会主义，其中有一个难处分掌理财机关的人是难以选择的，集权既重就会产生很多弊端，国家成了兼并的魁首，因而荆公的政策在财政上收获甚丰，但是在国民经济上的收效"滋啬"；

论青苗法，他认为立法本意善美，但是不可行，而且认为青苗法是银行性质，催抑兼并的效果至微，并且应该民办而非官办；

论市易法，他认为这是国家自为兼并，最为厉民。

总之，梁启超认为新法有着奉行不实的情况，与荆公本意相违，收效不如其所期。不过，这样的言论在当时并不特别受到注意。

当然，唱反调最鲜明的是自由文人林语堂，1947年他用英文写就了《苏东坡传》，热情讴歌苏轼的自由精神，对王安石的贬斥到了极点。不过，他不是严谨的历史学家，喜欢用一些笔记小说中的材料来作为证据，所以他的著作受到历史学家的批评。作为自由文人，他对苏轼思想和精神的描绘非常传神，再加上文笔的优美，使得他的这部作品成了20世纪中国名人传记中的名著。他把王安石变法称为"国家资本主义"的实验，并置于中国历史的大脉络中去理解，在崇王热潮之中独树一帜。《苏东坡传》中这两段文字在今天读起来依然有发人深省之处：

> 从那年（按：指熙宁二年，1069年）开始，中国卷入新政的大浪中，政治风暴迭起，一直延续到宋朝末年。这不是中国第一次试行国家资本主义，却是最后一次。在中国四千年的历史中，曾四度试行极权主义、国家资本主义、社会主义，以及剧烈的社会革命，每一次都惨败而终。最成功的是法家商鞅的右派极权主义，他的理

论由兴建长城的秦始皇（公元前3世纪）有效推行。早期法家理论最重要的原则就是教战与重农。两者其实是同一回事，因为商鞅相信农夫是最好的军人，所有中产阶级的商人和贸易家都该尽量受到压制。大家都知道，根据这一教条而建立发展的强大军事系统使秦国统一了全中国；但是此一政治理论刚遍行全国，不到几年就完全崩溃。

另外两次剧烈的改革分别由汉武帝和王莽所推动，发生在公元前2世纪和公元前1世纪。前者遵循桑弘羊的国家资本主义财政论，使府库充实，征战处处得手，但是几乎招来叛变而废止；后者在篡位的王莽手中实现，等他被推翻也就自然结束了。因此王安石的实验失败，也不足为奇。不过这四次新政的念头都来自创新的思想家，他们想完全破除过去的一切，都以极大的决心来执行自己的信念。说来有趣，王安石很佩服法家商鞅，曾写了一首诗来阐扬他的思想。还有一点要注意，无论古今中外，每一个极权论都以国家、人民利益为口号。历史上多少政治罪恶假"人民"的名义而推行，现代读者不难理解。

第十二章

信贷下乡

普惠金融路在何方？

爆竹声中一岁除，春风送暖入屠苏。
千门万户曈曈日，总把新桃换旧符。

——王安石《元日》

当下世界"王安石热"仍有着方兴未艾之势。作为"改革－保守"之争重要内容的"王马之争"，经过 20 世纪八九十年代的喧嚣之后，已经归入沉寂。这并非因为争论的问题已经有了答案，而是因为经历了争论疲劳之后，更多人选择了不争论。

王与马，孰是孰非，似乎已不重要，若硬要一个答案，那就是他们都是伟人，不必"尊王抑马"，也不必"尊马抑王"，而是"王与马共治天下"。王马和解似乎是最好的选择，尽管历史上这种和解从未出现过。

就王与马比较而言，王安石的神圣光环始终更为闪耀。他是改革精神的象征，是公平正义的化身，是金融智慧的符号，是强硬铁腕的榜样，是儒学经世的模范，甚至可以说是民族希望之所寄，是国家命运之所托。无休无止的改革与永远解决不完的问题似乎成了现代人的宿命，利维坦之下的公平成为一种意底牢结式的梦想。被视作"国史之光"的王安石所承载的精神内涵远远高于历史上的实际。

这在当下人们对青苗法的认识上表现得最为鲜明。

2020年10月26日"政事堂2019"微信公众号发布了一篇题为《蚂蚁IPO与王安石变法》的文章，作者顾子明，文中写道：

> 作为中国历史上争议最大的人物之一，千年以来，王安石和他的青苗法被解释和抨击过无数次，也被无数的政治人物树立为标杆来攻击和张目，以至于很多时候，青苗法以及王安石变法被赋予了过多的内容。其实，王安石青苗法的核心思想并不复杂，是通过增量的发展，解决存量的冲突……北宋政府发青苗"夏料"的时间点，申请时间只在正月十五至正月三十，既不是春节之前，也不是传统意义上三四月份青黄不接的时候，而是农民耕种之前。

> 因为政府解决的，不是消费的问题，是农业投资的问题，是让劳动力拿到廉价的资金去搞农业的扩大种植。（也就是我们现在的定向降息降准）

> 毕竟，到了宋朝之后，随着铁器、灌溉技术、牲畜以及"化肥"技术的突飞猛进，农业种植的收益率还是比较可观的。

政府提供的青苗法借款，更类似于一种政府性质的天使投资（遭遇灾荒是可以减免的），推动农民阶级购入农业固定资产，开启北宋农业的家庭联产承包责任制。

因此，后世很多将青苗税解释为与地主阶级争利，导致了地主阶级的围剿，并不完全准确，青苗税的本质，是打破地主阶级的固化，推动自耕农力量的崛起。

如果仅仅按照那个看上去很美的青苗法设计方案来看，这种理解似乎不错。作者顾子明接着评论说："这是在挖北宋地主集团的命根子，改变北宋的政治生态。所以，王安石变法不仅在地方遭到了巨大的阻碍，更是遭遇了北宋地主集团近乎一致的围剿。毕竟，如果单纯是经济利益的冲突，王安石和司马光这对基友之间不可能反目成仇，文彦博也不会顶撞宋神宗，说出'为与士大夫治天下，非与百姓治天下也'。"

这种贴标签式的阶级分析方法，给出的解释非常随意。"抑兼并"与"保富民"的问题前面已经进行了讨论，司马光和王安石都是站在维护大宋政权的立场上发言的。"地主集团近乎一致的围剿"这种意识形态色彩强烈的说法也不符合史实，当时追随王安石的新进少年们哪一个不属于地主集团呢？

在这篇文章中，作为青苗法对立面的是恶霸地主黄世仁的高利贷。文中写道：

如果蚂蚁做的是青苗税的 to B 投资，我们应该坚定地支持马云。而我们要反对的，则与王安石故事对应的，黄世仁的 to C 消费模式。相比于政府努力推动的青苗法农业投资，地主阶级更喜欢搞消费贷去榨干普通劳动者，就像最后逼死杨白劳的，就是那给女儿透支消费的二斤白面和一根红头绳。

毕竟，地主阶级骨子里面，是不愿意搞让农民通过贷款获得生产资料的。

因为地主通过消费贷将农民的资本榨干之后，农民和农民的儿子就只能选择成为地主家的长工搞 996 式的劳作，农民的女儿就只能靠出卖色相换取晋升的阶梯，然后他们还得高呼一声感谢黄老爷给的福报。

而一身债务，丧失了获得生产资料的群体，只要再给个新时代鸦片的奶头乐，就能源源不断地给黄老爷们提供廉价的劳动力，也不会对黄老爷们造成任何的威胁。

所以，对比王安石和黄世仁，我们要明白，同样是搞金融业务，金融投资业务（to B）是制造蛋糕增加社会流动性的，金融消费业务（to C）是存量博弈减少社会流动性的。

看到这里就明白，这篇文章运用的是中小学语文和历史教科书中的材料，来表达支持 to B、反对 to C 的意思，进而表明对蚂蚁 IPO 的立场。其阅读量达到 10 万＋，可见其流传的广度。这在很大程度上得益于作者的叙事技巧以及善于调动情绪的笔调。

从学理的角度来讲，文中关于王安石变法的论述可以说是完全不着边际，把政治人物的口号当成了实际发生的事情，完全不讨论青苗放贷实际利率的高低，闭口不谈青苗法推行过程中出现的严重"抑配"问题。至于把青苗法称为"类似于一种政府性质的天使投资"，则是为青苗法唱颂歌唱出了新花样。

"天使投资"，难道不是人们所梦寐以求的东西吗？为何这种"政府性质的天使投资"，要通过强行摊派的方式来推行呢？

所谓王安石的青苗法与黄世仁的两斤白面，一方面是官府与民间的问题，另一方面是投资与消费的问题。官营借贷不一定用于投资贷，民间借贷不一定用于消费。青苗放款也可以用来消费，也可以换成二斤白面，甚至是半斤黄酒，北宋的很多士大夫比如苏轼就认为农民没有理性，借了青苗款就去换酒喝，喝光了之后还不上款，最终难逃官家的一顿鞭打；两斤白面也许在关键时刻能够保住劳动者的性命，只有性命还在的前提下，生产劳动才有可能。

金融投资业务和金融消费业务，本身没有高下之分。生产与消费，都是最基本的经济活动。有效地发展生产和合理地促进消费，最终都有利于经济增长。这可以说是最浅显的常识。

无论是"天使投资",还是"两斤白面",是否具有合理性，关键在于能否自由而公平地交易。黄世仁之所以坏，并不是因为他借给喜儿的是两斤白面，而是因为他借此强迫喜儿卖身。假如以"天使投资"之名，强迫每个人都背上债务，那么天使也就变成了恶魔。再或者，"天使投资"永远只是投给那些有权有势的群体，那也不会增加社会流动性，反而使得富者更富、贫者更贫。

正如本书在前文中进行的充分论证所得出的结论，如果从银行或者金融角度而言，历史上的青苗法在资金融通方面效果甚微，根本原因在于其背后的制度环境与权力结构，这是讨论青苗法的前提。而在分析青苗法的过程中，不去深入讨论实际利率的高低，看不到权力因素对青苗钱流动过程的影响，最终就无法触及青苗法的本质。

王安石和青苗法确实被赋予了过多的内容。戈兹曼教授在《千年金融史》中写道："王安石可能不是第一个引入金融工程来为中央集权服务的人，但很少有政治家能够像他这样很好地利用永恒的和普遍的民粹主义言论。"

的确，在王安石之前，如《周官》《管子》之中就有大量关于利用借贷来加强中央集权的论述。但王安石的特殊性在于他的符号化程度鲜有能与他匹敌者。王安石是一个公共偶像，往往被视作独一无二的伟大人物，他的人格魅力、革新精神光芒四射。

尽管在传统中国，政府的放贷经营不绝如缕，但是王安石的青苗法堪称是中国古代历史上最大规模的政府放贷运动，在近代银行产生之前，青苗法具有唯一性。正因为如此，王安石才显得如此重要。南宋时朱熹创办社仓，就被指为仿效青苗法。以至于今日的互联网金融话题，也引发了人们关于王安石青苗法的讨论。另一方面，一谈借贷，就谈王安石，很多时候只是因为大多数人只知道王安石的青苗法。

牵动人心的真正问题是，如何利用金融工具让社会更加自由公正。这个更为重要的问题，不应该淹没在对历史人物的盲目崇拜之中。

『穷人的银行家』尤努斯是另一时空的王安石吗？

今天，"普惠金融"的概念已经深入人心。按照官方的定义，"普惠金融"是指以可负担的成本为有金融服务需求的社会各阶层和群体提供适当、有效的金融服务，小微企业、农民、城镇低收入人群等弱势群体是其重点服务对象。

当人们提到"普惠金融"的时候，往往会提起一个人物。这个人物不是王安石，而是孟加拉国经济学家、2006年诺贝尔和平奖获得者、有"穷人的银行家"之美誉的穆罕默德·尤努斯（Muhammad Yunus）。他也是国际公认的"普惠金融之父"。

当然，有人早就说过："尤努斯则可以说是另一个时空的王安石。"（伍立扬《从王安石到尤努斯》，《民主与科学》2006年第6期）但看过尤努斯的故事就知道，尤努斯绝对不是王安石。

尤努斯 1940 年生于孟加拉国吉大港的一个富人家庭，1969 年在美国著名的范德堡大学获得经济学博士学位，不久之后回到吉大港大学担任经济学教授。1974 年，孟加拉国发生了大饥荒。尤努斯描绘当时的情景是："瘦骨嶙峋的人们开始出现在首都达卡的火车站与汽车站。很快，这些小股的人流就变成了一场洪水。饥饿的人们涌遍全城。他们一动不动地坐在那儿，以至于无法确定他们是死是活。"

这深深地刺激了尤努斯的内心。他开始通过乡村调查探索救济穷人之路，于是有了著名的"27 美元"的故事。

这个故事发生在 1976 年，尤努斯在吉大港大学旁边的乔布拉村调研时，了解到一名手工编织竹凳的赤贫农妇，她借 5 塔卡（大约 22 美分）的高利贷来购买原材料自己加工，然后再把编好的竹凳卖给放贷人，价格是 5 塔卡 50 波沙，她挣到的只有 50 波沙（大约 2 美分）。"她只能在一个绷紧的循环中——从商人那儿借钱，并把东西卖回给他——维持生存。她的生活是一种受制约的劳作形式，或者干脆地说，就是奴役。那个商人算计得很精，只付给苏菲亚刚刚只够购买原材料，和勉强够活下去的钱。她无法挣脱被剥削的那种关系。要生存下去，她就只能通过那个商人继续劳作下去。"这种高利贷本身也是投资于生产，而不是什么消费贷，却使得这位农妇陷入无法翻身之境遇。

正因为缺这 22 美分，这位农妇就只能一直受到剥削；只要这位农妇有 22 美分，她就可以改变自己的境遇。但是

2006年诺贝尔和平奖获得者自传

Muhammad Yunus
Banker to the Poor

穷人的银行家

[孟] 穆罕默德·尤努斯 著 吴士宏 译

生活·读书·新知 三联书店

尤努斯《穷人的银行家》

《穷人的银行家》是穆罕默德·尤努斯的自传。该书的中文译者吴士宏女士在译序中写道：

尤努斯的理想是：看到这个世界摆脱贫困。"这意味着，在这个星球上没有一个人会被描述为穷人，没有一个人的基本需求不能得到满足。到那时，'贫困'这个词将不再具有实用的意义，它将只被用来理解过去。贫穷的位置，只应在博物馆里。"尤努斯坚信，借贷是人权，是穷人也应拥有的权利，而为穷人提供小额信贷，是消除世界性贫困的最有力的武器。

尤努斯认为，如果仅仅只是掏出 22 美分给这位农妇，并不能长久地解决问题。尤努斯认为："他们穷，是因为这个国家的金融机构不能帮助他们扩展他们的经济基础，没有任何正式的金融机构来满足穷人的贷款需要，这个缺乏正式机构的贷款市场就由当地的放贷者接管了。它是一个有效的输送体系，在通向贫穷的单行道上形成滚滚洪流。"

经过一番调查之后，尤努斯掏出了 27 美元，借给了包括这名农妇在内的 42 个有同样境遇的村民，并告诉他们，在他们还得起的时候还款就行了，而且不需要任何利息。这是尤努斯小额信贷的开始。这个故事被意大利的歌剧家改编为尤努斯的传记歌剧，题目就叫《27 美元》。

随后，尤努斯造访了当地的一家规模很大的国有银行，希望银行能为这些贫困的农民提供小额的贷款，但是遭到了银行的拒绝。银行的理由很简单：那些文盲甚至连贷款表格都不会填，更何况他们没有任何抵押品。经过几番交涉之后，尤努斯开始对整个银行制度开战，他认为现有的银行制度是不合理的。

最终，尤努斯自己创办了格莱珉银行（Grameen Bank，意为乡村银行），向穷人发放贷款。

尤努斯规定的贷款原则是：不用任何抵押，穷人也能贷款，甚至乞丐也能借钱。到 2006 年的时候，格莱珉银行累计借款给 639 万名借款人，当中 96% 是女性，在她们的努力之下，58% 的借款人及其家庭已经成功脱离了贫穷。

尤努斯的实践证明，大多数的穷人既是理性的，也是诚实的。因为尤努斯为穷人们提供的小额贷款，还款率达到了98%以上。他们并没有拿到钱之后就去大吃大喝，也没有在还款的时候赖账不还。如果能把这个情况告诉北宋的士大夫，他们一定会非常吃惊。

尤努斯的格莱珉与王安石的青苗法可以说是天差地别。王安石推行青苗法的时候是大宋副相，得到皇帝的全力支持，以全国1500万贯的常平仓存储作为本钱，设置专门的官僚机构来进行管理，可以说是把国家变成了"银行"。而尤努斯创立格莱珉的时候只是一名大学教授，没有一官半职，国有银行根本就看不上他，不愿意跟他合作，尤努斯经历了艰辛的创业之路。虽然格莱珉银行在后来的发展中跨越国界，变成了跨国银行，但它自始至终都是一家企业。

早在20世纪90年代，中国便有学习尤努斯格莱珉模式的尝试，如中国社会科学院杜晓山教授的团队在河南、河北多地创办的中国扶贫经济合作社，被誉为中国的"穷人银行"。2006年尤努斯开始在中国推广"格莱珉模式"。不久之后，以小额贷款名义成立的金融机构遍地开花，到2014年6月，中国已经有小额贷款公司8000多家，贷款余额8000多亿。但是，格莱珉在中国的直营店却显得水土不服，运营艰难。（田甜《尤努斯的挫败》，《中国企业家》2016年第19期）于是很多人感慨尤努斯的"格莱珉模式"在中国根本就行不通。

本书无意于全面评价和探讨尤努斯及其格莱珉模式。虽然格莱珉银行的寿命已经超过了青苗法，但作为当下世界的现象，其成就、问题与未来走向还有待深入地考察，这尚且不是历史学研究的任务。不过，从历史的角度来看，与其说尤努斯很像王安石，还不如说尤努斯更像朱熹老夫子。

在朱熹所讲的社仓法与青苗法的四大区别中，有三点和尤努斯模式是完全契合的：一是设置的场所是在乡里而不是在县城（"其处之也以乡不以县"）；二是管理者是乡人士君子，而不能是官吏（"其职之也以乡人士君子而不以官吏"）；三是经营要坚持救济乡里贫民的初心，不能把它作为创收的手段（"其行之也以惨怛忠利之心而不以聚敛亟疾之意"）。

中国的普惠金融该如何发展，是全社会关心的问题。有研究者非常尖锐地指出：

> 目前在我国普惠金融存在着两个极端问题：一个是"惠而不普"，一个是"普而不惠"，蚂蚁金服暂停上市让这个问题更加凸显。很显然，经过几十年的探索，目前我国普惠金融再一次走到了十字路口。（冉学东：《普惠金融走到了十字路口》，《华夏时报》2020 年 12 月 3 日）

这是非常值得关注与思考的问题。

网商银行的『大山雀』如何助力青苗法？

2020 年 9 月 26 日，"量子学派"微信公众号上一篇关于青苗法的文章达到了 10 万＋。作者傅丽叶，题目是《这次，王安石的"青苗法"成功了》。在这篇文章中，王安石穿越到了江西宜春，被眼前景象给惊讶到了：

现代农作不再需要"面朝黄土背朝天"。

一种农作物的生长，大部分程序都可以依靠机器完成。

大型收割机在田野里来回穿梭，一片片金黄色水稻便收割完成。集耕整、施肥、播种等功能于一体的复合式作业机械"一气呵成"，又是新的一季轮回。

耕地不用牛、收割不用刀、喷药不下地、栽秧不弯腰。王安石永远无法想象，农业种植竟可以不依靠"人"来完成。

通过卫星遥感技术，能够实时对每一片农田任一个角落的种植情况进行监测。

农户可以拿着手机绕地走一圈，或者在手机 APP 上将地块圈出来，利用卫星遥感技术，能够做到：对作物种植面积进行识别；对作物长势进行跟踪；对作物产量进行估算；对土壤墒情进行监测；对作物病虫害进行监测与预报……

通过信息评估，向优质农户提供相匹配的资金支持。这些卫星上捕捉拍摄的农田信息，包括稻田面积、耕种数据、庄稼收成，可以帮助有资金需求的农户，随时直接申请低成本的金融支持，过程精准、高效。

王安石呆了，这不就是"青苗法"谋求的极致境界吗？

每一片农田，天上有卫星在扫描，后面有云算力在计算，信息数据有金融系统在研读。

这片金黄色绿色的稻谷背后，可能连接着一个科学家团队，连接着一整套算法，连接着一个算力平台，甚至可能直接连接到金融世界。

以上并非一个虚构的世界，它实实在在地正在发生。江西宜春，不少农户成了这项新技术的首批受益者。

这是网商银行发布不久的新金融科技。网商银行是银监会批准的中国首批 5 家民营银行之一，纯互联网运营，2015

年 6 月开业。

据网商银行的介绍，全国 690 余个涉农县区率先推广，覆盖全国三分之一的涉农县区。试用期，已经有超过 5 万农户使用和受益。

中国，也将成为全球范围内第一个将卫星遥感技术运用于数字贷款领域的国家。这套以卫星遥感技术为特色的农村金融风控系统，内部代号为"大山雀"。通过卫星遥感和 AI 技术相结合，让九天之上的卫星和野陌之上的农田实现"天地握手"，让人重新思考"农业新世界"。《这次，王安石的"青苗法"成功了》一文中写道：

> 唯有金融之水进来，农业这个传统经济领域才能翻天覆地。
>
> 科技如春风，金融是活水，这就是农业新世界运行的保障。科技 + 金融，是解决农村小微融资难题的一剂良药。
>
> 将卫星遥感技术运用在农村信贷，打开了全新局面，极有可能解决农村金融顽疾：
>
> 1. 有了专业卫星的存在，农田种植的历史信息被记录；
>
> 2. 有了强大的云算力存在，这些信息可以被精准解析；
>
> 3. 有了精准有效信息，农户信用情况更大程度被发掘；
>
> 4. 有了可实现的信用数据，传统农村金融的信息鸿沟可以被逾越；

5. 像网商银行这种互联网银行，能够基于数字科技，低成本、高效率地进行授信和风控；

6. 一旦农户获得信贷持续经营，金融会更容易为他们助攻；

7. 有了金融全生命周期的助力，农业规模化水到渠成。

这是一个综合性的科学＋金融的集成过程，核心技术难题有两个：

一个是算法问题，如何准确识别土地、植物信息；

一个是算力问题，如何处理卫星上传来的海量信息。

解决方案如下。

通过语义分割算法：使得地块识别准确率达到93%，面积柔性计算达到97%。

通过网商银行的云计算能力：对信息的精准解析需要海量算力也得以解决。

如果这个技术应用到"青苗法"会怎样？

本质上还是个农业贷款问题，与王安石推行的"青苗法"目标一致。

根据网商银行农村金融首席算法专家的解释："农户可以拿着手机，绕地走一圈，或是在支付宝上把自己的地在地图上圈出来，卫星就可以去识别这块地的农作物面积、作物类型，分辨出水稻、玉米、小麦、花生、烟草等多种作物的区别，目前准确率已达到93%以上。农户圈出的地块是否准确，也可以和农户在政府机构登记的土地流转、农业保险等数据进行交叉验证。"

据报道，宜春的一位种粮大户种植了 2000 亩水稻，每年插秧、追肥期和收割期，都需要大笔的资金。2020 年 9 月，她在手机上标注了自己的地块，几分钟后，35 万元贷款就到账了。利用网商银行的贷款，她迅速解决了种子化肥的采购，和雇佣工人的劳务费问题。她说："种粮大户都缺钱，规模越大越缺钱！因为没有抵押物，以前银行不敢相信我，但没想到，如今靠天上的卫星，只是在手机上圈了下我的地，银行马上相信了我。"

《这次，王安石的"青苗法"成功了》一文中接着写道：

如果这样的技术在 1069 年就有，那他的"青苗法"怎么样？

然而青苗法具体的实施过程中，因为无法精准地给农民提供贷款，出现以下问题：

1. 需要资金本助力的农民，拿不到需要的贷款；

2. 不需要资金本方的农民，又被强行给予贷款。

智能手机降低了金融触达农户的成本，技术的精准识别能够有效判断农户信息，把资金以最高的效率和最低的成本，送给最需要的人。

如果能做到这一点，郑侠不会再画那幅《流民图》，作为王安石的学生，他会乐见老师的变法成功。

有这样的技术，以王安石的创新精神和超前智慧，资金方和有需求的农民实现良性互动，"青苗法"有可能是成功的。

如果卫星遥感、生物识别这样的高科技能够大规模往农业各领域应用，农民资金周转方便顺利，巨大的农业潜力将爆发。

金融与科技的双管齐下，能够真正唤醒中国农业这只尚未真正苏醒的雄鹰，为农村经济的腾飞提供充足的供血，使其能任意翱翔，成为中国经济的新引擎。

历史上的青苗法之所以摆脱不了官贷困境，并不是因为科技的问题。网商银行的农村金融模式，和青苗法存在着本质的差异。青苗法中的问题绝对不是"大山雀"助力就可以解决的。相反，民间借贷正是王安石"抑兼并"政策所要大力打击的对象。

对于文中描述的景象，在科技和金融的支撑下，农民能够增收，农业能够发展，我们乐见其成，拭目以待。

让王安石
回归历史

与傅丽叶写的王安石穿越到现代相反，阿越的历史小说《新宋》中，历史学专业的当代大学生石越，穿越到了宋朝，以千年积累的知识文化参与到王安石变法之中。

对于青苗法，石越总结其中的弊端，针对性地提出了改良办法。这个改良办法的核心是引入钱庄。由朝廷颁布诏令，招募商家在各地建立钱庄，农民可以向钱庄用田产为抵押借青苗钱，立字为据，利息限为二分，钱庄一分，朝廷一分。如此朝廷可以不动常平仓，免征收执行之劳，坐收其利，而商家自有利润可得，亦乐于去做，百姓则不受强征之苦。此三者皆有利之事。

地方官府没有政绩的压力，由坐庄放债的债主变成了监督者，可以在钱庄和百姓发生纠纷时从中裁断，百姓也不至于上告无门。况且纵有奸邪之事，百姓亦当归咎于商人，不会归咎于朝廷。可谓恩归于朝廷，利亦朝廷得享，而怨则归于商人。

同时，又可以依新法徇例，以数十提举分行天下，监督钱庄不得提高利息，专门处理钱庄与百姓之间的纠纷。为防诸提举从中侵害百姓，可仿汉武帝时刺史七条问事之例，由朝廷制定《提举青苗法条例》，提举司只可以依法问事，若所问超出职权所管，或者借机侵削乡里，地方官竟可就地锁拿，报朝廷以闻。如此，则青苗法之害可无，而青苗法之利可存。此谓之借鸡生蛋之计。

商人言利，他们借给农民青苗钱，肯定千方百计要瞒过朝廷，因为朝廷要抽利润，他们一定是借了也说没有借。故此朝廷应当让有司规范票据，凡票据都应有一定的格式，每张票据都有自己的号码，以方便日后查账。若不用规范票据，则农民借了可以不用还钱。不过如此，则各地官府中查账的小吏就比较多事了。

改良办法的第二点是建立农业互济合作社。

商人重利，那些极其贫苦的百姓因为没有财产抵押，钱庄必然不会借青苗钱给他们，如此则朝廷应当别有他策，帮助这些小民。那就是成立"农业互济合作社"。是以一村一乡一里为单位，由农民自愿加入，互相帮助生产的方法。

例如某村，有 20 户加入合作社，则此 20 户在做完自己家的事情之后，凡于大家都有利的公益事业，如修路、挖渠等，皆当一起去做。如此则平时一家一户难以做到的事情都能做成，20 户人家一起得利。

又各家各户，有人有牛，有人无牛，则有牛者助无牛者耕田，无牛者则以相应劳力补偿有牛者，如此则不误农时。又，凡贫苦之家，不能得青苗钱之济，则合作社其他社员一起出资帮助他，待到他家境好转，再还清这笔钱。

至于组织管理，乡有乡老，族有族长，可为头领。

据小说描述，改良之后的青苗法效果非常好。单是两浙路，官府没有掏出一文钱，尽收入 20 万贯。虽然水害不断，单是两浙路因为改良青苗法施行得当，再加上农业合作社的施行，农时没有耽误，也没饿死一个百姓，或出现一个流民，大家都能尽心尽力在自己的家乡恢复生产。两浙的百姓上书朝廷，希望允许他们给石越立长生牌位。

这里有现代银行的管理办法，现代行政管理制度，还有乡村建设、宗族建设的互助办法，总而言之，杂糅了现代人能想到的各种办法，特别是在发挥市场和民间的力量上，是直接针对青苗法过度官办的缺陷。但是，这些能不能解决青苗法中出现的各种问题呢？衍生出的新的问题又该如何解决？比如：

利率的限定，二分之息是否符合实际？在物价变动的背景下能否根据市场状况进行有效的利率调整？

两浙路作为当时最富庶的区域，20 万的收入能不能让朝廷满足？如果钱庄出现了亏损、破产，官府又该如何应对？

农业互助合作社，仅仅只是安排了一位头领，能不能将互助真正落到实处？如果以族长为首领，发展出强宗豪族，官府又应该如何应对？这一个提案会不会触及统治者心头之大忌？

当然，青苗法的改良方案本身就是替古人操心，针对青苗法改良方案的疑问更是针对虚构的推想。纵然能够穿越回去，也无法改变历史的进程。站在现代人的立场，进入古人的现实，即便是在想象之中，设想一个完美的方案也是绝对不可能的。就北宋改革的历史而言，教训多于经验。那个时代所面临的问题，有很多仍然是今天的世界所要面对的。我们只能在历史中去理解王安石，理解郑侠，理解司马光，理解苏轼，理解蔡京，理解朱熹，理解历史上的人与事。我们也应该在现实中反思青苗，反思变法，反思体制，反思历史——通过反思走过的路来探寻未来的路。

最后以秦晖先生的一段话结束本书：

> 我们今天应该接续太史公的"绝唱"，同时也是跟上时代的潮流。历史并不遥远，我们都生活在历史中。而且人同此心，心同此理。我们对于现实生活的很多理解有助于理解我们的过去，我们对过去的很多理解，也有利于加深了解我们的现在。

小题大做话青苗，

盛世危言说宋朝

2010年秋天，我开始在秦晖先生的指导下学习宋史。秦老师治学特别强调研究"真问题"。还记得那时他说："我们是带着问题上大学，现在的学生是上了大学找问题。"当时我虽然学过不少的"主义"，但心中确实没有一个真正的"问题"。经过和秦老师的几次长谈，我认真思索了一番，最终把课题确定为王安石变法。对这个题目的已有研究实在是太多了，而秦老师认为恰恰是研究得很多的题目才有价值，才更能做出新东西来，才有搞头。于是我便开始了对王安石变法的学习研究之旅。

　　我首先关注到的问题是青苗法的利率，即所谓的"二分之息"。按照秦老师"小题目做大，大题目做小"的指示，我希望从中打开研究王安石变法的大门。当时的想法非常明确，既然是要讨论贷款问题，利率就是最关键的。一开始我在试图考证实际利率问题上花了很长时间，但是后来完全改变了最初的想法，对所谓青苗"二分之息"的本质问题也有了新认识。我一边搜集资料，一边进行理论上的思考，到2014年才完成了《从"抑配民户"到"形势冒请"：北宋青苗法五十年的官贷困境》一文。

对青苗法的研究是我在秦晖先生的指导下完成的第一个题目。和秦老师前前后后讨论了很多次。秦老师结合人类历史上信贷业演变的很多现象，包括欧洲中世纪的高利贷、现代波兰的农业借贷等，从官贷与民贷的不同特点、传统经济活动中身份对交易的影响等方面，给了我很多的提示。我的这篇文章其实只是秦老师深刻思想的一个小小注解。

无论是授课还是平时的讨论，秦老师讲的都是大白话，听起来的感觉就像他的口头禅一样"很简单嘛"，但是那种思想的穿透力其实是很难学习的。就像王安石的诗中所说的："看似寻常最奇崛，成如容易却艰辛。"当年秦老师在课上课下讲过的很多道理，现在回想起来有了更深的体会。

2015年夏季，我这篇青苗法的论文幸运地被武汉大学"新史料与新史学"博士生论坛接收。这次武汉之行，除了参加论坛外，我还和清华历史系的老同学、当时在武汉从事小贷工作的熊旭辉讨论了历史与现实中的借贷问题，加深了我对民间借贷问题的认识，那时结识不久的两位好友汤运才和孟强伟，在东湖边上和我反复辩论了利率的计算方法，避免了我在计算上的失误。2016年这篇论文幸运地被《人文杂志》

接受，并在这年 7 月刊出。不久之后小文又被人大复印报刊资料转载，也是意外之喜。

2017 年山东"刺死辱母者案"引发社会热议的时候，小文的一部分被截取下来题作《青苗法与北宋王朝的金融乱象》在"往复文化"公众号上转载，并有一段按语说："九百多年前，北宋改革家王安石推行官营借贷青苗法来打击民间高利贷，在历史上备受争议。青苗法先后持续了近半个世纪，其中凸显的问题对于今日的金融行业如何健康发展有着深刻的警示意义。"不久"清华经济史"公众号又转载了这篇网文。不经意间蹭了一次社会热点，这让我对历史与现实之间的关联有了更多的思考，也让我更真切地认识到什么是"真问题"。

这几年我感觉青苗法研究中还有不少问题还可以进一步探讨，比如青苗法的争论过程，实际上是新旧党形成的最关键时刻，士大夫之间撕裂以后再也无法修复，这和当时权力斗争的异常激烈密切相关。近年一些宋史学者喜谈"和解"，将新旧党的分裂视作少数人造成的失误，在我看来这很可能是过于一厢情愿的想法。再比如苏轼的态度，过去的研究者往往只从役法的角度考虑，认为苏轼有了转变，可是从青苗法的角度来看，这种所谓的转变并不能成立。还有蔡京的定位，我曾经花了大量功夫证明他是新党之中的激进派，而非依违在新旧党之间的投机分子，他为恢复青苗法所做的努力就是证据之一。

宋史研究之外，与青苗法相关的一些历史话题，比如青苗法与美国华莱士农业新政的关系、与尤努斯格莱珉银行的比较，虽然听起来很有意思，扎实可靠的研究却非常之少。王安石变法的话题虽然很热，但社会上对王安石变法的误解之多，也着实令人惊叹。比如"一个保安叫停大宋改革"之类的说法，流传甚广。由于很多人只知道王安石搞过农业贷款，所以就把很多金融史上的桂冠都戴在他的头上。在我看来这些轻佻的说法随意的做法是对历史的不敬，努力向公众澄清史实，这也是史学研究者的一份社会职责吧。于是我便写了这本关于青苗法的小书。

本书应当是世上第一部以青苗法为中心的历史著作。所涉及的内容从千年之前一直延续到当代，但仍以宋史为主，焦点在北宋最后 60 年，内容涉及当时几乎所有的重要人物和重大事件。我想通过青苗法透视北宋王朝最后 60 年的思想冲突、体制变革与政坛风云，重探道学家社会建设的远大理想及其现实困境，揭示千年未有之大变局下王安石现代形象的构建过程，追问普惠金融在中国土壤之上何以成为可能。国家理财问题上的"义利之辨"是本书最核心的关切。

关于北宋变法，熙宁时代最受关注，那是梦想的开始。实际上这场造梦运动如何终结，更值得重视，徽宗时代绝不可以忽视。有学者认为《清明上河图》是徽宗朝"盛世危图"，画家张择端在图中表达着对时局的忧心，正如郑侠的《流民图》一样，只是一个表达得隐晦，一个表达得直接。这种解读是否能够成立姑且不论，徽宗时代确实是在表面的盛世之下危机四伏，当时需要危图，需要危言，而真正有忧患意识的士大夫已经是凤毛麟角，大多数士人都沉醉在徽宗君臣营造的盛世图景之中，对大厦将倾的危机浑然不觉。

当我们在欣赏《清明上河图》的时候，除了感叹宋朝商品经济的繁荣、社会生活的丰富以外，不要忘记画中普通百姓的真实生存处境，他们正承受着通货膨胀之下的生活压力，承受着不断扩张的国家垄断政策所带来的财产损失，承受着多如牛毛的苛捐杂税的盘剥，即便此刻拥有着难得的安宁和片段的幸福，不久之后也将灰飞烟灭。今天的历史研究者不能还沉浸在"东京梦华"的幻象之中，而要有洞穿末日繁华的眼光和勇气。

本书也是为献礼王安石诞辰1000周年而作。对于历史上的人物，我赞成钱穆先生所说的"同情之了解"，但反对将"同情之理解"进行乱用与滥用，比如只去同情理解那些统治者，只去同情理解"为君难为臣不易"，最后实际上就变成了只为帝王将相唱颂歌，而不去理解芸芸众生，不去理解"兴，百姓苦；亡，百姓苦"的历史悲歌。在我看来，青苗法令的背后，是一段悲壮万分的痛史，留下的是极为沉重的教训。直面真实的历史，是对历史人物最大的敬重。

本书的写作是面向公众，力求通俗易懂。我的写作理念是：文字要尽量通俗，思想绝不可媚俗。由于体例的限制，初稿时的注释在修改稿中一律删去，仅在参考文献中列出最主要的论著。在写作的过程中，我始终坚持"有一份材料说一分话"的原则,言必有据,论从史出。对于前人的研究成果,本书尽量吸收,在此谨致以由衷的谢意。

最后,借小书出版的机会感谢秦晖老师对我的悉心指导,感谢师友们给我提供的种种帮助,感谢曹凌志先生在本书写作上给出的指导意见和编辑过程中付出的辛勤努力!

由于本人的学识有限,对于书中的错误,恳请读者批评指正!

2021 年 8 月 25 日于闵行城市书房

2021 年 11 月 16 日修订

2024 年 7 月 31 日再订

附录　主要参考文献

（1）杨天宇译注：《周礼译注》，上海：上海古籍出版社，2004 年。

（2）程元敏：《三经新义辑考汇评》，上海：华东师范大学出版社，
　　　2010 年。

（3）徐松辑：《宋会要辑稿》，上海：上海古籍出版社，2014 年。

（4）佚名：《宋大诏令集》，北京：中华书局，1962 年。

（5）赵汝愚编：《宋朝诸臣奏议》，上海：上海古籍出版社，1999 年。

（6）李焘：《续资治通鉴长编》，北京：中华书局，2004 年。

（7）李心传：《建炎以来系年要录》，北京：中华书局，2013 年。

（8）徐梦莘：《三朝北盟会编》，上海：上海古籍出版社，1987 年。

（9）杨仲良：《皇宋通鉴长编纪事本末》，《续修四库全书》第 386—387 册，
　　　上海：上海古籍出版社，2002 年。

（10）马端临：《文献通考》，北京：中华书局，2011 年。

（11）脱脱等：《宋史》，北京：中华书局，1977 年。

（12）佚名：《宣和书谱》，北京：人民美术出版社，2011 年。

（13）马非百：《管子轻重篇新诠》，北京：中华书局，2004 年。

（14）欧阳修：《欧阳修全集》，北京：中华书局，2001 年。

（15）苏洵著，曾枣庄、金成礼笺注：《嘉祐集笺注》，上海：上海古
　　　籍出版社，1993 年。

（16）张方平：《张方平集》，郑州：中州古籍出版社，1992 年。

（17）司马光：《司马光集》，成都：四川大学出版社，2010 年。

（18）王安石：《王文公文集》，上海：上海人民出版社，1974 年。

（19）苏轼：《苏轼文集》，北京：中华书局，1986 年。

（20）苏辙：《苏辙集》，北京：中华书局，1990年。

（21）郑侠：《西塘集》，景印文渊阁四库全书，第1117册，台北：商务印书馆，1986年。

（22）陈次升：《谠论集》，景印文渊阁四库全书，第427册，台北：商务印书馆，1986年。

（23）释惠洪：《冷斋夜话》，北京：中华书局，1988年。

（24）苏轼：《东坡志林》，北京：中华书局，1981年。

（25）邵伯温：《闻见录》，《全宋笔记》第二编（七），郑州：大象出版社，2006年。

（26）叶梦得：《石林燕语》，北京：中华书局，1984年。

（27）赵与时：《宾退录》，上海：上海古籍出版社，2012年。

（28）朱弁：《曲洧旧闻》，北京：中华书局，2002年。

（29）朱熹撰，朱杰人等编：《朱子全书》，上海：上海古籍出版社，2010年。

（30）冯梦龙：《警世通言》，北京：人民文学出版社，1994年。

（31）阿西夫·道拉·迪帕尔·巴鲁阿：《穷人的诚信：第二代格莱珉银行的故事》，朱民等译，北京：中信出版社，2007年。

（32）阿越：《新宋》，石家庄：河北人民出版社，2019年。

（33）包弼德：《历史上的理学》，王昌伟译，杭州：浙江大学出版社，2010年。

（34）陈焕章：《孔门理财学》，韩华译，北京：商务印书馆，2015年。

（35）陈敏书：《王安石》，上海：汗血书店，1935年。

（36）邓广铭：《邓广铭全集》，石家庄：河北教育出版社，2005年。

（37）邓小南：《宋代文官选任制度诸层面》，石家庄：河北教育出版社，1993年。

（38）方诚峰：《北宋晚期的政治体制与政治文化》，北京：北京大学出版社，2015年。

（39）贺麟：《文化与人生》，北京：商务印书馆，1998年。

（40）郭沫若：《历史人物》，《郭沫若全集》历史编第四卷，北京：人民出版社，1982年。

（41）胡适：《胡适全集》，合肥：安徽教育出版社，2003年。

（42）胡适：《胡适日记全编》，合肥：安徽教育出版社，2001年。

（43）吉田宇之助：《王安石》，东京：民友社，1903年。

（44）李昌宪：《司马光评传》，南京：南京大学出版社，2011 年。

（45）李超：《南宋宁宗朝初期政治研究》，上海：上海古籍出版社，2019 年。

（46）李超民：《常平仓：美国制度中的中国思想》，上海：上海远东出版社，2002 年。

（47）李超民：《大国崛起之谜：美国常平仓制度的中国渊源》，北京：中央编译出版社，2014 年。

（48）李华瑞：《王安石变法研究史》，北京：人民出版社，2004 年。

（49）李金水：《王安石经济变法研究》，福州：福建人民出版社，2007 年。

（50）梁启超：《王荆公》，上海：广智书局，1908 年。

（51）林语堂：《苏东坡传》，张振玉译，长沙：湖南文艺出版社，2018 年。

（52）蒙文通：《蒙文通文集》，成都：巴蜀书社，1999 年。

（53）穆罕默德·尤努斯：《穷人的银行家》，吴士宏译，北京：生活·读书·新知三联书店，2006 年。

（54）彭信威：《中国货币史》，上海：上海人民出版社，1958 年。

（55）漆侠：《王安石变法》（增订本），石家庄：河北人民出版社，2001 年。

（56）秦晖：《传统十论：本土社会的制度、文化及其变革》，上海：复旦大学出版社，2003 年。

（57）秦晖：《市场的昨天与今天：商品经济·市场理性·社会公正》，北京：东方出版社，2012 年。

（58）秦晖：《共同的底线》，南京：江苏文艺出版社，2013 年。

（59）秦晖：《耕耘者言：一个农民学研究者的心路》，北京：东方出版社，2014 年。

（60）秦晖：《田园诗与狂想曲：关中模式与前近代社会的再认识》，南京：江苏凤凰文艺出版社，2019 年。

（61）钱穆：《中国历史研究法》，北京：九州出版社，2011 年。

（62）束景南：《朱子大传》，福州：福建教育出版社，1992 年。

（63）汪圣铎：《两宋货币史》，北京：社会科学文献出版社，2003 年。

（64）威廉·戈兹曼：《千年金融史》，张亚光、熊金武译，北京：中信出版社，2017 年。

（65）唯明编：《华莱士在华言论集》（英汉对照），重庆：世界出版社，1944 年。

（66）熊公哲：《王安石政略》，上海：商务印书馆，1936 年。

（67）姚公振：《中国农业金融史》，上海：中国文化服务社，1947 年。

（68）叶坦：《传统经济观大论争：司马光与王安石之比较》，北京：北京大学出版社，1990 年。

（69）伊佩霞：《宋徽宗》，韩华译，桂林：广西师范大学出版社，2018 年。

（70）虞云国：《南宋行暮：宋光宗宋宁宗时代》，上海：上海人民出版社，2018 年。

（71）余英时：《朱熹的历史世界：宋代士大夫政治文化的研究》，北京：生活·读书·新知三联书店，2004 年。

（72）赵冬梅：《大宋之变（1063—1086）》，桂林：广西师范大学出版社，2020 年。

（73）周藤吉之：《宋·高丽制度史研究》，东京：汲古书院，1992 年。

（74）朱刚：《苏轼十讲》，上海：上海三联书店，2019 年。

（75）梁希：《"青苗钱"与"农民银行"》，《浙江省建设月刊》1934 年第 12 期。

（76）沈文辅：《论华莱士所倡议之美国常平仓政策》，《经济论衡》1944 年第 7—8 期。

（77）沈文辅：《论古今中外之常平仓政策》，《东方杂志》第 41 卷第 6 期，1945 年。

（78）辜瑞兰：《青苗法之变动（上、下）》，《大陆杂志》1965 年第 9、10 期。

（79）王曾瑜：《王安石变法简论》，《中国社会科学》1980 年第 3 期。

（80）季平：《论司马光反对青苗法》，《西南师范学院学报》1985 年第 4 期。

（81）张翊华：《从青苗法看王安石变法的动机和效果》，《江西历史文物》1987 年第 1 期。

（82）方志远：《关于青苗法的推行及其社会效果》，《南开学报》1988 年第 6 期。

（83）顾全芳：《青苗法研究》，《西南师范大学学报》1990 年第 3 期。

（84）李华瑞：《关于〈青苗法研究〉中的几个问题》，《西南师范大学学报》1992 年第 3 期。

（85）赖作卿：《中国历史上农业金融的一次突破：论王安石变法中的青苗法》，《赣南师范学院学报》1996 年第 1 期。

（86）俞兆鹏：《评欧阳修"止散青苗钱"问题：兼论北宋熙丰新法中

之青苗法》，《南昌大学学报》（哲社版）1998 年第 2 期。

（87）廖作琦：《我所知国学大师熊公哲》，《传记文学》第 72 卷第 1 期，
　　　1998 年 1 月。

（88）冯锡刚：《"我愿意以他为模范"：郭沫若论王安石》，《郭沫若学刊》
　　　2002 年第 2 期。

（89）李瑾明：《南宋时期社仓制的实施及其性质：以福建地区为中
　　　心》，《中国经济发展史上的政府职能与作用国际研讨会论文集》，
　　　2004 年。

（90）方宝璋：《略论宋代青苗法的弊端》，《江西财经大学学报》2008
　　　年第 5 期。

（91）王曙光：《农村信贷机制设计与风险防范：以王安石青苗法为核
　　　心》，《长白学刊》2009 年第 1 期。

（92）吴莉：《王安石救了美国农民》，《青年博览》2009 第 18 期、《国
　　　学》2011 年第 5 期等。

（93）汪圣铎、毕玉姣：《南宋推行朱熹社仓法给人的启示》，《宋史研
　　　究论丛》第 12 辑，保定：河北大学出版社，2011 年，第 285—
　　　308 页。

（94）俞菁慧、雷博：《北宋熙宁青苗借贷及其经义论辩》，《历史研究》
　　　2016 年第 2 期。

（95）田甜：《尤努斯的挫败》，《中国企业家》2016 年第 19 期。

（96）伍立扬：《从王安石到尤努斯》，《民主与科学》2006 年第 6 期。

（97）刘强：《郑侠研究三题》，西北大学硕士学位论文，2019 年。

（98）傅丽叶：《这次，王安石的"青苗法"成功了》，"量子学派"微
　　　信公众号 2020 年 9 月 26 日。

（99）顾子明：《蚂蚁 IPO 与王安石变法》，"政事堂 2019"微信公众
　　　号 2020 年 10 月 26 日。

（100）冉学东：《普惠金融走到了十字路口》，《华夏时报》2020 年 12
　　　月 3 日。

大事记

青苗千年大事年表

（1021—2021）

1021 年　王安石出生。司马光 3 岁。

1132 年　吕惠卿出生。

1037 年　苏轼出生。

1139 年　苏辙出生。

1047 年　蔡京出生。
　　　　王安石任鄞县知县，在鄞县曾"贷谷与民，立息以偿"。

1067 年　宋神宗即位。

1069 年　二月，王安石被宋神宗任命为参知政事。
　　　　九月青苗法出台。
　　　　诸路遍设提举常平司。

1070 年　北宋朝廷因青苗法的推行展开激烈争论，形成新旧党争。
　　　　十二月，王安石拜相。

1071 年　亳州青苗案。成都燕饮案。

1074 年　三月，郑侠献《流民图》。
　　　　四月，王安石罢相。
　　　　十一月，郑侠入狱。

1075 年　　二月，王安石二次拜相。

1076 年　　十月，王安石二次罢相。
　　　　　　常平仓储存总额达 3700 多万贯。

1078 年　　闰正月神宗诏立《给散常平钱谷赏罚法》。

1079 年　　乌台诗案。

1084 年　　司马光完成《资治通鉴》。

1085 年　　神宗去世，哲宗即位，太皇太后高氏垂帘听政。
　　　　　　五月，司马光任门下侍郎。

1086 年　　闰二月，司马光拜相，废提举常平司。
　　　　　　四月，王安石去世。
　　　　　　八月，青苗法废除。
　　　　　　九月，司马光去世。

1093 年　　太皇太后高氏去世，哲宗亲政。

1094 年　　苏轼被贬。
　　　　　　王安石配享神宗庙廷。

1095 年　　蔡京恢复青苗法。

1098 年　　章惇提举、蔡京详定的《绍圣常平免役敕令》修成。

1100 年　　哲宗去世，徽宗即位。

1101 年　　苏轼去世。

1102 年　　蔡京拜相。

1103 年　　徽宗立元祐党籍碑。

1104 年　王安石配享孔子。

1111 年　吕惠卿去世。

1112 年　苏辙去世。

1113 年　王安石封"舒王"。

1119 年　郑侠去世。
　　　　　八月，朝廷颁下《约束常平散敛粜籴等诏》。

1126 年　宋徽宗退位，钦宗即位。
　　　　　御史中丞吕好问上书钦宗乞罢青苗法。
　　　　　蔡京去世。
　　　　　王安石由配享降为从祀。

1127 年　靖康之变，徽钦二帝被俘。
　　　　　五月，高宗即位，颁布《大赦天下制》，宣布废除青苗法。

1128 年　恢复诸路提举常平官。

1129 年　高宗两次强调："青苗敛散，永不施行。"

1130 年　朱熹出生。

1171 年　朱熹在福建崇安开耀乡五夫里创立社仓。

1181 年　孝宗下诏全国推广社仓。

1196 年　"庆元党禁"开始。

1200 年　朱熹去世。

1241 年　朱熹从祀孔庙。王安石罢祀孔庙，被朝廷宣布为"万世罪人"。

1624 年　《警世通言》刻印，其第四卷为《拗相公饮恨半山堂》。

1900 年   严复译完《原富》一书，在按语中称颂王安石的青苗法。

1902 年   高桥作卫《王安石新法论》一书由上海广智书局出版。

1903 年   吉田宇之助《王安石》一书出版。

1911 年   陈焕章《孔门理财学》一书完成。

1908 年   梁启超《王荆公》一书出版，为王安石辩诬。

1922 年   胡适发表《记李觏的学说：一个不曾得君行道的王安石》。

1935 年   蒋介石倡导学习王安石政治经济学。

1936 年   熊公哲《王安石政略》一书出版。

1944 年   华莱士访华，称颂王安石。

1947 年   林语堂用英文写成《苏东坡传》一书。
           郭沫若出版《历史人物》一书，收录了他的演讲稿《王安石》。

1953 年   邓广铭《王安石》一书出版。

1959 年   漆侠《王安石变法》一书出版。

1980 年   王曾瑜在《中国社会科学》发表《王安石变法简论》，认为青苗
           法实际上是增加了一笔叫"青苗钱"的税。此后学界关于王安
           石变法的争论非常激烈。

1997 年   邓广铭《北宋政治改革家王安石》一书出版。

2002 年   李超民《常平仓：美国制度的中国渊源》一书出版。

2015 年   金融行业"介甫奖"颁奖典礼举行，该奖项由财视中国于 2014
           年发起设立，逐年颁奖，意在表彰金融领域具有卓越成就的机
           构与个人。

2021 年   王安石诞辰 1000 周年。